Ulf Schwänke

Die Storyline-Methode

Ein innovatives Unterrichtskonzept in der Praxis

Auer Verlag GmbH

Um sprachliche Verrenkungen zu vermeiden, wird in diesem Buch auf eine bemühte Geschlechtsneutralität, die sich in Schrägstrichen und großem Innen-I ausdrückt, verzichtet. Stattdessen wird durchgehend von „Lehrerinnen" gesprochen, was angesichts eines Anteils von etwa 80 % Frauen unter der Grundlehrerschaft ohnehin eher die Realität spiegelt. Schülerinnen und Schüler werden ohne Unterschied als „Schüler" bezeichnet. Lehrer und Schülerinnen sind immer mitgemeint und sollen nicht diskriminiert werden.

Im Interesse einer leichteren Verständlichkeit des Textes sind fast alle fremdsprachlichen Zitate ins Deutsche übertragen worden. Fehler, die dabei unterlaufen sein mögen, gehen zu Lasten des Autors.

Gedruckt auf umweltbewusst gefertigtem, chlorfrei gebleichtem
und alterungsbeständigem Papier.

1. Auflage. 2005

Gesamtherstellung: Ludwig Auer GmbH, Donauwörth
ISBN 3-403-0**4263**-4

Inhaltsverzeichnis

1. Kapitel Storyline – Was ist das?

Eine kleine Story zur Einführung

Ende der sechziger Jahre unterrichtete Fred Rendell, einer der „Väter" der Storyline-Methode, an einer Grundschule in Glasgow. Eine Unterrichtsstunde sollte er lange im Gedächtnis behalten. Es ging um das Thema: Wie kann man Unfälle an Straßenkreuzungen vermeiden? Geduldig sammelte er die Vorschläge der Schüler:

- „Ein Polizist soll den Verkehr regeln."
- „Es werden Ampeln aufgestellt."
- „Vorfahrtsschilder verbessern die Aufmerksamkeit der Autofahrer."
- „Tempo 30 wird vorgeschrieben."
- „Die Radfahrer müssen absteigen."

Alle Ideen waren geeignet, aber die eigentlich vom Lehrer angestrebte Lösung war nicht dabei: Die Schüler sollten „entdecken", dass man die Verkehrsströme durch eine Überführung oder einen Tunnel voneinander trennen kann. Aber keinem der Schüler fiel diese Lösung ein. Stattdessen regten sie an, Zebrastreifen auf die Fahrbahn zu malen oder Schülerlotsen einzusetzen. Ein Mädchen verstieg sich sogar zu der Idee, Löcher in die Fahrbahn zu machen. Es half nichts, der Lehrer musste selbst mit der „richtigen" Lösung – der Überführung – aufwarten.

Jahre später: Fred Rendell ist mittlerweile Dozent in der Lehrerfortbildung am Jordanhill College. Auf dem Campus sind viele Studenten zu Fuß unterwegs. Daher hat die Verwaltung auf der Zufahrt zum Dozentenparkplatz Schwellen anlegen lassen, die zum langsamen Fahren zwingen. Als er das Auto im Schritttempo über die Schikane steuert, fällt es Rendell wie Schuppen von den Augen. Löcher in die Straße zu graben, das hätte funktioniert! Das Mädchen hatte recht gehabt. Aber er hatte die einzige kreative Idee in dieser Unterrichtsstunde abgewürgt, weil ihm, dem klugen und lebenserfahrenen Lehrer, die Vorstellung fehlte, was Löcher in der Fahrbahn bewirken können. Befangen in seiner „richtigen" Lösung hatte er nicht sorgfältig genug nachgefragt: Wie viele Löcher, an welcher Stelle, wie groß, wie tief? Schließlich hätte eine flache Rinne quer zur Fahrbahn denselben Zweck erfüllt wie die heute üblichen Schwellen. Vielleicht hatte das Kind eine Idee gehabt, die bei den Spezialisten für Verkehrsplanung erst Jahre später reifte. Und der Lehrer war achtlos darüber hinweggegangen.

Aus dieser Erfahrung heraus formulierte Fred Rendell die Frage:

„Wie können wir die Schüler zu Gestaltern ihres eigenen Lernprozesses machen und ihre Ideen und Erfahrungen ernst nehmen?"
Die Antwort auf diese Frage ist die Storyline-Methode.

Was ist die Storyline-Methode?

eine Story als Basis einer Unterrichtsreihe

Mit dem Begriff Storyline verbindet sich eine Unterrichtsmethode, die um 1970 in Schottland entwickelt wurde und mittlerweile in vielen Ländern die Grundschulen erobert hat. Hinter jeder Unterrichtsreihe steht eine Geschichte, eine Story. Sie wird im Laufe mehrerer Unterrichtseinheiten, die sich meistens über mehrere Wochen erstrecken, von Schritt zu Schritt weiterentwickelt. Sie folgt einem roten Faden, einer Linie, daher der Name Story-Line.
Storyline-Unterricht ist meistens fächerübergreifender Sachunterricht. Doch gibt es auch Storylines, bei denen historische oder geografische Themen sehr stark im Vordergrund stehen. Auch im Englischunterricht hat sich die Methode bewährt.

Themen aus der Lebenswelt der Schüler

Eine Storyline behandelt ein für die Schüler relevantes Thema, zu dem sie Vorstellungen, Ideen und Erfahrungen aus ihrer Lebenswelt mitbringen. Das Thema wird wie eine Geschichte in Kapitel oder „Episoden" eingeteilt, die nacheinander bearbeitet werden und jeweils einen besonderen Schwerpunkt haben.
Der Unterricht ist ganzheitlich, d. h. er erstreckt sich über die Fächergrenzen hinaus und ermöglicht viele unterschiedliche Aktivitäten, so dass die Schüler mit Kopf, Herz und Hand eingebunden sind.
Jeder Arbeitsschritt wird durch eine Schlüsselfrage der Lehrerin eingeleitet – eine Frage, auf die es oft mehrere „richtige" Antworten gibt. Die Schüler setzen sich mit diesen Fragen auseinander, indem sie ihre Erfahrungen einbringen oder Lösungen für neue Probleme finden. Diese Lösungen können mit den aus der Lebensrealität bekannten Lösungen übereinstimmen – es können aber auch neue Lösungen sein, sofern sie den gewünschten Zweck erfüllen (z. B. eine Straßenschwelle statt eines Zebrastreifens).

simulierte Realität durch Modelle

Die Schüler nähern sich dem Thema meistens, indem sie etwas herstellen: Modelle, technische Zeichnungen, Zeittafeln, Arbeitspläne und vieles andere. Die Lehrerin sorgt dafür, dass unterschiedliche und möglichst beobachtbare Tätigkeiten ausgeübt werden. Anders als beim Projektunterricht besitzen die Ergebnisse dieser Aktivitäten meistens keinen unmittelbaren Gebrauchswert. Es wird kein Brot gebacken, das man essen kann, keine Hütte gebaut, die wasserdicht sein muss. Im Mittelpunkt des Storyline-Unterrichts steht vielmehr meistens eine simulierte Realität. Warum? Die Begründung für die Wahl einer Methode ergibt sich aus den Lernzielen. Soll z. B. gelernt werden, wie man ein kleines Feuer effektiv löscht, dann bietet es sich an, auf dem Schulhof ein Feuer zu entfachen, das die Schüler mit Hilfe eines Feuerlöschers bekämpfen – hier wäre die Projektmethode angemessen und erfolgreich. Geht es aber darum, wie man sich gegen ein Großfeuer sichert, dann macht es mehr Sinn, von simulierter Realität auszugehen. Die Schüler können z. B. aus ein paar Kartons ein Modell der Schule bauen. Dann stellt die Lehrerin Fragen: Wo kann sich das Feuer am leichtesten ausbreiten? Wo sind Fluchtwege nötig? Wie wirken offene Fenster? Welcher Bodenbelag ist schwer brennbar? Die Schüler setzen sich mit diesen Fragen auseinander und entwickeln dabei ein Verständnis für das zugrunde liegende Problem.

Lernen durch kreatives Handeln

Beim Unterricht nach der Storyline-Methode werden die Schüler angeregt, zu dem behandelten Thema sinnlich wahrnehmbare Repräsentationen herzustellen, an denen sie Zusammenhänge entdecken und deuten, die ihnen vorher nicht bekannt waren. Diese Produkte sollen nicht nur plausibel und logisch sein, sondern möglichst auch ästhetisch ansprechend. Daher wird häufig kreatives Tun der Schüler in den Unterricht integriert – Zeichnen, Malen, Tanzen, Musizieren, Plastisches Gestalten, Pantomime usw. Die Schüler werden dadurch zu Konstrukteuren einer simulierten Wirklichkeit, die zugleich die Wirklichkeit ihres Unterrichts ist. Sie schaffen sich eine eigene Welt und bereiten sich damit auf ihre persönliche und gesellschaftliche Zukunft vor.
Wie bei anderen aktivierenden Unterrichtsmethoden lernen die Schüler durch

- Versuch und Irrtum,
- Imitation,
- Kooperation mit anderen Schülern,
- problemlösendes Verhalten,
- Erkennen wechselseitiger Abhängigkeiten,
- Entdecken von Zusammenhängen,
- Anwenden kreativitätsfördernder Techniken.

Anwenden von Kulturtechniken in vielfältigen Formen

Die Storyline-Methode ist aber für den Grundschulunterricht vor allem deshalb attraktiv, weil fast bei jedem Arbeitsschritt zugleich die wichtigsten Kulturtechniken gelernt und geübt werden. Die Schüler lesen, schreiben, rechnen, nutzen Medien und Computer, weil dies für den Fortgang der Story wichtig ist. Sie haben ein starkes Motiv, sich in den Unterricht einzubringen, und nebenbei festigen sie ihr Wissen über Sachzusammenhänge. Um Missverständnissen vorzubeugen, sei allerdings ausdrücklich erwähnt: Die Storyline-Methode ist kein Lese- und Schreiblehrgang.

Lehrerinnen schätzen diese Methode, weil die Schüler mit Begeisterung bei der Sache sind und gute Lernergebnisse erzielen, aber auch, weil Disziplinschwierigkeiten seltener auftreten und das Unterrichtsklima angenehmer ist. Die Schüler lieben den Unterricht, weil er Spaß macht und weil sie mit ihren Ideen respektiert werden.

Wer steckt hinter der Storyline-Methode?

Entwickelt wurde die Methode ursprünglich von Steve Bell, Sallie Harkness und Fred Rendell (siehe Kapitel 7). In den vergangenen zwei Jahrzehnten hat dieser Unterrichtsansatz vor allem in Skandinavien, in den USA und den Niederlanden eine Vielzahl von Lehrerinnen überzeugt.

Vielerorts gehört die Methode zum selbstverständlichen Handwerkszeug der Unterrichtenden. Die Verbreitung, Weiterentwicklung und Evaluation des Storyline-Ansatzes wird von der European Association for Educational Design (EED) gefördert. Vorsitzender dieser Vereinigung von Pädagogen ist Steve Bell, der viele Jahre als Senior Lecturer für Lehrerfortbildungen an der Universität Strathclyde in Glasgow gearbeitet hat. Sein Name wird in diesem Buch häufiger auftauchen, weil er die Storyline-Methode am nachhaltigsten vorangebracht und international bekannt gemacht hat.

Steve Bell

Die EED veranstaltet Kongresse und Fachtagungen zur Storyline-Methode und liefert über verschiedene Internet-Homepages laufend aktuelle Informationen (siehe Kapitel 8).

Warum dieses Buch geschrieben wurde

Im deutschen Bildungswesen ist vieles nicht in Ordnung. Darüber sind sich Schüler, Eltern, Schulpolitiker und Journalisten seit langem einig – quer durch die politischen Parteien, gesellschaftlichen Überzeugungen und wissenschaftlichen Richtungen. Gern wird in diesem Zusammenhang die Schuldfrage gestellt, und Schuld sind in den Augen Vieler die Lehrkräfte. Kaum ein Stereotyp wird ausgelassen, wenn sie als rückwärts gewandte Ideologen diffamiert werden, als bequeme Nutznießer eines gut bezahlten Halbtagsjobs oder als überforderte Staatsdiener, die dem harten Schulalltag nicht gewachsen sind.
Aus Sicht der Lehrerinnen und Lehrer sind es meistens andere Faktoren, die die Misere an den Schulen verursachen: die minutiösen Lehrpläne, die Selektivität des dreigliedrigen Schulwesens, die rigide Schulaufsicht, die Wohlstandsverwahrlosung der Schüler, die verfehlte Einstellungspolitik, die großen Klassen usw. All dies ist richtig. Die Bedingungen an den Schulen könnten besser sein. Die Begrenzung des Unterrichts auf den Vormittag lässt wenig Zeit für vertieftes Üben und für eine differenzierte Förderung der schwächeren und stärkeren Schüler. Der 45-Minuten-Takt der Unterrichtsstunden zwingt zu einer Portionierung des Stoffs, die das Lernen häufig behindert: Wenn es gerade interessant wird, ist die Stunde vorbei. Schulbücher und Arbeitsgeräte entsprechen nicht immer dem aktuellen Stand. Aber auch innerhalb der nun einmal vorhandenen Grenzen, die von Einzelnen kaum zu ändern sind, kann eine Lehrerin guten und schlechten Unterricht geben, kann sie sich engagiert einbringen oder sich zurückhalten, kann sie mit Spaß oder mit Widerwillen zur Arbeit kommen.
Trotz detaillierter Lehrpläne kann der Unterricht im Rahmen der Methodenfreiheit anspruchsvoll und fesselnd zugleich gestaltet werden. Die Schüler können durch Ermutigung und geeignete Unterrichtsmethoden dazu gebracht werden, ihren Lernprozess stärker in die eigene Hand zu nehmen und ihr Leistungspotenzial auszuschöpfen. Auch wenn nicht jeder Schüler zum Abitur geführt werden kann (was auch nicht

wünschenswert ist), so kann in der Schule doch der Keim dafür gelegt werden, dass die nächste Generation mit offenen Augen für ihre Umwelt durchs Leben geht. Die Schule kann dafür sorgen, dass Lernen als spannende Erfahrung und als nie abgeschlossener Prozess erlebt wird.

„Wenn viele kleine Menschen an vielen kleinen Orten viele kleine Dinge tun, dann können sie die Welt verändern."
Afrikanisches Sprichwort

Selbst wenn es nicht gelingt, sämtliche Eltern als Verbündete zu gewinnen: Schon ein oder zwei interessierte Eltern können die Arbeit der Lehrerin unterstützen, beim Wandertag oder in der Projektwoche, beim Sommerfest und beim Renovieren des Klassenzimmers.
Die Schulaufsicht kann als Organ einer unangemessenen Kontrolle empfunden werden, als notwendiges Übel oder als hilfreicher Dienstleister. Die alte Weisheit, wonach es aus dem Wald herausschallt, wie man hineinruft, gilt auch hier: Die Erwartungen prägen die späteren Erfahrungen. Selbstbewusste Lehrerinnen profitieren stärker von der Schulaufsicht, als dass sie unter ihr leiden. Ohne Frage sind die Schüler heute durch das breite Medien- und Unterhaltungsangebot stark abgelenkt und zugleich auch verwöhnt. Aber auch diese Generation wird in ein paar Jahren ins Berufsleben eintreten und Verantwortung übernehmen, und sie hat Anspruch darauf, in der Schule entsprechend vorbereitet zu werden. Und genau dieser Aufgabe stellt sich mit großem Ernst die Mehrzahl der Lehrerinnen. Allen Schwierigkeiten und Widerständen zum Trotz arbeiten die meisten von ihnen mit hohem Engagement, zeigen Interesse an ihren Schülern und setzen sich konstruktiv mit den täglichen Widrigkeiten des Schulbetriebes auseinander. Was ihnen Kraft gibt, ist die Überzeugung, dass sie eine wichtige Aufgabe erfüllen. Die nötige Beharrlichkeit verleiht ihnen die Erfahrung, dass es einen Unterschied macht, ob sie morgens zur Arbeit kommen oder nicht.

angemessene und effektive Lernumgebungen schaffen

„Der Stolz auf die professionelle Arbeit kommt darin zum Ausdruck, dass die Lehrerinnen sich in ihrer eigenen Unterrichtsphilosophie sicher fühlen. Unterrichten sollte mehr sein als das Austeilen von Büchern. Es sollte darum gehen, angemessene und effektive Lernumgebungen zu schaffen", sagte Steve Bell in der Eröffnungsrede zur ersten internationalen Storyline-Konferenz im November 2000 in Aalborg. Es gibt viele Chancen, solche anregenden Lernumgebungen zu schaffen. Von einer solchen Möglichkeit handelt dieses Buch. Ich habe es vor allem aus folgenden Gründen geschrieben:

1. Seit über 20 Jahren habe ich an vielen Beispielen gesehen und selbst erfahren, dass das Lernen mit der Storyline-Methode als bereichernd und effektiv erlebt wird.
2. Es gibt eine große Zahl von Lehrerinnen und Lehrern, die trotz aller Widerstände an einer anderen Qualität von Schule interessiert sind. Ich möchte sie bei dieser anspruchsvollen Aufgabe unterstützen und sie ermutigen, in ihren Anstrengungen nicht nachzulassen.
3. In dem politischen Streit um Schulaufbau und Schulstrukturen (z. B. Gesamtschule versus gegliedertes Schulsystem) ist die *innere* Schulreform m. E. zu kurz gekommen – sie ist aber unabdingbar, wenn das verbreitete Missbehagen am Schulunterricht beseitigt werden soll.

4. Der Unterricht beschränkt sich – wie die neuerdings wieder beliebteren Tests – zu sehr auf kognitive Lernziele. Ich glaube, dass affektive und soziale Lernziele ebenfalls sehr wichtig sind. Und ich bin überzeugt, dass neben dem linearen, kausalen Denken auch das systemische, vernetzte Denken gefördert werden muss.
5. Schließlich wünsche ich mir, dass möglichst viele Schüler (wieder) Spaß am Lernen finden.

Um Missverständnissen vorzubeugen, ein – eigentlich selbstverständlicher – Hinweis vorweg: Die Storyline-Methode ist kein Allheilmittel. Sie ist *eine* Methode unter anderen, und sie garantiert nicht automatisch einen guten Unterricht. Die Storyline-Methode ist anderen Unterrichtsansätzen nicht von vornherein überlegen. Es soll auch keine Mode kreiert werden! Gleichwohl lohnt es sich, die Storyline-Methode genauer kennen zu lernen, denn mit ihr lässt sich das Unterrichts-Repertoire um eine faszinierende Alternative erweitern.
Um genauer zu erfahren, was es mit der Storyline-Methode auf sich hat, empfiehlt es sich, zunächst die Kapitel 2 bis 4 zu lesen. Die darauf folgenden Kapitel stehen jeweils für sich und müssen nicht in einem Zug gelesen werden. Wer selbst mit der Storyline-Methode arbeiten möchte, sollte möglichst an einer Fortbildung teilnehmen, in der die Methode nicht nur vorgestellt, sondern auch praktisch erprobt wird.

2. Kapitel Grundlagen und Beispiele

Erinnern Sie sich noch an Ihren ersten Schultag? Wie aufgeregt Sie waren, froh, dass es jetzt endlich losgehen sollte mit dem Lernen? Das ist heute nicht anders. Wenn Sie an einer Schule arbeiten, wissen Sie es selbst. Wenn nicht, dann gehen Sie in eine beliebige erste Klasse und beobachten die Schüler. Welch eine Begeisterung, was für ein Wissensdurst! Und dann besuchen Sie einmal die 10. Klasse einer Realschule oder die 12. eines Gymnasiums. Gelangweilt und missmutig räkeln sich viele Schüler auf ihren Stühlen und machen aus ihrer Verachtung für alles, was mit Schule zu tun hat, keinen Hehl. Wo ist die Begeisterung geblieben, der Spaß am Lernen, das Interesse? Wohin ist die Bereitschaft verschwunden, sich mit neuen Themen und Ideen auseinander zu setzen?

Begeisterung für neue Themen und Ideen (bewahren)

Sicher gibt es vielfältige Gründe für den Schulfrust. Doch anstatt nach möglichen Ursachen für geringen Schulerfolg und mangelndes Schülerinteresse zu suchen, scheint es mir vernünftiger, nach positiven Gegenbeispielen zu fragen. Ein solches Beispiel sind die Schulen in Skandinavien und vielen anderen Ländern, wo nach der Storyline-Methode unterrichtet wird. Wissensdurst und Entdeckerfreude der Schüler werden an diesen Schulen systematisch gestärkt. Die Schüler lernen nicht nur die im Lehrplan vorgesehenen Inhalte, sie lernen vor allem, selbstständig zu denken und zu lernen.

Respekt für die Schüler

Kann eine Methode allein solche Veränderungen bewirken? Wohl kaum. Insofern greift die Bezeichnung Storyline-„Methode" zu kurz. Denn hinter dem methodischen Ansatz steht eine pädagogische Grundhaltung, die geprägt ist vom Respekt für die Schüler. Sie werden ernst genommen als Experten für ihre eigene Lebenswelt, als lernfähige und lernwillige Individuen, die sich selbst einen Zugang zur Realität schaffen. Unterricht wird nicht als Belehrung verstanden, sondern als das Erschaffen eines Umfeldes, in dem Schüler sich aktiv Kenntnisse, Fertigkeiten und Einstellungen aneignen. Schule ist nach diesem Verständnis ein Ort der Begegnung. Hier finden Entdeckungen statt, Abenteuer des Geistes. Kinder und Lehrkräfte (manchmal auch Eltern) lernen und arbeiten gemeinsam. Die Lehrerinnen nehmen ihre Aufgabe ernst – gerade deswegen betreiben sie ihren Beruf mit einer gewissen Leichtigkeit. Der Storyline-Ansatz unterstützt dieses pädagogische Konzept. Missversteht man die Storyline-Methode als Rezept, das ohne Änderung der Schulkultur gleichsam mechanisch angewendet werden kann, dann kann sich ihre besondere Qualität allerdings nicht entfalten.

1. *Beispiel für Storyline-Unterricht: Bergwerkstollen in einer Grundschule*

Greenock ist eine kleine Stadt in der Nähe von Glasgow. Fabriken, Reihenhaussiedlungen aus den dreißiger Jahren, preisgünstige Supermärkte, schmucklose Bürohäuser. Die Schule ist Anfang des 20. Jahrhunderts gebaut worden, ein typisches Backsteingebäude, geschwärzt vom Ruß der Schornsteine und den Auspuffgasen der Autos. Von außen deutet alles auf eine traditionelle Schule in ärmlicher Umgebung hin. Wir werden in der 3. Klasse von Mrs. MacDonald erwartet. Steve Bell und ich gehen die ausgetretenen Holzstufen zum Obergeschoss hinauf. In die Türen der Klassenzimmer sind Fenster eingelassen, durch die man in die Räume hineinsehen kann. Eine Tür steht offen, im Korridor sitzt eine kleine Gruppe von Schülern auf dem Boden und diskutiert. Eine Schülerin liegt auf dem Bauch und zeichnet konzentriert. Eine Lehrerin ist nicht zu sehen, aber offenbar findet hier Unterricht statt.

Die Tür zur Klasse von Mrs. MacDonald ist geschlossen. Wir klopfen an und treten ein. Ein paar Köpfe wenden sich uns kurz zu, die meisten Schüler aber nehmen uns kaum wahr. Ist vielleicht gerade Pause? Die Schüler sitzen entspannt in Grüppchen zusammen, über Papiere gebeugt oder in Gespräche vertieft. Einige stehen vor einer Art Landkarte und scheinen, etwas zu planen. Jetzt entdecken wir auch Mrs. MacDonald. Sie hat sich mit einer Schülerin in eine Ecke zurückgezogen und erklärt dem Kind etwas. Als die Lehrerin uns wahrnimmt, nickt sie uns kurz zu und bittet uns um ein paar Minuten Geduld. Uns fällt auf, dass nicht alle Schüler in Gruppen arbeiten. Einige sitzen für sich allein, schreiben in ihre Hefte. Ein Junge erläutert uns auf Nachfrage, dass er das Wochenpensum an „Rechentürmen" noch nicht geschafft hat. Mit seiner Gruppenarbeit ist er gerade fertig geworden. Da nutzt er die Zeit, um den Wochenplan zu erfüllen. Wenn er fertig ist – so erklärt uns der Schüler – macht er auf der aushängenden Liste einen Haken hinter seinen Namen. So weiß die Lehrerin mit einem Blick, wer auf welchem Stand ist und wer noch Unterstützung braucht.

Bergwerk auf dem Planeten Zichatys

Die Wände sind gespickt mit beschrifteten Zetteln, Abbildungen von technischen Geräten und mit diversen Schülerzeichnungen. Ein Regal enthält eine kleine Bibliothek sowie Kartons, die mit verschiedenen Materialien gefüllt sind. Ein großes Wandbild – offensichtlich von den Schülern selbst gefertigt – erregt unsere Aufmerksamkeit. Es zeigt den Querschnitt durch ein Bergwerk mit Stollen und Schächten. Oberhalb der Erde sind

technische Geräte und Förderanlagen zu erkennen. Dazwischen bewegen sich Lebewesen in metallfarbenen Kleidungsstücken.
Die Lehrerin bittet die Schüler um Aufmerksamkeit, dann begrüßt sie uns offiziell. Sie informiert die Schüler, dass sie bei Mr. Bell eine Fortbildung besucht hat, in der sie sich auf die gegenwärtige Unterrichtseinheit vorbereitet hat. Dann übergibt sie Steve das Wort. Er stellt Fragen und die Schüler antworten. Ausgehend von Erläuterungen der Schüler zu den im Klassenraum ausgestellten Modellen, Zeichnungen und Texten entwickelt sich eine lebhafte Diskussion.
Das Bergwerk? Das ist ein Teil des Planeten Zichatys. Die Figuren, die wir auf den Zeichnungen sehen, sind das Tiere? Nein – aber auch keine Menschen; es sind intelligente Lebewesen. Aber warum tragen sie so eine seltsame Kleidung? Das ist keine Kleidung, die Lebewesen dort bestehen aus verschiedenen Metallen. Daher brauchen sie beständig Nachschub und fördern Metalle aus dem Boden. Und was würde passieren, wenn die Metallvorkommen eines Tages erschöpft sind? Die Schüler an den Gruppentischen sehen sich an, beginnen zu diskutieren. Nach einigen Minuten gehen ein paar Finger nach oben. Die Schüler bringen verschiedene Ideen zur Sprache: Die Minen vertiefen, Ersatzteile wiederverwenden. Ein Mädchen springt auf: „Wir fliegen zu einem anderen Planeten, wo es noch genug Metall gibt.“ Das klingt fast wie auswendig gelernt. Aber unsere Nachfrage bei Mrs. MacDonald ergibt, dass die Frage nach der Endlichkeit von Metalllagerstätten im Unterricht bisher keine Rolle gespielt hat. Die Schüler haben sich mit der für sie neuen Frage auseinander gesetzt, wie sie es sonst auch tun müssen: Wenn sich ein neues Problem stellt, dann suchen sie nach plausiblen Antworten, die zu ihrem Modell passen.
Auch auf andere Fragen haben die Schüler nachvollziehbare Antworten. Warum stürzen die Bergwerksstollen nicht ein? Sie sind durch Holzkonstruktionen gesichert – das wertvolle Metall wird hierfür nicht verwendet. Wie funktionieren die Förderkörbe? Sie werden durch Sonnenenergie angetrieben. Die Größe des Planeten, die Beschaffenheit des Bodens, die Lebensdauer der Einwohner, alles wird von den Schülern erklärt. Uns fällt auf, dass die dargestellten Lebewesen dreibeinig sind. Auf Steves Frage, wie sie sich vorwärts bewegen, stehen zwei Schüler auf, legen sich gegenseitig die Arme um die Schultern, um sicher zu stehen. Dann winkelt einer das rechte Bein an, und sie bewegen sich – wie ein Lebewesen – auf drei Beinen durchs Klassenzimmer. Wir erfahren von den Schülern etwas über die soziale Ordnung auf Zichatys, über die Wertvorstellungen der Einwohner, ihre Ernährung, ihre Technologie und über ihr Sexualverhalten. Die Schüler erläutern die Lebensläufe der Raumschiffbesatzung, die den Planeten erkunden soll. Sie haben sich auch schon Gedanken darüber gemacht, was die Astronauten während des jahrelangen Fluges tun werden. Jede Frage wird mit einer einleuchtenden Antwort bedacht. Mir fällt eine Formulierung Immanuel Kants ein, der die Bedeutung des eigenständigen Denkens von Kindern hervorhob. Hier ist es offenbar gelungen.

„Mit dem Dressieren ist es noch nicht ausgerichtet, sondern es kommt vorzüglich darauf an, dass Kinder denken lernen.“
Immanuel Kant

Zum Schluss führen die Schüler uns Sphärenmusik auf selbst gefertigten Instrumenten vor. Gläser werden zum Schwingen gebracht, Drahtsaiten gezupft, die über unterschiedliche Resonanzkörper aus Metall gespannt sind. Als wir schließlich gehen, ist die große Pause längst vorbei. Mrs. MacDonald fragt, ob jemand auf den Hof gehen möchte. Einige Schüler stehen auf und machen sich auf den Weg, andere setzen sich lieber in Grüppchen zusammen und machen dort weiter, wo sie von uns unterbrochen wurden. Innerhalb weniger Minuten herrscht wieder eine entspannte Arbeitsatmosphäre.
Der Unterricht erinnert an eine Projektwoche, in der die Schüler weitgehend selbstständig ihre Aktionen planen, durchführen und evaluieren. Aber im Unterschied zur Projektarbeit werden mit der Storyline-Methode nur selten Produkte mit einem unmittelbaren realen Gebrauchswert hergestellt. Die Wasserqualität von Bachläufen analysieren, ein schwimmfähiges Boot bauen, einen Propeller zur Umsetzung von Windkraft in elektrische Energie konstruieren – das alles kann man mit älteren Schülern hervorragend machen, die über die entsprechenden fachlichen Grundlagen verfügen. Grundschülern dagegen fehlen die mathematischen, chemischen, biologischen oder physikalischen Kenntnisse hierfür. Aber auch Grundschulkinder leben in einer komplexen Welt. Sie nehmen am Straßenverkehr teil, kaufen ein, sehen fern und bewegen sich durchaus nicht nur in einem beschützenden sozialen Umfeld. Schon die Grundschule muss auf das Leben in der postindustriellen Informations- und Dienstleistungsgesellschaft vorbereiten, denn die Schüler stehen bereits mitten in diesem Leben. Solange aber die Vorkenntnisse fehlen, um reale Lebensfragen in der Schule anzugehen, solange ist es vernünftig und vertretbar, mit der Methode der Simulation zu arbeiten. Es wird nicht ein Boot gebaut, sondern das Modell eines Bootes. Anders als im Projektunterricht kann man mit diesem Modell dann durchaus – wie einst Erik der Rote – nach Island segeln. Es wird nicht die Wasserqualität eines Baches analysiert, aber es ist durchaus möglich, das Modell eines Biotops an einem sauberen Bach zu entwickeln. Hier können vorhandene Kenntnisse der Schüler eingehen und neue erworben werden. Beispielsweise sind die Kinder in der Lage sich vorzustellen, was mit ihrem Biotop passiert, wenn plötzlich ungeklärte Abwässer in den Bach geleitet werden.

Storylines sind fächerübergreifend – wie das richtige Leben

Die Storyline-Methode setzt zwar bei den Erfahrungen der Schüler an, geht aber in der Simulation von Gegenständen, Personen, Prozessen und sozialen Zusammenhängen weit darüber hinaus.
Unterricht nach der Storyline-Methode geht von komplexen Situationen und Problemen aus. Das wird im folgenden Beispiel deutlich, das anders als das Thema „Raumfahrt“ näher an der Lebenswelt der Schüler liegt.

2. *Beispiel für Storyline-Unterricht: Die Einkaufsstraße*

Das Thema „Einkaufen" ist in den Sachkunde-Lehrplänen mehrerer Bundesländer verankert. Es kann in der zweiten bis vierten Grundschulklasse behandelt werden. Je nach Leistungsstand der Schüler werden Übungen aus dem sprachlichen und mathematischen Anfangsunterricht mehr oder weniger intensiv in die Unterrichtseinheit integriert. Das Thema Einkaufen kann sich über mehrere Wochen hinziehen. Jeden Tag sollte wenigstens eine Stunde daran gearbeitet werden. Alternativ können auch mehrere mehrstündige Blöcke pro Woche dem Storyline-Unterricht gewidmet werden.

an die Erfahrungen der Kinder anknüpfen

Zu Anfang fragt die Lehrerin die Kinder, wo sie einkaufen. Dies ist die erste Schlüsselfrage. Die Antworten werden an der Tafel mitgeschrieben (Supermarkt, Kaufhaus, Wochenmarkt, Bäcker usw.). Dann wird eine Liste kleiner Ladengeschäfte erstellt, wie man sie in Einkaufsstraßen der Innenstädte antrifft: Gemüseladen, Friseur, Jeansladen, Weinhandlung usw. Die Schüler werden gebeten, sich in Kleingruppen ein Geschäft auszusuchen, zu dem sie Näheres erfahren möchten.

Die Lehrerin bittet zu überlegen, wie der Laden wohl aussehen mag, wenn man von der gegenüberliegenden Straßenseite hinsieht. Jeder Schüler macht eine Strichzeichnung mit Bleistift. Dann entscheiden die Kleingruppen, welcher Entwurf weiter verfolgt werden soll. Das ist eine gute Gelegenheit zum sozialen Lernen. Entweder setzt sich einer der Entwürfe durch oder es wird ein Kompromiss gefunden. Wie wird dies in den Gruppen gehandhabt? Gibt es Kriterien für die Auswahl eines Entwurfs? Je nachdem, wie die Kooperationsfähigkeit in der Klasse ausgeprägt ist, kann die Lehrerin hierauf unterschiedlich viel Zeit und Aufmerksamkeit verwenden. Wenn die Gruppe sich geeinigt hat, erstellt jeder Schüler eine farbige Zeichnung im Format A5, die auf dem vorher festgelegten Entwurf beruht. Jetzt wird erneut ausgewählt. Die Gruppe entscheidet sich für eine der Zeichnungen. Die Ansichten der Ladenfronten werden nebeneinander in Form eines Frieses an die Wand gehängt.

Stoffpuppen repräsentieren Personen

Die nächste Schlüsselfrage lautet: Wer arbeitet in dem Laden? Die Vermutungen der Schüler werden mitgeschrieben: Ein Chef, Verkäuferinnen, Auszubildende … Die Lehrerin zeigt, wie man aus Stoffresten eine kleine Figur herstellt (vgl. Kapitel 5, Figuren in Collagetechnik). Sie gibt jedem Schüler eine weiße Karteikarte im Postkartenformat, auf die die Figuren geklebt werden. So ergeben sich automatisch Figuren gleicher Größe. Die Schüler verwenden hierauf viel Liebe und Zeit.

Die Lehrerin sollte in dieser Phase nicht auf zu schnelles Arbeiten drängen. Denn ohne es zu merken, beginnen die Schüler, sich mit ihrer Figur zu identifizieren. Sie erfinden einen Namen. Dann werden die 3 oder 4 Figuren, die zu einem Laden gehören, zusammen auf ein Blatt Papier geklebt und an die Wand gehängt.

Nun gibt die Lehrerin einen neuen Anstoß mit einer weiteren Schlüsselfrage: Wie sind all diese Leute an ihre Arbeitsplätze gekommen? Haben sie den Laden geerbt oder gekauft, haben sie sich auf eine freie Stelle beworben, sind sie empfohlen worden? Haben sie einen Beruf gelernt, wie alt sind sie? Die Lehrerin stellt nur Fragen – Fragen, auf die es nicht nur eine Antwort gibt. Die Schüler beantworten die Fragen, indem sie einen Lebenslauf für „ihre" Figur erfinden. Auch die Lebensläufe werden zu den Figuren an die Wand gehängt und bleiben dort während der kommenden Wochen hängen. So wird das Klassenzimmer nach und nach zum Atelier, in dem die Arbeitsergebnisse zu dem aktuellen Hauptthema dokumentiert werden.

der Klassenraum als Atelier

Der Fortgang der Storyline ist der folgenden Übersicht zu entnehmen. Sie ist zugleich ein Beispiel für das in der Storyline-Methode gebräuchliche Planungsschema. Es bleibt der Lehrerin überlassen, einzelne Schritte auszulassen, die Reihenfolge zu ändern und die Zeit für die einzelnen Episoden festzulegen. Sie kann Schreibanlässe in den Vordergrund stellen (Listen von Waren und Dienstleistungen, Angebote, Lebensläufe, Annoncen ...) oder verstärkt auf die Integration von Rechenaufgaben achten (Berechnung der Ladenfläche, von Preisen, Rabatten, Versicherungskosten usw.), je nachdem wie es die Lernziele und der Leistungsstand der Klasse erfordern. Aber auch die sozialen und emotionalen Lernziele sind wichtig. Die Schüler lernen zu kooperieren, schwierige Rollen zu übernehmen, ihre eigene Meinung gegenüber einer Mehrheit zu vertreten und die Vorschläge der anderen Schüler wertzuschätzen.

Storyline: Einkaufen (nach „Big shops – little shops" von Steve Bell)

Storyline (Ablauf)	Schlüsselfrage	Aktivitäten	Sozial-form	Material	Lernziele/Ergebnisse
1. Einkaufen	Wo kauft ihr ein?	Die Schüler nennen verschiedene Geschäfte, die Lehrerin schreibt mit.	ganze Klasse	Tafel	anknüpfen an Erfahrungen, zeichnen, entwerfen
	Was denkt ihr, wie groß die Geschäfte sind?	Die Schüler entwerfen den Aufriss eines Ladens und zeichnen dann die Ladenfront.	einzeln	A5-Papier Buntstifte	rational argumentieren, verschiedene Seiten betrachten,
	Wie sehen sie von außen aus?	Die Kleingruppe entscheidet sich für einen der Entwürfe.	Gruppe		Kompromisse schließen können
	Was sieht man beim Blick in die Ladenstraße?	Die Schüler stellen die Ladenfronten zu einem Fries zusammen.	ganze Klasse	Papierbahn/ Tapete, Klebstoff	

Die hier genannten Lernziele und Arbeitsergebnisse sind Beispiele für mögliche Schwerpunktsetzungen im Unterricht. Letztlich muss die Lehrerin entscheiden, welche Ziele sie mit der Klasse anstreben will. Wichtig ist, dass die einzelnen Schritte (oder „Episoden") einer Storyline nicht willkürlich aneinander gehängt werden, sondern – wie in einer Geschichte („Story") – eine in sich schlüssige Reihenfolge bilden. Dadurch wird der Gesamtzusammenhang für die Schüler nachvollziehbar.

Die oben aufgeführten Schlüsselfragen unterscheiden sich auf den ersten Blick noch kaum von üblichen Kontrollfragen. Daher sei ausdrücklich darauf hingewiesen, dass auf diese Fragen häufig *nicht* verbal geantwortet werden soll. Die Schlüsselfragen sollen Raum und Struktur für Schüler*aktivitäten* geben. Die Ergebnisse dieser Aktivitäten stehen nicht im Vorhinein fest, sondern werden von den Schülern gestaltet. Kriterium für die Bewertung der Ergebnisse ist nicht, ob sie in dem Sinne richtig sind, dass sie die vorab von der Lehrerin gegebenen Informationen wiedergeben, sondern dass sie von den Schülern begründet werden können. Bei der Ladengröße könnten die „Möbelverkäufer" z. B. einen Raumbedarf von 200 qm mit der Notwendigkeit einer großen Ausstellungsfläche begründen, während die „Friseure" sich mit 35 qm zufrieden geben könnten, um nicht zu hohe Mietkosten zu haben.

Storyline (Ablauf)	Schlüsselfrage	Aktivitäten	Sozial-form	Material	Lernziele/Ergebnisse
2. Das Personal	Wer arbeitet in eurem Laden?	Die Schüler erstellen eine Liste der Beschäftigten.	Gruppe		Wortschatz erweitern, rechtschreiben
	Wie sehen die Leute aus?	Jeder Schüler fertigt eine zweidimensionale Figur und gibt ihr einen Namen.	einzeln	Karteikarten, Stoffreste, Wollreste, Kleister, Papier, Stifte	Identifikation herstellen, kreativ gestalten
	Wie sind sie zu ihrem Beruf gekommen?	Die Schüler schreiben für ihre Figuren Lebensläufe und erläutern sie auf Nachfrage.	einzeln		logisches Denken
	Nach welchen Eigenschaften sind sie ausgesucht worden?	Ggf. Stellenanzeige formulieren und Bewerbungsgespräche in den einzelnen Läden vorbereiten und durchführen.	Gruppe		Fragetechniken entwickeln, sich selbst darstellen
3. Die Waren/ Dienstleistungen	Was kann man in eurem Laden kaufen?	Die Schüler schreiben eine Liste mit Waren/Dienstleistungen.	Gruppe	Papier, Stifte	plausible Vermutungen anstellen (die Vorstellungskraft üben)
	Wie sieht der Laden innen aus (von oben gesehen?)	Die Schüler entwerfen einen Grundriss.	einzeln		Größenordnungen schätzen
	Wie sieht euer Laden aus, wenn man darin steht?	Die Schüler entscheiden sich für einen Grundriss und bauen ein dreidimensionales Modell.	Gruppe	Schuhkarton, Restmaterial, Kleister	Feinmotorik üben, logisches Denken

Die Lehrerin tut gut daran, frühzeitig mit dem Sammeln von Materialien zu beginnen, die für das Bauen von Modellen geeignet sind und nicht viel kosten. Wenn die Schüler vom Beginn der 1. Klasse daran gewöhnt sind, dass Unterrichtsmaterialien und Bücher offen aufbewahrt werden und für alle zugänglich sind, gehen sie auch pfleglich mit Werkzeug und Material um. Meistens tragen sie selbst dazu bei, erschöpfte Vorräte aufzufüllen. Oft reicht ein Lagerregal mit stabilen Pappkartons, in denen z. B. die folgenden Werkzeuge und Restmaterialien gesammelt werden:

- Stoffreste
- Wollreste (z. B. für Haare von Figuren)
- farbige Seiten aus Magazinen (statt teuerem Buntpapier)
- leere Zigarettenschachteln (geeignet als konstruktives Material, Zellophanpapier dient als Fensterglas)
- Moosgummi (für die Fertigung von selbst geschnittenen Stempeln)
- Schuhkartons
- trockene Zweige/Bambusstöcke
- ausgewaschene Joghurtbecher
- Marmeladengläser (als Wasserbehälter beim Malen)
- Pinsel

- Schultemperafarben
- Ölkreiden
- Buntstifte
- Klebestifte
- Scheren usw.

Der Bau eines dreidimensionalen Modells ist eine hervorragende Gruppenübung. Er erfordert bei den beteiligten Schülern sowohl Initiative und aktive Mitarbeit als auch die Fähigkeit, sich zurückzunehmen und sich der Gruppenmehrheit unterzuordnen.
Die Lehrerin kann nun auch für die Kunden Lebensläufe erfinden und kleine Figuren anfertigen lassen. Das hat aber nur dann Sinn, wenn damit im Folgenden auch etwas geschieht. Werden z. B. Rollenspiele zum Verkauf durchgeführt, dann müssen die Schüler sich nicht nur mit dem Verkäufer, sondern eben auch mit dem Käufer identifizieren können und aus dessen Warte Fragen stellen. Das fällt leichter, wenn jeder Schüler neben seiner Identität als Verkäufer oder Dienstleister eine zweite als potentieller Kunde einnehmen kann.

Storyline (Ablauf)	**Schlüsselfrage**	**Aktivitäten**	**Sozialform**	**Material**	**Lernziele/Ergebnisse**
4. Die Kunden	Wer sind unsere Kunden? Wie sehen sie aus?	Die Schüler „entwerfen" Kunden, fertigen zweidimensionale Figuren und schreiben deren Lebensläufe.	einzeln	Stifte, Karteikarten, Restmaterialien, Leim	typische Verbraucherwünsche benennen

Auch wenn die Kunden nicht als Einzelpersonen in den Unterrichtsablauf einbezogen werden sollen, ist es wichtig, dass die Schüler sich mit den Kaufinteressen der potenziellen Kunden auseinander setzen. Der vierte Unterrichtsabschnitt würde dann auf die folgenden Aktivitäten reduziert:

	Was glaubt ihr, warum kommen die Kunden in euer Geschäft?	Die Schüler stellen die vermuteten Kauf- und Konsuminteressen zusammen.	Gruppe		aus der Lebenssituation auf Konsuminteressen schließen, ein passendes Angebot erstellen
	Wie könnt ihr Kunden von der Qualität eurer Waren überzeugen?	Die Schüler entwickeln Argumente für Verkaufsgespräche und führen diese im Rollenspiel durch.	Gruppe		pro und contra argumentieren, Preis und Leistung vergleichen

Nachdem die Kundenbedarfe bekannt sind, schließt sich die logische Schlüsselfrage an, was passiert, wenn nur wenige Kunden kommen oder gar keine. Woran könnte das liegen?

Storyline (Ablauf)	Schlüsselfrage	Aktivitäten	Sozialform	Material	Lernziele/Ergebnisse
5. Werbung	Wie wollt ihr neue Kunden gewinnen?	Die Schüler schreiben/illustrieren eine Anzeige für die Lokalzeitung.	einzeln Gruppe	Schreibmaterial, Stifte, Buntpapier …	kreativ für die eigene Sache werben
		Sie entwerfen ein Logo und einigen sich darauf in der Gruppe.	Gruppe		Kompromissfähigkeit üben
		Sie erfinden einen Slogan oder eine Erkennungsmelodie.	Gruppe	ggf. Musikinstrumente	in der Gruppe singen
		Sie ersinnen einen Werbespot fürs Radio oder für einen regionalen Fernsehsender und führen ihn vor der ganzen Klasse vor.	Gruppe	Papier etc. für Kulissen	vor Publikum auftreten

Sprechen vor einer großen Gruppe ist eine nicht nur bei Erwachsenen verbreitete Angst, auch Kinder fühlen sich nicht immer wohl, wenn sie vor die Klasse treten sollen. Umso wichtiger ist es, Anlässe zu schaffen, die sich folgerichtig aus der bisherigen Arbeit im Unterricht ergeben. Dass es Sinn macht, für den eigenen, selbst gestalteten Laden zu werben, ist eher einzusehen als die Notwendigkeit, ein Gedicht vor der Klasse vorzutragen.
Die Vorführung des Werbespots wird von den Kindern in der Regel als sehr wichtig und aufregend erlebt. Danach ergibt sich logischerweise die Frage nach der Finanzierung.

Storyline (Ablauf)	Schlüsselfrage	Aktivitäten	Sozialform	Material	Lernziele/Ergebnisse
6. Finanzierung	Was geben wir wofür aus?	Die Schüler erstellen eine Liste der Ausgaben.	Gruppe	Schreibmaterial	realistisch schätzen
	Woher kommt das Geld?	Die Schüler benennen vermutete Einnahmequellen, die Lehrerin schreibt mit.	ganze Klasse	Tafel	wirtschaftlich denken
	Was tut ihr, wenn Geld übrig bleibt? Und was bei hohem Verlust?	Die Schüler benennen Maßnahmen bei Gewinn und Verlust (z. B. sparen, Personal entlassen, Kredit aufnehmen …).	Gruppe Klasse	ggf. Taschenrechner	logisch denken, schätzen, schwierige Entscheidungen treffen
	Sind die Vorschläge wirklich realistisch?	Die Schüler vergleichen die Sparvorschläge mit der Ausgabenliste. (Kann man wirklich auf Heizung, Werbung, Einkauf … verzichten?)	Gruppe		ökonomische Zusammenhänge mit eigenen Worten beschreiben und beurteilen

Durch Nachfragen kann die Lehrerin die Schüler leicht dazu bringen, viele Ausgabeposten zu benennen (Wareneinkauf, Gehälter der Angestellten, Miete, Heizung, Versicherung, Steuern, Telefon, Werbung, Investitionen, Müllabfuhr usw.). Einnahmen werden dagegen fast ausschließlich durch den Verkauf der Waren oder Dienstleistungen erzielt. Wenn dann die Frage aufkommt, wo gespart werden kann, geht man gemeinsam die Ausgabeposten durch. Meistens stellt sich dann heraus, dass am ehesten bei den Gehältern der Angestellten gespart werden kann. Das Thema Entlassungen, das die Schüler abstrakt aus den Fernsehnachrichten oder konkret aus der eigenen Verwandtschaft kennen, wird dadurch von einer anderen Seite her wahrnehmbar, nämlich aus der Perspektive des Arbeitgebers. Ob die Lehrerin dieses Sonderthema weiterverfolgen will, ist ihrer Entscheidung überlassen.
Um die Identifikation der Schüler mit ihrem Laden weiter zu stärken, bietet es sich jetzt an, einige besondere Ereignisse durchzuspielen, die von den Schülern in ihren jeweiligen Rollen flexibles Denken und Handeln fordern.

Storyline (Ablauf)	Schlüsselfrage	Aktivitäten	Sozial-form	Material	Lernziele/Ergebnisse
7. Besondere Ereignisse	Was macht ihr mit einem weinenden Kind, das seine Mutter sucht?	Die Schüler sammeln und diskutieren unterschiedliche Handlungsoptionen, entscheiden sich für eine.	Gruppe oder ganze Klasse		sich mit den eigenen Werten und den für das Funktionieren des Ladens notwendigen Werten auseinander setzen
	Was tut ihr, wenn ihr einen Ladendieb entdeckt, bei Feuer usw.?	Evtl. entscheiden sich die Schüler dafür, eine Warnung für potenzielle Ladendiebe zu formulieren. Die Schüler bereiten sich auf verschiedene Notsituationen vor.	Gruppe oder ganze Klasse		in Notfällen schnell reagieren

Nachdem bisher fast alles harmonisch abgelaufen ist und auftretende Probleme gelöst werden konnten, kommt nun ein „Paukenschlag". Die Story nimmt eine unerwartete, krisenhafte Wendung:

Storyline (Ablauf)	Schlüsselfrage	Aktivitäten	Sozial-form	Material	Lernziele/Ergebnisse
8. Die Übernahme	Die Lehrerin kündigt an, dass alle Läden von einer großen Handelskette aufgekauft worden sind und geschlossen werden. Dem Personal werden Arbeitsplätze in dem neu entstehenden Einkaufszentrum/Supermarkt zugesagt.				
	Wie reagiert ihr als Betreiber eures Ladens auf dieses Angebot?	Die Schüler formulieren ihre Verärgerung und Enttäuschung. Sie diskutieren Vor- und Nachteile und formulieren Bedingungen, unter denen sie das Übernahmeangebot akzeptieren wollen.	ganze Klasse	Tafel	mit schwierigen Situationen kreativ und realistisch umgehen

Nach der Ankündigung der Übernahme stellen sich die Schüler nicht nur vor, wie es dem Inhaber eines „Tante-Emma-Ladens" geht, der vor der Finanzmacht der großen Konkurrenz kapitulieren muss – sie *erleben* es. Nach all der Arbeit, die sie in ihren Laden gesteckt haben, soll es ihn in Zukunft nicht mehr geben. Diese Enttäuschung kann natürlich nur authentisch erfahren werden, wenn sie überraschend kommt, also nicht vorher angekündigt wurde. In der anschließenden – durchaus emotionalen – Diskussion sollte die Lehrerin klar machen, dass es wie im richtigen Wirtschaftsleben keinen „Naturschutz" für finanzschwache Firmen gibt. Damit stellt sie die Schüler zwar vor vollendete Tatsachen, schafft aber zugleich die Voraussetzung für einen konstruktiven Umgang mit einer Krise. Emotionale und kognitive Lernziele können in dieser Phase gut miteinander verknüpft werden. Die Schüler haben die Chance zu begreifen, dass eine „Ent-Täuschung" auch als etwas Positives angesehen werden kann, nämlich als das Ende einer Täuschung. Sie erfahren, wie es sich anfühlt, wenn eine erfolgreiche Phase zu Ende geht und sie lernen zugleich, dass Jammern nicht weiterhilft, sondern nur aktives Handeln. In dieser Storyline sieht das aktive Handeln so aus, dass die Schüler gemeinsam das Modell eines Supermarkts bauen.

Zweidimensionaler Grundriss

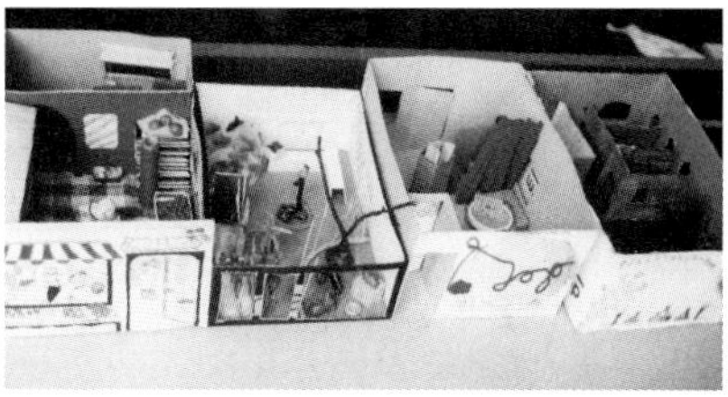

Dreidimensionales Modell

Grundsatz: Vom Einfachen zum Komplexen, vom Zweidimensionalen zum Dreidimensionalen

Einspruch

„Einspruch!", wird jetzt vielleicht mancher Kritiker sagen. Kann man den Schülern in dieser Situation tatsächlich zumuten, sich auch noch aktiv daran zu beteiligen, einen Supermarkt zum Erfolg zu führen, der auf den Ruinen ihrer bisherigen Arbeit errichtet werden soll? Wie verträgt sich das mit einer respektvollen Grundhaltung? Wo soll jetzt noch die Motivation herkommen?

In der Tat sollte sich die Lehrerin mit diesem Einspruch vorab auseinandersetzen; denn der Fortgang des Unterrichts hängt an dieser Stelle entscheidend von der Standfestigkeit und Überzeugungskraft der Lehrerin ab. Wenn sie selbst es lieber hätte, dass die Besitzer der kleinen Läden sich verbünden und die Supermarktgründung zu Fall bringen, dann wird sie den unten geschilderten Fortgang der Storyline nicht glaubwürdig vertreten. Das spüren die Schüler und haben dann verständlicherweise keine Lust zum Weiterarbeiten. Die Unterrichtseinheit würde abgebrochen oder als Pflichtübung zu Ende geführt.

Mehrere Alternativen sind denkbar:
- Die Storyline endet wie in einem Märchen oder Film. Der große Finanzier im Hintergrund besinnt sich auf Menschlichkeit und Nächstenliebe und baut seinen Supermarkt woanders oder gar nicht.
- Die Schüler gründen eine Bürgerinitiative und gewinnen ihre Kunden als Verbündete.
- An Stelle des Supermarktes wird ein Einkaufszentrum gebaut, in dem die bisherigen Ladeninhaber Fachabteilungen betreiben.

Es liegt bei der Lehrerin, wie sie den roten Faden der Geschichte weiter spinnen will. Sie muss sich also entscheiden, in welchem Maße sie die Schüler mit den Realitäten des Lebens konfrontieren will. Sie kann die Schüler z. B. fragen, wie es wohl in einem Märchen weiter gehen würde und wie realistisch das wäre. Sie kann – im Rückblick auf den 4. Schritt der Storyline – fragen, wie sich wohl die Kunden entscheiden werden, wenn sie zwischen teureren Einzelhandelsgeschäften und einem preisgünstigen Supermarkt wählen können. Sie kann argumentieren, dass es für einen Einzelhändler von Vorteil ist zu wissen, wie ein Supermarkt funktioniert. Die Lehrerin muss an dieser Stelle also eine didaktische Entscheidung treffen, indem sie eine Form der Fortsetzung der Storyline wählt und begründet.
Respekt für die Leistungen der Schüler und für ihre Begeisterung zu haben, bedeutet nicht, dass man ihnen schmerzliche Erfahrungen ersparen muss. Die Anerkennung der Schüler als selbstständige Personen kann im Gegenteil durchaus darin zum Ausdruck kommen, dass ihnen zugemutet wird, unterschiedliche Rollen zu übernehmen und krisenhafte Entwicklungen durchzustehen. Die bisherigen Arbeitsergebnisse sind deshalb nicht plötzlich schlecht. Die Modelle der kleinen Läden z. B. brauchen nicht zerstört zu werden. Sie können später für einen Vergleich mit der Fachabteilung eines Einkaufszentrums verwendet werden.
Bei der Entscheidung für eine realistische, aber möglicherweise harte Wendung der Storyline sollte die Lehrerin auch bedenken, dass eine gute Story immer die Spannung zwischen gut und böse braucht (was zum Teil den Erfolg von Harry Potter erklärt). Robert McKee, durch dessen Schule viele berühmte Drehbuchautoren und Regisseure gegangen sind, weist darauf hin, dass eine gute Story beschreibt, wie das Leben durch ein plötzliches Ereignis aus den Fugen gerät. „Alle großen Geschichtenerzähler, von den alten Griechen über Shakespeare bis heute, haben diesen fundamentalen Konflikt zwischen subjektiven Erwartungen und grausamer Realität dargestellt" (McKee 2003, S. 52). Gerade wenn die Wünsche und Erwartungen der Schüler an einen guten Ausgang der Story sich nicht erfüllen, entwickelt sich Engagement für den Kampf mit den misslichen Realitäten. Und um dieses Engagement geht es in der Schule – nicht um die Verwöhnung der Schüler.

Für die nun folgende Episode sollte die Lehrerin sich im Vorwege einige Kenntnisse über den Einzelhandel aneignen. Sie kann z. B. den Leiter eines Supermarktes befragen und ihm erklären, wozu sie die Informationen braucht. Dabei wird sie viel Interessantes erfahren, denn fast alle Menschen sprechen gern über ihr eigenes Aufgabenfeld. Die gewonnenen Kenntnisse kann die Lehrerin dazu nutzen, durch geschickte Schlüsselfragen den Schülern Einsichten in das Funktionieren von Supermärkten oder Handelsketten zu ermöglichen.

Solche Fragen können z. B. sein:
- Wie groß sollten die Einkaufswagen sein?
  (Manche Kunden fühlen sich unwohl, wenn sie nur wenige Waren in einem großen, fast leeren Wagen zur Kasse schieben. Also kaufen sie mehr.)
- Wie billig dürfen Lockangebote sein? (Verkauf von Waren unter Einstandspreis ist unzulässig.)
- Wo kommt das teure Markenbrot ins Regal? (In Griffhöhe.)
- Wo das Brot zu Durchschnittspreisen? (Oben ins Regal.)
- Das preisgünstigste Angebot? (Ganz unten, wo man sich bücken muss.)
- Verfallsware? (In einen Extrakorb.)
- Wo werden für Kinder attraktive Süßwaren platziert?
  (Vor der Kasse in Kinderwagenhöhe.)
- Wie viele Preise muss eine Kassiererin kennen? Oder kann sie sich auf die Barcodes verlassen?
- Wie werden eigentlich Preisänderungen vorgenommen?
  (Seit Einführung der Barcodes nicht mehr durch Überkleben der Preisschilder.)
- Wann wird sauber gemacht? Wann werden die Regale aufgefüllt? Tagsüber oder nachts? Von wem?
- Wie viele Kassen gibt es?
- Wie lang muss die Kundenschlange sein, damit eine neue Kasse aufgemacht wird?
- Wie stellt man sicher, dass immer genügend Kassiererinnen anwesend sind oder schnell herbeigerufen werden können?

Die in Klammern gesetzten Antworten sind Vorschläge, selbstverständlich sind auch andere, kreativere Lösungen möglich. Wie tief die Lehrerin beim Thema Supermarkt einsteigen will, muss sie von den Lernzielen abhängig machen, die sie verfolgt. Da verschiedene Ausgestaltungen des 9. Schritts möglich sind, werden im Folgenden nur einige Schlüsselfragen als Beispiele notiert. Die letzte Spalte mit den Unterrichtsergebnissen wäre von Fall zu Fall unterschiedlich auszufüllen.

Storyline (Ablauf)	**Schlüsselfrage**	**Aktivitäten**	**Sozial-form**	**Material**	**Lernziele/Ergebnisse**
9. Der Supermarkt	Wie sollte der Grundriss des neuen Supermarktes aussehen?	Die Schüler überlegen, wie sie die Kunden durch den Supermarkt führen wollen, damit auf dem Weg zur Kasse möglichst viele Regale passiert werden. Sie entwerfen einen Grundriss und einigen sich auf einen Entwurf.	einzeln Gruppe	Papier, Stifte	
	Wie sieht der Supermarkt genau aus?	Die Schüler entwerfen, ausgehend von dem Grundriss, den Supermarkt und bauen ein dreidimensionales Modell.	ganze Klasse	großer flacher Karton, Restmaterial, Leim	
	Welche Aufgaben hat das Personal im Supermarkt?	Die Schüler schreiben eine Liste der Aufgaben und der dafür erforderlichen Qualifikationen. Sie erstellen ggf. einen Schichtplan.	ganze Klasse		
	Wie können Kunden durch eine attraktive Preisgestaltung gewonnen werden?	Die Schüler erarbeiten Vorschläge für die Preisgestaltung, den Einkauf, den Umgang mit verderblichen Waren usw.	Gruppe		

Mit dieser 9. Episode ist die Arbeit an der Storyline scheinbar beendet. Ein sehr wichtiger Teil aber schließt sich an, nämlich die Realbegegnung. Die Schüler haben beim Zusammentreffen mit einem Experten, z. B. mit dem Geschäftsführer eines Supermarktes, die Chance, ihre eigenen Ideen und Lösungsvorschläge auf Praxistauglichkeit zu überprüfen.

Storyline (Ablauf)	**Schlüsselfrage**	**Aktivitäten**	**Sozial-form**	**Material**	**Lernziele/Ergebnisse**
10. Der Besuch	Wie geht es in einem kleinen Laden zu?	Die Schüler besuchen gemeinsam einen kleinen Laden und einen Supermarkt und befragen sowohl hier als auch dort die Beschäftigten.	ganze Klasse		Interviews vorbereiten und durchführen eigene Ideen hinterfragen
	Wie arbeitet ein echter Supermarkt?	Sie ermitteln Gemeinsamkeiten und Unterschiede. Sie stellen Vergleiche mit ihren eigenen Ideen und Lösungen an und bewerten diese vor dem Hintergrund der Praxiserfahrung neu.			begründete Bewertungen abgeben, eine realistische Einschätzung der Situation im Einzelhandel entwickeln

Bei der Verabredung des Besuchs sollten die Experten darüber informiert werden, dass sich die Schüler schon intensiv mit dem Thema Einkaufen und Verkaufen beschäftigt und viele eigene – auf den ersten Blick viel-

leicht überraschende – Ideen entwickelt haben. Das Ziel der Vorbesprechung sollte sein, den Ladenbesitzer oder Geschäftsführer darauf einzustimmen, dass er nicht nur referiert, sondern sich den Fragen der Schüler stellt und auch selbst nachfragt. Es kommt dann meistens eine sehr lebhafte und fruchtbare Diskussion in Gang, ein Expertengespräch im besten Sinne.
Die Realbegegnung schließt das Unterrichtsvorhaben nicht nur ab, sie dient zugleich der Überprüfung, ob die Lernziele erreicht wurden. Denn jetzt zeigt sich noch einmal in einem größeren Zusammenhang, was die Schüler verstanden haben, wie tief sie die Inhalte durchdrungen haben und ob sie die selbst gefundenen Lösungen begründen können.

Die Rolle der Lehrerin

Stellt ein solches Vorgehen nicht andere Anforderungen an die Lehrerinnen als die bislang üblichen Unterrichtsmethoden? Nicht zwangsläufig! Lehrerinnen, die über Erfahrung mit der Projektmethode, dem freien Arbeiten oder dem Stationslernen verfügen, werden sich leicht auf die veränderten Arbeitsformen einlassen können. Kolleginnen, die bisher eher lehrgangsmäßig arbeiten, werden es hilfreich finden, die Storyline-Methode in einer Fortbildung kennen zu lernen und zu üben und dabei auch das eigene Rollenverständnis zu überprüfen. Dabei geht es nicht darum, erprobte und bewährte Unterrichtsansätze über Bord zu werfen, sondern das eigene Methodenrepertoire zu erweitern.

das eigene Methodenrepertoire erweitern

Das Arbeiten nach der Storyline-Methode ist *eine* Möglichkeit unter verschiedenen – es ist nicht *die* Methode schlechthin. Es empfiehlt sich z. B. nicht, Erstleseunterricht und mathematischen Anfangsunterricht überwiegend mit Hilfe der Storyline-Methode zu erteilen. Wohl aber bietet eine fächerübergreifende Storyline zahlreiche zusätzliche Gelegenheiten, das Lesen und Rechnen an Beispielen zu üben, die für die Schüler eine Bedeutung haben. Gerade Lehrerinnen mit einem breiten Erfahrungshintergrund werden sich nicht auf einen methodischen Ansatz festlegen lassen, sondern nach sinnvollen Kombinationen suchen. Entscheidend ist allein, ob man offen ist für neue methodische Ansätze und ob man die Schüler ernst nimmt und ihnen das Lernen wirklich erleichtern möchte.
Allerdings ist es hilfreich, wenn die Lehrerin sich je nach Temperament, Lebenserfahrung und pädagogischer Grundüberzeugung für eine zeitweise veränderte Ausprägung der Lehrerrolle entscheidet. Die folgende Übersicht benennt die Unterschiede zwischen einem eher traditionellen Unterrichtsansatz und einem Vorgehen nach den Prinzipien der Storyline-Methode. Zur besseren Unterscheidung werden die Unterschiede deutlich herausgestellt. Zwischen den in der Tabelle dargestellten Extremen gibt es jedoch ein Kontinuum mit einer größeren Zahl von akzeptablen Zwischenpositionen.

traditioneller Unterricht		Storyline-Methode
Die Lehrerin wählt alle Unterrichtsthemen aus.	⟷	Schüler sind an der Themenauswahl beteiligt.
Die Lehrerin hat einen ähnlich hohen Vorbereitungsaufwand für jede einzelne Unterrichtsstunde.	⟷	Die Lehrerin betreibt die Vorbereitung der gesamten Unterrichtseinheit mit höherem Aufwand, hat aber einen vergleichsweise geringen Aufwand bei der Vorbereitung einzelner Stunden.
Die Lehrerin organisiert, moderiert und bestimmt das gesamte Unterrichtsgeschehen.	⟷	Die Lehrerin organisiert den Unterricht, zieht sich aber stärker zu Gunsten von selbstorganisiertem Lernen in Einzel- und Gruppenarbeit zurück.
Die Lehrerin vermittelt viele Inhalte durch eigenes Darlegen, Erklären, Vormachen und Kontrollieren.	⟷	Die Lehrerin schafft durch Material, kreative Aktivitäten und Schlüsselfragen die Bedingungen dafür, dass sich die Schüler viele Inhalte durch Entdecken und Schlussfolgern selbst aneignen können.
Die Lehrerin hat das Deutungsmonopol dafür, was „falsch" und was „richtig" ist.	⟷	Die Lehrerin akzeptiert, dass es vielfach nicht „richtig" oder „falsch" gibt, sondern plausibel und weniger plausibel.
Die Lehrerin lenkt die Aktivitäten der Schüler stark, um Disziplinprobleme zu vermeiden.	⟷	Die Lehrerin stößt die Schüleraktivitäten an und überlässt den Schülern vielfach die Ausgestaltung.
Im Unterricht sind überwiegend die Lehrerin und einige wenige Schüler gleichzeitig aktiv, die meisten anderen Schüler sind eher passiv.	⟷	Es sind überwiegend alle Schüler gleichzeitig aktiv, während sich die Lehrerin phasenweise zurückhält.
Die Lehrerin stellt überwiegend Kontrollfragen, deren Antworten sie schon kennt.	⟷	Die Lehrerin stellt überwiegend Interessensfragen, deren Antworten die Schüler liefern.
Die Lehrerin beurteilt überwiegend Einzelleistungen der Schüler.	⟷	Die Lehrerin beurteilt Einzel- und Gruppenleistungen und ermutigt die Schüler zur Selbstevaluation der Leistungen.

Lehrerin wird Lernberaterin

Die Lehrerin ist auch im Storyline-Unterricht Leiterin des Geschehens. Sie behält die Verantwortung dafür, dass der Unterricht auf die Lernziele ausgerichtet ist und bleibt unbestreitbar die Führungspersönlichkeit im Unterricht. Aus der Rolle der Lehrenden zieht sie sich aber mehr und mehr zurück und übernimmt stattdessen die Rolle einer Lernberaterin. Dieses Selbstverständnis als Beraterin entspricht Ulrich Herrmann zufolge der „eigentlichen beruflichen Professionalität" der Lehrerinnen. „Sie sind Experten für die Organisation des selbstorganisierten Lernens der Schülerinnen und Schüler und für dessen gezielte und differenzierte Förderung. Dies geht nur durch eine Pädagogik der Ermutigung" (Herrmann 2002, S. 10). In dieser neuen Rolle begleitet die Lehrerin Schüler durch gezielte und differenzierte Förderung bei der Aneignung von Wissen und Fertigkeiten.

Schüler übernehmen mehr Verantwortung für ihren Lernprozess

Dadurch ändert sich nach und nach auch die Schülerrolle. Indem sie einzelne Lernsequenzen selbst gestalten, übernehmen die Schüler zumindest zeitweise Verantwortung für den Lernprozess – aus Interesse oder aus Spaß an der Sache. Die Lehrerin kann sich das zu Nutze machen. Sie sorgt dafür, dass die Schüler gemeinsam an kreativen Aufgaben arbeiten. Dabei kann mal der eine, mal der andere die Führung übernehmen.

Alle tragen zum Gesamtergebnis etwas bei und schaffen etwas Neues, das keiner von ihnen allein zu Stande gebracht hätte. So ruft die Lehrerin jene Faszination hervor, die das Lernen zu einem spannenden Abenteuer macht.

Darf ich überhaupt mit der Storyline-Methode arbeiten?

Als Lehrerin steht Ihnen die Wahl der Unterrichtsmethoden (nicht der Inhalte) weitgehend frei. Entscheidend ist, ob die Lernziele einer Klasse erreicht werden. Wenn Ihnen trotzdem die Frage durch den Kopf geht, ob Sie mit der Storyline-Methode arbeiten *dürfen*, dann überlegen Sie bitte, welche Bedenken dahinter stehen. Vielleicht geht es weniger um das Dürfen als vielmehr um Fragen wie:

- Was wird der Schulleiter sagen?
- Bekomme ich Ärger mit den Kolleginnen, die anders vorgehen?
- Was ist, wenn die Schüler sich nicht darauf einlassen?
- Gibt es vielleicht Widerstand von den Eltern?
- Kann ich die Vorbereitungsarbeit überhaupt schaffen?
- Ist das durch den Lehrplan abgedeckt?

Richtlinien und Lehrpläne berücksichtigen

Zur letzten Frage zuerst: Die meisten Lehrpläne der Bundesländer sehen in der Grundschule fächerübergreifenden Unterricht vor. Gerade wenn Sie als Klassenlehrerin viele Unterrichtsstunden in Ihrer Klasse haben, können Sie Inhalte aus den Lernbereichen Sprache, Mathematik, Sachkunde, Darstellendes Spiel und Bildende Kunst miteinander zu einer Storyline verbinden. Das im 2. Kapitel vorgestellte Thema „Einkaufen" ist z. B. im Bildungsplan für die Grundschule des Landes Baden-Württemberg als fächerübergreifendes Thema „Geld: Tauschen – bezahlen – wünschen – brauchen" vorgesehen. Die in der Storyline vorgesehene Beschäftigung mit Marketing und Werbung ist durch ein Lernziel für den Heimat- und Sachunterricht in Klasse 4 abgedeckt: „den Zusammenhang von Werbestrategien und Konsumverhalten durchschauen lernen" (vgl. S. 200 des Bildungsplans). Der Lehrplan für Grundschulen in Niedersachsen fordert zum Erkunden eines Dienstleistungsbetriebes auf und empfiehlt das Thema „Warenangebot und Einkauf auf dem Wochenmarkt" (S. 78), vgl. hierzu die Storyline „Auf dem Wochenmarkt" in Kapitel 9. Die neuen Richtlinien für Nordrhein-Westfalen fordern explizit „fachliches und fächerübergreifendes Lernen" (Richtlinien 2003, S. 7). Weiter heißt es: „Kinder erleben ihre Lebenswelt ganzheitlich. Sie handeln in Sinnzusammenhängen, die Fächergrenzen überschreiten … Fächerübergreifendes Lernen versetzt sie in die Lage, in Zusammenhängen zu denken … Vernetztes Denken erfordert die Kooperation mit anderen Fächern" (ebd., S. 8). Als verbindliche Aufgabenschwerpunkte, die sich für das Unterrichten nach der Storyline-Methode eignen, werden u. a. „Körper und Gesundheit, Arbeit und Produktion, Bauwerke und Fahrzeuge, Schule und Umgebung, Zusammenleben und Beteiligung im Gemeinwesen, Konsumgüter und Konsumbedürfnisse" genannt.

„Die längste Stecke auf dieser Erde ist die zwischen dem, was in den Lehrplänen steht und dem, was im Kopf eines Kindes vor sich geht."
Mac Beath (in Schratz u. a. 2002, S. 110)

Da die Lehrpläne darüber hinaus die Lebenswirklichkeit der Kinder zum Ausgangspunkt des Unterrichts erklären, gibt es kaum ein wichtiges Thema, das nicht durch den Lehrplan legitimiert wäre. Entweder Sie entscheiden sich für eine Storyline, die Ihnen gefällt und in Ihren Unterricht passt; dann werden Sie bei genauer Suche auch eine passende Begründung im Lehrplan finden. Oder Sie suchen sich ein relevantes Thema aus dem Lehrplan und erfinden dazu eine Storyline. In beiden Fällen ist das, was Sie tun, durch die Richtlinien für die Arbeit in der Schule abgedeckt.

Ein gutes Beispiel dafür, wie außerordentlich flexibel Lehrplanvorgaben mit Hilfe der Storyline-Methode umgesetzt werden können, lieferte Steve Bell auf der Internationalen Storyline-Konferenz in Aalborg. Eine Lehrerin im US-Staat Oregon bearbeitete mit ihrer Klasse das Thema „Wir führen ein Hotel". Genau zu dieser Zeit wurde sie von der Schulleiterin daran erinnert, dass in diesem Halbjahr unbedingt noch das Thema Drogenmissbrauch zu behandeln sei. Da die Zeit knapp war, verwob die Lehrerin das Drogenthema mit der Storyline, indem sie ein unerwartetes Ereignis einfügte. Sie erklärte den Kindern, dass das Hotel wegen der guten Auslastung weiteres Personal benötige. Sie hatte selbst schon die Figur eines Zimmermädchens entworfen, die sie nun in die Storyline einbrachte. Nach einer Woche ließ die Lehrerin das Zimmermädchen mit einer großen Geldsumme verschwinden. Einen Tag später kam ein Brief von ihr, in dem sie den Diebstahl beichtete und um Hilfe bat. Sie hatte das Geld zum Kauf von Drogen benötigt. Wie konnten die Schüler ihr in dieser Situation helfen? Warum hatten sie nichts bemerkt? Wen konnte man um Rat fragen? Plötzlich war die Beschäftigung mit dem Thema Drogen ein wichtiger Bestandteil des Unterrichts, auf den die Schüler keinesfalls verzichten wollten.

Kollegen, Schüler, Eltern von der Methode überzeugen

Aber was sagen die Kollegen, die Schüler, die Eltern, wenn Sie im Unterricht plötzlich neue Wege gehen und mit einer ungewohnten Methode arbeiten? Die Reaktionen können sehr unterschiedlich ausfallen, je nach den klimatischen Verhältnissen und den ungeschriebenen Regeln, die in der Schule gelten. An manchen Schulen wird jede neue Initiative begrüßt und gefördert, an anderen werden Veränderungen zunächst einmal als Bedrohung empfunden. In jedem Fall müssen Sie damit rechnen, Aufmerksamkeit zu erregen.

Wenn Sie also erwägen, die Storyline-Methode in ihrer Klasse einzuführen, dann sollten Sie überlegen, wer außer den Schülern davon betroffen ist. Gibt es Kolleginnen, die in derselben Klasse unterrichten und die durch den fächerübergreifenden Ansatz evtl. ihr „Hoheitsgebiet" gefährdet sehen? Ist der Schulleiter an pädagogischen Fragen interessiert? Will er wissen, was an seiner Schule passiert, oder lässt er Ihnen völlig freie Hand? Nehmen die Eltern regen Anteil am schulischen Geschehen; reagieren sie positiv auf neue methodische Ansätze, oder wünschen sie sich eine Paukschule alter Prägung, in der nur angelerntes Wissen zählt?

Je nachdem, wie Ihre Beurteilung ausfällt, kann es sehr nützlich sein, sich vor Beginn einer Storyline Verbündete zu suchen. Wenn Sie an einer Fortbildung zur Storyline-Methode teilgenommen haben, dann kennen Sie bereits einige Kolleginnen, die vor einer vergleichbaren Herausforderung stehen. Sie können mit ihnen Erfahrungen austauschen und aus Fehlschlägen anderer lernen. Im Idealfall ist so etwas wie ein Netzwerk entstanden, auf das Sie zurückgreifen können. Sie brauchen aber auch Verständnis und möglichst Unterstützung an Ihrer eigenen Schule.
In vielen Fällen ist es ratsam, zuerst die Schulleitung über Ihr Vorhaben zu informieren und um Zustimmung zu bitten. Dabei sollten Sie zugleich anbieten, die Methode in der nächsten Konferenz kurz vorzustellen. Dort berichten Sie dann über Ihre Ideen und die damit verbundenen Erwartungen und Hoffnungen. Benennen Sie ruhig auch Befürchtungen, z. B. dass es anfangs nicht gleich so klappt wie geplant oder dass die Eltern skeptisch sein könnten. Falls Interesse besteht, könnten Sie auch einen Ausflug zu einer anderen Schule organisieren, wo bereits mit der Storyline-Methode gearbeitet wird. Es sollte deutlich werden, dass Sie von der Methode überzeugt sind, aber vermeiden Sie Wertungen, die von den Kolleginnen als Angriff verstanden werden könnten. Wenn alle rechtzeitig informiert wurden und nicht befürchten müssen, missioniert zu werden, wird Ihnen weniger Widerstand entgegen gebracht und Sie finden leichter Verbündete. Vielleicht gelingt es Ihnen sogar, eine Kollegin, die in der Parallelklasse unterrichtet, für eine gemeinsame Unterrichtseinheit zu gewinnen.
Wenn die Eltern mit offenen Unterrichtsarrangements noch nicht vertraut sind, sollten Sie sie ebenfalls vorab informieren. Das kann auf einem Elternabend geschehen. Sie können den Kindern aber auch eine kurze schriftliche Mitteilung mit nach Hause geben. Darin schreiben Sie, dass Sie – nach Rücksprache mit der Schulleitung – in den nächsten Wochen einen neuen pädagogischen Ansatz verwenden wollen. Benennen Sie das Thema und weisen Sie darauf hin, dass die Schüler in dieser Unterrichtseinheit vieles in eigener Verantwortung erledigen werden. Verzichten Sie auf Begriffe wie „versuchen" oder „erproben". Dadurch vermeiden Sie den Eindruck, die Schüler sollten als Versuchskaninchen dienen. Und fragen Sie die Eltern nicht um Erlaubnis; denn wie Sie Ihren Unterricht gestalten, das ist Ihre professionelle Entscheidung als ausgebildete und erfahrene Lehrerin.

Vielleicht gehen Ihnen diese Hinweise auch zu weit und Sie gehören zu den Menschen, die lieber nicht viel fragen, sondern andere durch ihr Handeln überzeugen. Wenn Sie sicher sind, dass es sich lohnt, gemeinsam mit den Schülern eine neue Welt zu schaffen und zu erklären, um dadurch die Lernziele der Schule zu erreichen, dann werden Sie erfolgreich sein und mögliche Skeptiker überzeugen. Wenn aber schon bei Ihnen selbst die Bedenken überwiegen und Sie mit einem Scheitern rechnen, woher soll dann der Erfolg kommen? Dann ist es besser, Sie klappen dieses Buch zu und sehen sich nach Unterrichtsmethoden um, die den Vorteil haben, dass sie Ihrer Schulleitung und den Kollegen gefallen.

„Die Vorbereitung war sehr arbeitsintensiv, denn die Storyline musste im Vorwege vollständig geplant sein. Im Verlauf der Einheit habe ich die entlastenden Momente wahrgenommen. Mit der fertigen Storyline war der Ablauf klar, die Stunden haben sich selbstverständlich aneinander gereiht und die Arbeitsaufträge ergaben sich fast wie von selbst. Mit den differenzierten Aufgaben konnte ich allen SchülerInnen gerecht werden."

Corssen (2003, S. 31)

Bleibt das Argument des hohen Vorbereitungsaufwandes. In der Tat muss der Unterricht längerfristig geplant werden und es müssen viele Materialien bereitgestellt werden. Aber die sorgfältige Vorbereitung hat den Vorteil, dass Sie eine langfristige Struktur haben und nicht „von der Hand in den Mund" leben. Ist eine Storyline erst einmal begonnen, entwickeln sich die Episoden nacheinander, ohne dass jede Einzelstunde kleinschrittig geplant werden muss. Und wenn die Schüler sich erst einmal daran gewöhnt haben, dass viele Aktivitäten in der Kleingruppe oder in Form von Einzelarbeit ablaufen, ergeben sich für die Lehrerin plötzlich Freiräume in der Unterrichtsstunde, die sie bisher nicht kannte und die sehr entlastend sein können. Sie kann dann von Tischgruppe zu Tischgruppe gehen und den Lernprozess durch Fragen begleiten. Sie kann aber auch Materialien vorbereiten oder einzelne Schüler individuell fördern.

Die Erfahrung lehrt: Die Zeit, die bei der Vorbereitung einer Storyline investiert wird, zahlt sich während der Unterrichtsdurchführung aus. Dass das Unterrichten nach der Storyline-Methode für die Lehrerin weniger Stress bedeutet, weil in der Regel kaum Disziplinschwierigkeiten auftreten, ist ein weiterer, nicht zu unterschätzender Vorteil.

Eine Methode nur für kleine Kinder?

Diese Frage ist nicht unberechtigt. Kann man älteren Schülern, vielleicht sogar Erwachsenen, wirklich zumuten, kleine Modelle aus Stoffresten und Karton zu bauen? Werden sie die „Bastelei" nicht als unangenehme Erinnerung an den Kindergarten empfinden? Die Erfahrung zeigt, dass es nicht so ist.

Als die ersten Schulen in Schottland anfingen, mit der Storyline-Methode zu arbeiten, kamen mitunter skeptische Fragen von Eltern: „Lernen unsere Kinder genug? Wird da nicht zu viel gespielt? Was bringt das Ganze?" Die Dozenten der Universität Strathclyde, die die Methode entwickelt hatten, luden daraufhin zu Elternabenden ein. Knapp erläuterten sie die Lernziele des fächerübergreifenden Gesamtunterrichts. Dann stiegen sie direkt in das praktische Tun ein. Die Eltern wurden gebeten, selbst eine der kreativen Übungen zu machen, deren Sinn sie bezweifelten. So bauten sie z. B. in Kleingruppen das Modell eines Bäckerladens. Während dieser Arbeit erklärten die Dozenten dann, was gerade gelernt wurde, welche Entdeckungen möglich waren, wie Schlüsselfragen das Verständnis erleichtern usw. Schon nach wenigen Minuten waren die Eltern voll bei der Sache. Als der Hausmeister dann spät abends die Schule abschließen wollte, baten sie noch um ein paar Minuten Zeit. Sie wollten unbedingt ihr Modell fertig stellen. Die Idee, keine langatmigen Erklärungen zu liefern, sondern die Eltern selbst erfahren zu lassen, wie der Unterricht abläuft, wurde von vielen Lehrerinnen übernommen. Im Lauf der Jahre etablierte sich die Storyline-Methode dann so weit, dass Informationsveranstaltungen nicht mehr erforderlich waren.

Inzwischen wird die Storyline-Methode auch in Berufsausbildung und Erwachsenenbildung eingesetzt. Einer der ersten, der die Storyline-Methode außerhalb von Schule und Lehrerbildung verwendete, war in Dänemark Finn Mosegaard von der Amtscentralen in Skive. Er unterrichtete arbeitslose Frauen, die den Wiedereinstieg in die Arbeit suchten. Mit den Methoden des Storyline-Ansatzes erkundeten die Frauen Beschäftigungsmöglichkeiten und Anforderungen auf dem Arbeitsmarkt. Auch hier gab es anfänglich Irritationen. Diese wurden aber mit dem Fortgang der Arbeit schnell beseitigt. Mittlerweile gibt es eine ganze Reihe von Lehrenden, die die Storyline-Methode in der Erwachsenenbildung nutzen, z. B. in der Ausbildung von Friseuren (vgl. von der Lieth 1998), der Fortbildung von Krankenschwestern (Scheel 2001) oder der Weiterbildung von Kursleitern an Volkshochschulen (Schwänke 1991/ 92). Auch in Kursen für ältere Jugendliche, die ein freiwilliges soziales Jahr ableisten, hat sich die Storyline-Methode bewährt. Ein Beispiel für eine erwachsenengerechte Storyline findet sich in Kapitel 9.

Wie steht es mit den Lernzielen?

„Das mag ja eine schöne Methode sein – aber was lernen die Schüler denn eigentlich?" Wenn diese Frage käme – sie wäre völlig berechtigt. Denn wie häufig im Leben zählt letztlich das Ergebnis, nicht der Weg dahin. Auch der faszinierendste Unterricht muss sich daran messen lassen, ob die angestrebten Lernziele erreicht wurden. Diese Erkenntnis steht hinter dem von der Erziehungswissenschaft formulierten Primat der Didaktik gegenüber der Methodik: Erst muss entschieden und begründet werden, was zu welchem Zweck gelernt werden soll, dann erst ist die passende Methode auszuwählen. Schon in der Planungsphase ist auch zu überlegen, durch welche Form von Erfolgskontrolle das Erreichen der Lernziele festgestellt werden soll.

kurz- und langfristige Lernziele

Sowohl bei der Auswahl und Festlegung der Lernziele als auch bei der Begründung der Inhalte ist zu berücksichtigen, dass Unterricht nicht isoliert stattfindet, sondern immer vom gesellschaftlichen und politischen Umfeld und den organisatorischen und kulturellen Rahmenbedingungen der Institution Schule beeinflusst wird. Wie in jedem System haben Änderungen an einer Stelle Auswirkungen auf alle anderen Systemelemente. Das bedeutet jedoch nicht, dass es letztlich egal ist, an welcher Stelle man im Planungsprozess einsetzt. Würde man z. B. mit der Erfolgskontrolle beginnen, dann könnte es nämlich passieren, dass schließlich nur noch diejenigen Lernziele übrig bleiben, die einfach zu messen sind. Gerade die wichtigsten Lernziele entziehen sich aber der direkten Messbarkeit: Autonomie, Kooperationsfähigkeit, systemisches Denken oder Ambiguitätstoleranz stehen hier als Beispiele. Ob sie erreicht wurden, lässt sich nicht immer kurzfristig und eindeutig überprüfen (vgl. Kapitel 6). In einer Zeit, in der Fachwissen innerhalb weniger Jahre veraltet, muss die Schule aber gerade solche allgemeinen Lernziele ins Auge fassen. Vor diesem Hintergrund gilt mehr denn je der Primat der Didaktik: Zuerst ist zu begründen, was gelernt werden soll und warum, dann erst sind die geeigneten methodischen Entscheidungen zu treffen. Dies gilt auch für Unterricht nach der Storyline-Methode. Am Anfang steht die Frage nach den Lernzielen!

Die passende Methode auswählen

Integration von verschiedenen Methoden

Aber wenn nun nicht alle vorgegebenen Lernziele mit der Storyline-Methode erreichbar sind? Die Lehrpläne der meisten Bundesländer sehen z. B. für die 2. Grundschulklasse vor, dass die Schüler die Grundrechenarten im Zahlenraum 1 bis 100 sicher beherrschen sollen. Für dieses spezielle Lernziel ist die Storyline-Methode für sich genommen wenig geeignet. Ihr Vorteil ist, dass sie praktische Anlässe zum Rechnen schaffen kann, dass sie den Schülern begreiflich macht, warum es von Nutzen ist, schnell und richtig rechnen zu können. Das dafür nötige Üben lässt sich jedoch nur begrenzt in eine Storyline integrieren. Es ist aber auch nicht notwendig, *eine* Methode für *alle* Lernziele zu haben. Neben den Storyline-Unterrichtseinheiten bleibt in jeder Woche genügend Zeit, die Kulturtechniken zu üben, Sport zu treiben und Sachthemen zu bearbeiten. Dabei kommen dann die vielen anderen Methoden zum Zuge, die ja ebenfalls ihre Berechtigung haben: das Unterrichtsgespräch, das individuelle Lernen mit Hilfe von schriftlichen Unterlagen, das Projekt, die Arbeit mit der Lernkartei, das Lernen am PC, die Nutzung von Lernspielen in der Kleingruppe, der Lehrervortrag, die Fallstudie usw. Die Storyline-Methode ist nicht *die* Methode schlechthin. Aber sie erlaubt die Integration vieler methodischer Ansätze und wirkt dadurch motivierend.

Mit Kopf, Herz und Hand

vielfältige Handlungs- und Zugangsoptionen

Methodenvielfalt hat u. a. den Vorteil, dass die Schüler verschiedene Zugänge zu den Unterrichtsinhalten finden können. Das moderne, ganzheitliche Menschenbild sieht den Menschen als Einheit von Körper, Geist und Seele. Guter Unterricht beteiligt daher Kopf, Herz und Hand der Schüler – es geht um kognitive, affektive und psychomotorische Lernziele. Je nachdem, welcher Aspekt im Vordergrund steht und um welche Lernziele es geht, bewegt sich der Unterricht zwischen verschiedenen Polen. Mal dominiert das rationale Denken, mal das praktische Üben und ein andermal die Auseinandersetzung mit den eigenen Gefühlen. Vor dem Hintergrund der vielfältigen Handlungsmöglichkeiten der Lehrerinnen lassen sich die folgenden Unterrichtsmerkmale unterscheiden:

fachbezogen	⟷	fächerübergreifend
geschlossen	⟷	offen
kopforientiert	⟷	handlungsbezogen
abstrakt	⟷	konkret
lehrerzentriert	⟷	schülerzentriert
wissenschaftsbezogen	⟷	erfahrungsbezogen
darlegend	⟷	Entdecken fördernd
individualisiert	⟷	kooperativ
Lehrgang	⟷	Projekt
kognitiv	⟷	emotional

Diese Form der Gegenüberstellung wird zum Zweck größerer Klarheit gewählt. Es soll kein Entweder/Oder zum Ausdruck gebracht werden. Vielmehr bewegt sich die Lehrerin beim Unterrichten in der Praxis häufig zwischen den jeweiligen Polen. Selbstverständlich weist Unterricht immer mehrere der genannten Merkmale auf. Er kann beispielsweise eher fächerübergreifend und lebensweltbezogen sein, zugleich aber auch lehrerzentriert und auf kognitive Lernziele ausgerichtet. Die Storyline-Methode ist eher fächerübergreifend, offen, handlungsbezogen, konkret, schülerzentriert und erfahrungsbezogen. Sie fördert stark das entdeckende Lernen und die Kooperation und steht etwa in der Mitte zwischen Lehrgang und Projekt und zwischen kognitivem und emotionalem Lernen. Die Storyline-Methode ist kein revolutionärer Ansatz, sondern sie ist aus der grundschulpädagogischen Praxis erwachsen. Sie ermöglicht den vorsichtigen, schrittweisen Übergang von einem eher traditionellen Unterricht hin zu einem mehr ganzheitlichen und projektartigen Lernen. Mit ihrer Vielfalt von Techniken bietet sie Lehrern und Schülern ein kaum erschöpfliches Repertoire von Handlungsoptionen.

Wie lernt man, Unterricht nach der Storyline-Methode zu planen?

Am einfachsten, indem man eine Lehrerfortbildung zu diesem Themenkomplex besucht! Die Fortbildungskurse laufen nach dem „didaktischen Doppeldecker-Prinzip" ab, d.h. die Lehrerinnen gehen zunächst selbst in die Schülerrolle und erleben Storyline-Unterricht. Dabei erwerben sie zugleich die notwendigen praktischen Techniken (z.B. Modelle bauen, Figuren ausschneiden, einen Wandfries gestalten).

Zwischen den einzelnen Schritten wird gemeinsam reflektiert, z.B.:
- Warum haben wir diese Übung gemacht?
- Was haben wir dabei gelernt?
- Ist das methodische Vorgehen für die Zielgruppe und Altersstufe angemessen?
- Wie können wir – und die Schüler selbst – den Lernerfolg beobachten oder messen?
- Welche alternativen Schüleraktivitäten wären denkbar?

Am Ende haben die Fortbildungsteilnehmer genug gelernt, um die Unterrichtseinheit selbst umsetzen zu können. Ideal ist es, wenn die Lehrerinnen, die dann erstmalig Unterricht nach der Storyline-Methode durchführen, von den Fortbildnern im Unterricht besucht werden, um aufgetretene Schwierigkeiten zu besprechen und Feedback zu erhalten. Nach der ersten praktischen Erfahrung mit der eigenen Lerngruppe sollte sich dann eine zweite Fortbildung anschließen, in der es um theoretische Grundlagen und um jene Vielzahl von Techniken geht, die die Unterrichtsplanung erleichtern. Am Ende der zweiten Fortbildung steht dann das selbstständige Entwerfen einer Unterrichtseinheit nach der Storyline-Methode. Doch lässt sich in einer zwei- oder dreitägigen Fortbildung kaum alles lernen, was für das Erfinden und Ausgestalten von Storylines an Kenntnissen und Fertigkeiten benötigt wird. Daher empfiehlt es sich, zur Vorbereitung einige Grundlagentexte zu lesen, um mit den wichtigsten Prinzipien vertraut zu werden. Die beiden folgenden Kapitel liefern diese Informationen.

3. Kapitel Prinzipien des Unterrichts nach der Storyline-Methode

Ein Klassenzimmer ist häufig ein Ort, wo 30 Kinder einem Erwachsenen bei der Arbeit zusehen. Die Storyline-Methode stellt dieses Verhältnis vom Kopf auf die Füße: Der Klassenraum wird zu einem Schauplatz, an dem die Lehrerin die Schüler bei der Arbeit unterstützt. Das gelingt umso besser, je mehr sie mit der Grundhaltung an die Arbeit geht, dass es sich lohnt, den Unterricht von den Aktivitäten der Schüler her zu gestalten. Lehrerinnen mit dieser Einstellung haben Spaß an der Arbeit mit Kindern und Freude an ihrer Entwicklung, sind offen für Neues, lernen selbst gern hinzu und respektieren die Schüler mit ihren Ideen und Erfahrungen. Diese pädagogische Haltung findet sich durchgängig in den Prinzipien des Storyline-Ansatzes, wie sie im Folgenden beschrieben werden.

Der narrative Ansatz: Eine Story als Ausgangspunkt

Geschichten (Storys) sind eine universelle literarische Form; sie werden in allen Völkern erzählt. In vielen Kulturen bilden Geschichten das zentrale Medium der Weitergabe von Kenntnissen, Erfahrungen und Werthaltungen. An die Stelle der mündlich tradierten Märchen ist heute der Film getreten; er folgt den gleichen Gestaltungsprinzipien wie die klassische Story. Am Anfang wird eine bestimmte Ausgangssituation beschrieben. Daraus entwickelt sich ein Problem oder ein Konflikt, der die Geschichte weiter vorantreibt. Es entstehen Verwicklungen und überraschende Wendungen. Schließlich endet die Geschichte damit, dass der anfängliche Konflikt auf irgendeine Weise gelöst wird. Diese Struktur hat *Rumpelstilzchen* mit Filmen wie *Herr der Ringe, Chocolat* oder *Mifune* gemeinsam.

Geschichten lenken die Gefühle der Zuhörer

Geschichten entfalten schnell eine emotional mitreißende Dynamik. Diese geht auf die meistens zugrunde liegenden polaren Gegensätze zurück: das schöne Mädchen und seine hässlichen Schwestern, der reiche König und der arme Müller, die nonchalante Pralinenverkäuferin und der bigotte Bürgermeister. Hinter diesen Gegensätzen stehen abstrakte Konzepte wie Güte/Schlechtigkeit, Einsamkeit/Gesellschaft oder Mut/Feigheit. Können wir solche Konzepte bei Kindern im Grundschulalter als bekannt voraussetzen? Der kanadische Erziehungswissenschaftler Kieran Egan (1989) plädiert vehement dafür. Er ist überzeugt, dass Kinder häufig nicht Schritt für Schritt vom Konkreten zum Abstrakten geleitet werden müssen, sondern dass die begrifflichen Voraussetzungen für ein tiefes Verständnis unserer Vergangenheit und Gegenwart bei Schulanfängern bereits vorhanden ist. Gegensätze mit einer emotionalen Dimension, wie Liebe und Hass, gut und schlecht, Furchtsamkeit und Mut, Vertrauen und Angst sind bereits vertraute Konzepte, mit denen die Kinder sich die Welt erklären. Egan konstatiert, dass wir die Fähigkeit der Kinder zum abstrakten Denken weit unterschätzen, weil sich die Untersuchungen zur kognitiven Entwicklung vor allem auf den Bereich des logischen und mathematischen Denkens bezogen. Das Konzept der Invarianz oder negativer Zahlen zu verstehen, ist für Kinder in der Tat schwierig und bedarf wohl eher der stufenweisen Hinführung. Auch „das ‚formale' Kausalitätsprinzip werden nur wenige Kinder verstehen, aber über einen Begriff von der Kausalität in Geschichten verfügen fast alle" (Egan 1989, S. 23).

Geschichten zeigen Verbindungen zur Lebenswelt

Geschichten sind nicht nur emotional anregend oder spannend, sie eignen sich auch gut, um eine Verbindung zur Lebenswelt der Schüler herzustellen. Alltagserlebnisse, an die man sich erinnert, sind häufig nach Art einer Geschichte abgelaufen: Es gab eine Abweichung von der Tagesroutine, aus der sich ein Konflikt oder eine Veränderung entwickelt hat. Daraus haben sich unerwartete – komische oder dramatische – Wendungen ergeben, die schließlich zu einem Endpunkt führten. Wenn Kinder in die Schule kommen, haben sie bereits eine Menge solcher „Geschichten" erlebt, den Tag, als der Kindergarten geschlossen blieb, den Besuch bei den Großeltern, die Ferien im Gebirge, eine längere Erkrankung usw. Die dabei gesammelten Erfahrungen sind nicht nach Schulfächern oder wissenschaftlichen Disziplinen strukturiert. Der Bezugsrahmen entsteht vielmehr durch Raum und Zeit, durch die beteiligten Personen und durch die eigenen Handlungen. Dadurch, dass das Erlebte in den narrativen Zusammenhang einer Geschichte gebracht wird, bekommt die Erfahrung einen Sinn. Die Kinder erinnern sich an bedeutsame einzelne Episoden, die so etwas wie den roten Faden einer Story bilden. Dieses Prinzip nimmt die Storyline-Methode auf und folgt damit der Erkenntnis der modernen Lerntheorie, dass neues Wissen nur behalten wird, wenn es in vorhandene Strukturen integriert werden kann.

Die Struktur des Vorgehens nach der Storyline-Methode wird besonders deutlich, wenn man zum Vergleich die thematische Ausdifferenzierung beim sogenannten mehrperspektivischen Unterricht betrachtet. Im Mittelpunkt des Unterrichts steht dabei ein Thema, das unter verschiedenen Gesichtspunkten behandelt werden soll. Als Beispiel wird noch einmal das Thema „Einkaufen" gewählt (vgl. Kapitel 2). Dem zentralen Thema – hier Einkaufen im Selbstbedienungsladen – werden im mehrperspektivischen Unterricht zunächst mehrere Teilprojekte inhaltlich zugeordnet. Diese bilden eine Art thematisches Netz, wie aus der folgenden Abbildung ersichtlich ist. Die Darstellung stützt sich auf Mayer 1978, S. 159 ff.

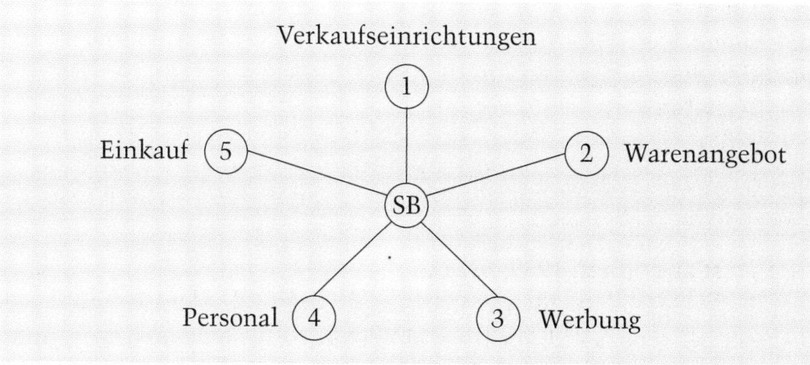

Die beteiligten Fächer oder Lernbereiche sind
1. Physik, Geographie, Formenkunde, Hauswirtschaft, Sprache
2. Hauswirtschaft, Geographie, Geschichte, Politik, Wirtschaftslehre, Sprache
3. Geschichte, Politik, Wirtschaftslehre, Sprache
4. Geschichte, Politik, Wirtschaftslehre, Hauswirtschaft, Sprache
5. Hauswirtschaft, Geschichte, Politik, Wirtschaftslehre, Sprache

Im Einzelnen werden die folgenden Teilprojekte beschrieben:

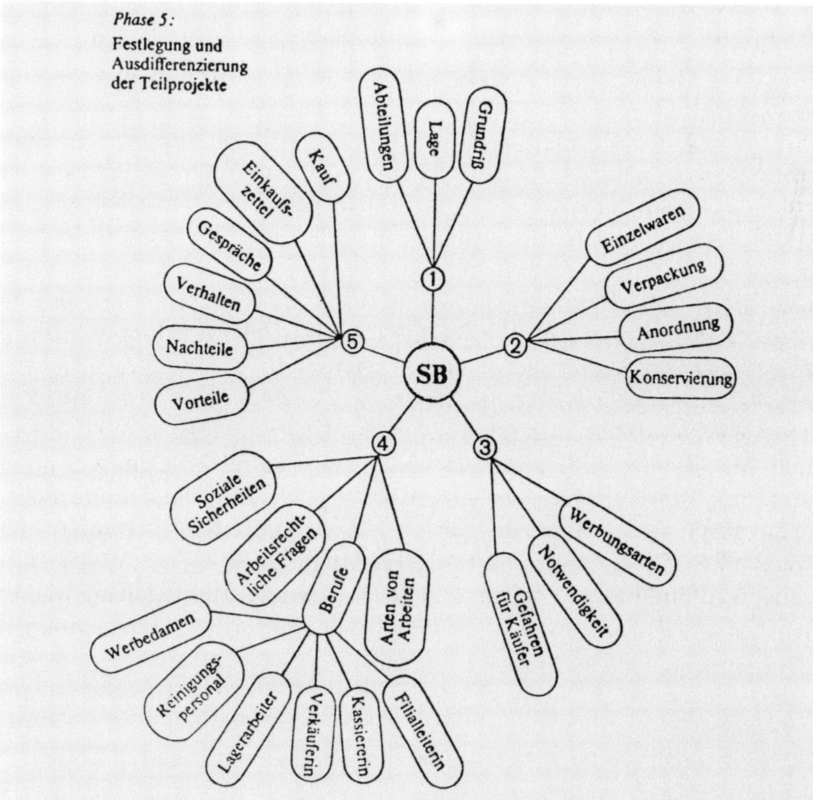

(Quelle: Mayer 1978, S. 163)

Zu den einzelnen Teilprojekten werden dann Fragen formuliert. Diese Fragen versuchen die Schüler durch Ortsbesuche, Beobachtungen und durch Befragung der Beschäftigten zu beantworten. Sehr viele Inhalte sind deckungsgleich mit den Inhalten der Storyline „Große Läden – kleine Läden". Die Herangehensweise unterscheidet sich jedoch charakteristisch. Beim mehrperspektivischen Unterricht wird ein Themengebiet abgearbeitet. Danach kehrt der Unterricht zum Ausgangsthema zurück, um dann einer anderen Verzweigung zu folgen und das Thema unter einem völlig anderen Aspekt zu betrachten. Diese Umkehr wird von den Schülern häufig nicht verstanden, weil sie nicht wissen, nach welchen Kriterien eine Perspektive als ausreichend behandelt gilt und welchen Sinn es macht, die verschiedenen Aspekte nacheinander zu behandeln. Das Thema Einkaufen steht zwar scheinbar immer im Mittelpunkt. Tatsächlich bildet es aber nur einen relativ beliebigen Anlass für die Bearbeitung von Fachinhalten. Es entwickelt sich kein für die Schüler nachvollziehbarer innerer Zusammenhang, keine über das Teilprojekt hinaus gehende Bedeutung (vgl. auch Falkenberg/Håkonsson 2002, S. 41).

Die Storyline-Methode stellt dagegen nachvollziehbare Zusammenhänge her, indem sie einzelne Episoden zu einer Story verknüpft. Diese Story liefert die sinnstiftende Begründung für die Behandlung des Themas unter verschiedenen Aspekten. Im Unterschied zu dem thematischen Netz des mehrperspektivischen Unterrichts enthält eine Storyline eine Abfolge von Einzelschritten, die sich logisch aneinander anschließen:

Storyline: eine Abfolge von aufeinander aufbauenden Episoden

Episode 1	Episode 2	Episode 3	Episode 4	Episode 5	Episode 6	usw.

Nehmen wir z. B. das Thema Wasser. Es lässt sich aus der Perspektive der Fächer Deutsch, Mathematik, Biologie oder Erdkunde bearbeiten, ohne dass die fachspezifischen Ansätze miteinander verbunden werden. Das Thema kann aber auch in eine Storyline eingebunden werden. Am Beginn würde dann ein Auslöser stehen, der zur Beschäftigung mit dem Thema Wasser motiviert. Ein Beispiel: Im Jahr 1892 kam es in Hamburg wegen verschmutzten Trinkwassers zu einer Choleraepidemie. Ausgehend von den abstrakten Gegensätzen krank/gesund oder Gefahr/Rettung können sinnvolle Fragen gestellt werden: Wer litt unter der schlechten Wasserqualität am meisten? Was konnte man dagegen tun? usw. Das heißt: Die Struktur des Unterrichts besteht nicht aus unverbundenen Fachunterrichtstunden, sondern aus Episoden, die miteinander in einer sachlogischen Beziehung stehen:

die sachlogischen Beziehungen ergeben die Struktur des Unterrichts

Cholera-epidemie	Betroffene Personen?	Wer sind diese?	Was tun sie?	Brunnen-bau	Was geht schief?	usw.

Am Anfang kann ein Bericht, eine Erzählung oder ein Auszug aus einer zeitgenössischen Chronik über die Choleraepidemie stehen. Aber es bleibt nicht bei einer heimatkundlichen Information. Nachdem das Ausgangsproblem beschrieben ist, wird vielmehr weitergefragt: Wer hat unter der schlechten Wasserqualität zu leiden? Wen wird man mit einem Projekt zur Abhilfe beauftragen? Gibt man den beteiligten Personen Namen und Aussehen, dann werden sie für die Schüler lebendig. Die Schüler können sich z. B. vorstellen, dass ein Brunnenbauer samt Familie ins Hamburger Umland zieht, um an geeigneter Stelle Tiefbrunnen für sauberes Wasser anzulegen. Episode für Episode entwickelt sich die Story weiter: Hilfskräfte werden ausgesucht und eingestellt, die Bodenbeschaffenheit wird geprüft, ein Pumpmechanismus erfunden, ein Leitungssystem entworfen. Rückschläge sind zu bewältigen, Bedenken zu überwinden und Lösungen für unvorhergesehene Probleme zu finden. In einem solchen Unterrichtsvorhaben kommen historische und geografische, physikalische und chemische, ökonomische und mathematische Inhalte vor. Sie alle können auf die Lernziele des Lehrplans bezogen werden. Aber sie haben zusätzlich eine inhaltliche Verbindung und damit eine Bedeutung für die Schüler.

In der Storyline-Methode tritt also die Story, die Abfolge von einzelnen Episoden, als strukturierendes Prinzip an die Stelle der Fächerstruktur. Die Geschichte muss geeignet sein, eine Verbindung zwischen der Lebenswelt der Schüler und dem Lernen in der Schule herzustellen. Wie ein gutes Drehbuch benötigt die Story eine Fabel, in der Film-Sprache: einen „Plot". Der Plot weckt bei den Zuhörern emotionale Beteiligung und die Erwartung auf eine wie auch immer geartete Lösung des Grundkonflikts. Dadurch entsteht jener Spannungsbogen, der im Unterricht die Schüler über einen längeren Zeitraum bei der Stange hält, bis dann ein passendes Ende alle losen Fäden zusammenführt.

die Schüler mit dem roten Faden fesseln

Wird eine Geschichte als Ausgangspunkt einer Unterrichtseinheit genommen, dann empfiehlt es sich, eine Situation zu beschreiben, in der das Leben aus der Balance gerät. Es ist dann die Aufgabe der Schüler, durch problemlösendes Denken und Handeln einen Weg zu finden, wie die Story doch noch zu einem befriedigenden Ergebnis geführt werden kann.

Eine solche Story kann einem Buch entnommen werden. Ebenso gut kann die Geschichte aber auch von der Lehrerin selbst erfunden werden. Was dabei zu beachten ist, wird in Kapitel 4 ausführlich dargestellt.

Schlüsselfragen als Anstoß

Viele Sprichworte weisen darauf hin: Fragen stehen am Anfang vieler Erkenntnisse. Nicht zufällig beruht eine der ersten erkenntnistheoretischen Methoden – die sokratische „Hebammenkunst" – auf einer ausgefeilten Fragetechnik.

„Das Zeichen der Intelligenz ist ein Fragezeichen."

„Es gibt keine dummen Fragen, nur dumme Antworten."

Fragen
- wecken den Wissensdurst
- führen an problemlösendes Denken heran
- motivieren zum Nachfragen, zur Informationssuche, zum Experimentieren.

Am Anfang jeder Unterrichtseinheit nach der Storyline-Methode steht daher eine Frage. Wir nennen sie Schlüsselfrage, weil sie einen inhaltlichen Aspekt erschließt, indem sie die Schüler zum Handeln anregt. „Wer arbeitet in eurem Laden? Wie sehen die Leute aus? Wie sind sie zu ihrem Beruf gekommen?" lauteten z. B. einige Schlüsselfragen in der Storyline zum Thema *Einkaufen*.

(Rendell/Bell 1980, S. 164)

Schlüsselfragen setzen Aktivitäten der Schüler in Gang, die zum Erreichen der Lernziele führen. Schlüsselfragen sind offene Fragen, auf die es meistens nicht nur eine richtige Antwort gibt, die die Lehrerin schon kennt. Vielmehr sind oft mehrere Antworten möglich und richtig. Diese Fragen zeigen, dass die Schüler als Experten anerkannt werden, denen man zutraut, plausible Antworten zu finden.
Vielfach sind es auch die Schüler selbst, die im Fortgang des Unterrichts weiterführende Schlüsselfragen stellen (Wie befestigen wir das Zelt so am Boden, dass es bei Sturm nicht wegfliegt?). Sie müssen nicht die richtigen Antworten reproduzieren, bevor sie die Chance hatten, die entsprechenden Fragen zu entwickeln.
Auch wenn es häufig verschiedene Antworten auf Schlüsselfragen gibt, so sind nicht alle „richtig", sondern nur diejenigen, die von den Schülern gut begründet werden können. Fragt die Lehrerin z. B. nach der Urlaubsplanung für eine Polizeiwache, dann wäre die Antwort, dass jeder dann Urlaub machen kann, wann es ihm persönlich am besten passt, nicht plausibel. Die Lehrerin würde dann weiterfragen: Könnte es nicht passieren, dass alle Polizisten, die Kinder haben, zur selben Zeit in Urlaub fahren wollen? Was passiert dann, wenn in dieser Zeit ein Verbrechen geschieht? usw. Problemlösungen der Schüler müssen realistisch sein, sie müssen sich aber nicht mit dem decken, was momentan in der Realität anzutreffen ist. Kreative, innovative Lösungen sind durchaus möglich und erwünscht. Lassen die Schüler allerdings ihrer Fantasie zu freien Lauf, hilft oft eine kurze Nachfrage, z. B. „Warum? Wozu? Was hätte das für Folgen?"

„Schüler brauchen die Fähigkeit, Fragen zu stellen, nicht die Fähigkeit, Antworten auf Fragen zu liefern, die eigentlich niemanden interessieren (darin sind Schulen gut)!"
Barr (2000, S. 23)

Eine kleine Übersicht am Beispiel „Polizeirevier“:

Eigenarten von Schlüsselfragen (SF)	**Beispiele**	**Mögliche anschließende Schüleraktivitäten**
SF beziehen sich auf Erfahrungen und Meinungen der Kinder.	Wer hat schon einmal einen Polizisten bei der Arbeit erlebt?	Die Schüler berichten über ihre Erfahrungen und Beobachtungen.
SF liefern eine Leitlinie für die Zielsetzung des Unterrichts.	Wozu brauchen wir überhaupt eine Polizei?	Die Schüler formulieren und begründen Hypothesen.
SF eröffnen unterschiedliche Handlungsmöglichkeiten und gestatten den Kindern, ihre Fähigkeiten einzubringen.	Wie sollte eine Polizeiwache zweckmäßigerweise ausgestattet sein?	Die Schüler entwerfen einen Grundriss und ein dreidimensionales Modell eines Polizeireviers.
Schlüsselfragen sind offen (nicht mit ja oder nein zu beantworten, keine Suggestivfragen).	Worauf kommt es bei der Planung der Arbeitszeit an? Wie könnte der Dienstplan konkret aussehen?	Die Schüler liefern plausible Vermutungen. Sie entwerfen einen Dienstplan.
SF führen zur Reflexion von Handlungen und eröffnen den Weg zu neuen Ideen.	Was könnten die Polizisten tun, um ihr Ansehen bei der Bevölkerung zu verbessern?	Die Schüler entwickeln Ideen, z. B. Tag der offenen Tür, Partnerschaft für einen Kindergarten usw.
SF liefern die logische Struktur für die Entfaltung der Storyline.	Was würde passieren, wenn die Polizei vier Monate lang streiken würde?	Die Schüler befragen verschiedene Erwachsene und bewerten die Antworten auf ihre Plausibilität hin.
SF stehen am Beginn jeder neuen Episode, die sich aus dem vorigen Schritt ergibt.	Wenn jetzt zwei Polizeiwachen zusammengelegt werden, was passiert dann mit den bisherigen Teams?	Die Schüler entwerfen ein Verfahren zur Beteiligung der Polizisten an der Teamzusammensetzung.

Die Kette der Schlüsselfragen liefert das Gerüst für die gesamte Unterrichtseinheit. Inhalte, Methoden und Sozialform ergeben sich aus Schlüsselfragen. Insbesondere aber beziehen sich die Schlüsselfragen auf die angestrebten Ergebnisse, denn mit der Formulierung der Schlüsselfragen legt die Lehrerin zugleich fest, welche Lernziele die Schüler erreichen sollen und woran sie das Erreichen messen will. Versäumt sie dies, dann besteht die Gefahr, dass die Kinder ziellos interessanten Aktivitäten nachgehen, ohne daraus systematisch Nutzen zu ziehen.

offene und geschlossene Fragen

Man unterscheidet offene und geschlossene Fragen. Geschlossene Fragen lassen sich mit ja oder nein beantworten (Haben Wölfe ein rotes Fell?) oder lassen nur eine bestimmte richtige Antwort zu (Aus welchen Atomen besteht das Wassermolekül?). Zu den geschlossenen Fragen gehören auch die Alternativfragen (Ist Hamburg größer oder München?) und die Suggestivfragen (Wollt ihr wirklich noch weiter gehen?). Geschlossene Fragen eignen sich gut zum Abfragen von Kenntnissen.

Zu den offenen Fragen gehören die sog. W-Fragen (wer, wann, wo, weshalb, wie usw.). Sie lassen sich nicht mit ja oder nein beantworten. Sie können weit gestellt sein (Wohin würdet ihr gerne eine Klassenreise machen? Was ist in dieser Situation wichtig?); sie können aber auch so eng sein, dass nur eine richtige Antwort möglich ist (Wo steht der Eiffelturm?). Zu den offenen Fragen gehören weiterhin

- Fragen nach Unterschieden (Was ist anders? Woran erkennt ihr das?)
- Operationalisieren (An welchem Verhalten merkt ihr, ob ein Lehrer guten Unterricht erteilt?)
- Differenzierungen (Wie häufig tritt das auf – oft, selten, nie? Wie viele Punkte würdet ihr dieser Idee auf einer Skala von 1 bis 100 geben?)
- Rangfolgen (Was wäre das beste, zweitbeste, schlechteste?)
- Kybernetische Fragen (Welchen Umweg müssen wir in Kauf nehmen, um ans Ziel zu gelangen?)
- Zirkuläre Fragen (Wie denken die Schüler der Parallelklasse darüber?)
- Hypothetische Fragen (Was wäre, wenn es keine Schulen gäbe? Was wäre passiert, wenn man die Atombombe nicht auf Hiroshima abgeworfen hätte?)

Fragen lassen sich auch nach ihrer Komplexität differenzieren. Fischer und Harke (1987) unterscheiden Fragen niederer und höherer Ordnung:

Fragen niederer Ordnung	Beispiele
Wissensfragen (Wiedergabe von Fakten/Beobachtungen)	Wer, was, wann, wo, warum ...
Verständnisfragen (beschreiben, ordnen, darlegen)	Beschreibt bitte ... Welche Gemeinsamkeiten/Unterschiede bestehen zwischen ...?
Anwendungsfragen (Begriffe, Regeln, Formeln kennen und anwenden)	Erklärt bitte ... Löst folgende Aufgabe ...

Fragen höherer Ordnung	Beispiele
Analysefragen (Ursachen ergründen, Schlüsse ziehen, beweisen)	Warum? Welchen Schluss kann man daraus ziehen? Wie kann man das beweisen?
Synthesefragen (Probleme lösen, Neues entwickeln, Vorhersagen treffen)	Was müsste man tun, um ...? Wozu? Wie kann man das verbessern? Was würdet ihr tun, wenn ...? Findet einen Titel dazu.
Beurteilungsfragen (Meinungsäußerungen, Bewertungen, Urteile abgeben)	Ist das die beste Lösung? Woran stellt ihr fest, ob ihr Erfolg habt? Findet ihr das richtig – und warum?
nach Fischer, T./Harke, D.: Didaktische Konzepte der Lernförderung bei Lernproblemen in der Berufsbildung Erwachsener. BIBB Sonderveröffentlichung 1987. Die Systematik folgt der von Benjamin Bloom entwickelten Taxonomie der Lernziele für den kognitiven Bereich.	

Der Schritt vom Reproduzieren vorhandener Kenntnisse zum Ausdenken und Begründen neuer Ansätze wird vor allem von Fragen höherer Ordnung angeregt:
- „Was würde passieren, wenn ...?"
- „Warum sollte jemand das tun?"
- „Welche Reaktion ist wahrscheinlich?"
- „Wodurch könnte man diesen Effekt vermeiden?"

- „Was glaubt ihr, würde ... in dieser Situation tun?"
- „Woran würdet ihr erkennen, dass das Problem kleiner geworden ist?"

Es sind vor allem diese Fragen, die zum Denken anregen, eine Story weiter vorantreiben und das selbstständige Handeln fördern. „Bildung ist die Umwandlung von Wissen in Weisheit, sagt der Bildungstheoretiker Wolfgang Frühwald. Das Internet weiß alles, aber es ist nicht weise, weil es keine Antworten auf Warum-Fragen geben kann. Antworten auf Warum-Fragen sind Erklärungen. Weise ist, wer Erklärungen geben kann. Warum verwechselt ein Spiegel rechts und links, nicht aber oben und unten? Wie gut, dass für diese Frage keine Antwort geläufig ist. Dann wäre die Frage kaputt. Antworten zu wissen, das ist das Ziel der Schulbildung der phantasielosen Art. Erklärungen zu finden, das ist etwas anderes" (Darnstädt 2002, S. 88).
Die klassischen W-Fragen erweisen sich manchmal als zu geschlossen. Steve Bell berichtet in dem Video „A Designer of Education" von einer Lehrerin, die um ein Haar ein ganzes Unterrichtsvorhaben gefährdete, weil sie eine Frage falsch stellte. Sie war dabei, gemeinsam mit den Schülern eine Radio-Station zu gründen und fragte: „Welche technische Ausrüstung steht in einem Tonstudio?" Die Antwort lautete nicht sehr überraschend: „Das wissen wir nicht, wir waren noch nie in einem Tonstudio." Zum Glück bemerkte die Lehrerin ihren Fehler sofort und formulierte die Frage um: „Was glaubt ihr, welche technischen Geräte braucht man in einem Tonstudio?" Und sofort kamen plausible Antworten wie CD-Player, Mikrofon, Kopfhörer usw. Schlüsselfragen fordern nicht dazu auf, Wissen zu reproduzieren, sondern aktivieren das Vorstellungsvermögen der Schüler.

Ideen der Kinder erfragen

Noch besser als „Vorstellungsvermögen" passt der Begriff „Einbildungskraft", weil er wie die englische Entsprechung „imagination" (von image) das Wort Bild enthält. Unser Denken bezieht sich – etwas vereinfacht – immer auf bereits Bekanntes, auf noch nicht Bekanntes oder auf Unbekanntes, das prinzipiell nicht erkennbar ist. Das Bekannte entspricht unserem Wissen, das prinzipiell nicht Erkennbare kann allenfalls Gegenstand unserer Fantasie oder Spekulation sein (Wird es in 300 Jahren noch Menschen geben?). Für die Entwicklung des selbstständigen Denkens ist vor allem jener Bereich interessant, über den wir noch nichts oder wenig wissen. Hier ist die Einbildungskraft gefragt.

durch Fragen die Einbildungskraft wecken: Was würdet ihr tun, wenn ...

Die Fragen der Lehrerin sollen die Schüler nicht auf merkwürdige Ideen bringen, sondern dazu anregen, plausible Hypothesen zu formulieren und praktikable Lösungen zu finden. Damit kommt die Lehrerin dem Bedürfnis der Kinder entgegen, Verständnis für die häufig chaotisch erscheinende Welt zu entwickeln. Wenn Kinder selbst Fragen stellen, dann geht es ihnen „häufig weniger in erster Linie um eine sachlogische und korrekte Antwort, die der Erwachsene nach seinem Wissen für richtig hält, sondern vielmehr um eine Erklärung, die für ein Kind verständ-

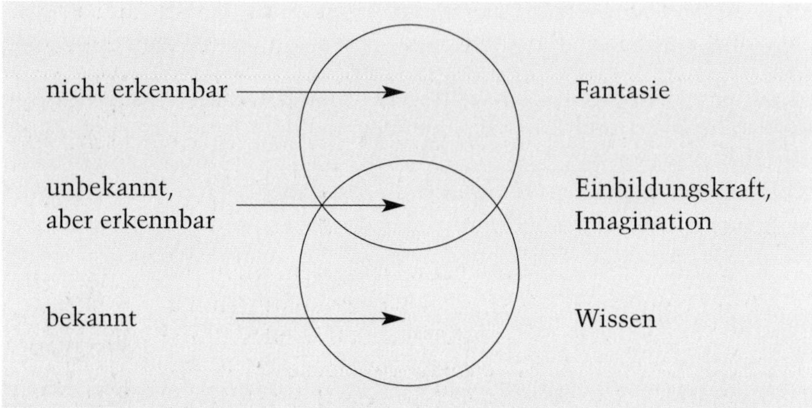

lich ist" (Krenz 2001, S. 44). Fragt ein Kind z. B., warum es regnet, dann will es vielleicht gar nichts über Tiefdruckgebiete, Wolkenbildung und Luftfeuchtigkeit wissen, sondern es möchte verstehen, warum es gerade jetzt regnet, wo man so schön draußen spielen könnte. Eine Antwort, die diesem Wunsch nach Erklärung entspricht, sollte bei der Lebenserfahrung der Kinder ansetzen, zu der ja auch gehört, dass das Wetter sich nicht nach den Wünschen einzelner Personen richtet. Antworten auf Wissensfragen sind oft langweilig – Antworten auf Sinnfragen, die Erklärungen liefern, regen zum Nachdenken und Weiterfragen an.

zum Nachdenken und Weiterfragen anregen

Lebensweltbezug, Expertenrolle der Schüler

eigene Hypothesen bilden

Die Themen des Sachunterrichts sind nicht unbedingt alle der Lebenswelt der Schüler entnommen, aber es ist immer möglich, eine Verbindung zu dieser Lebenswelt herzustellen. Das macht sich die Storyline-Methode zu Nutze. Alles was die Schüler über die Realität wissen oder zu wissen meinen, können sie in den Unterricht einbringen. Den Schülern wird damit das Vorgehen eines Wissenschaftlers zugebilligt, der zur Erklärung eines unbekannten Phänomens zunächst die ihm bekannten Gesetzmäßigkeiten anzuwenden versucht. Ist die Erklärung nicht zufrieden stellend, sucht er eine neue Erklärung: Er bildet eine Hypothese. Diese vergleicht er dann erneut mit der Realität, wie er sie wahrnehmen kann.

Als Kopernikus erkannte, dass die mittelalterliche Astronomie den Lauf der Planeten nicht korrekt erklären konnte, stellte er die für die damalige Zeit ungewöhnliche Hypothese auf, dass die Planeten sich auf Kreisbahnen um die Sonne bewegen und nicht die Sonne um die Erde, wie es auf den ersten Blick den Anschein hat. Kopernikus bildete diese Hypothese wohlgemerkt nicht aufgrund von exakten Beobachtungen der Planetenbahnen, sondern aufgrund der Überzeugung, dass der Schöpfer selbstverständlich die geometrisch vollkommene Kreisbahn gewählt haben musste. Da das Fernrohr noch nicht erfunden war, konnte Kopernikus seine Theorie nicht ausreichend genau mit der Realität verglei-chen (vielleicht hätte ihm auch seine Überzeugung von der vollendeten Harmonie der Bahnen der Himmelskörper im Wege gestanden). Seine neue Sichtweise ermöglichte es aber später Kepler zu erkennen, dass die Planetenbahnen eher Ellipsen ähneln. Diese Methode des Fortschreitens von den großen zu den kleinen Irrtümern, wie Karl Popper einmal formulierte, wird dem Unterricht nach der Storyline-Methode zugrunde gelegt.

Auch schulische Lehrpläne berücksichtigen diese erkenntnistheoretischen Zusammenhänge: „Schülerinnen und Schüler bauen ihre Vorstellungswelt mit Bildern und Handlungsmustern auf. Sie entwickeln eigene (Welt-)Bilder, öffnen sich den Raum der Phantasie, des Möglichen und Utopischen und schaffen sich so wichtige Grundlagen ihrer Welterkenntnis und -aneignung" (Richtlinien Kunst 2003, S. 3). Wissen, Erfahrungen, Ideen, Vermutungen (Hypothesen) und Überzeugungen der Schüler werden daher als Quellen der Erkenntnis ausdrücklich zugelassen. Die Lösung eines Problems muss nicht dem jeweiligen Stand der Technik entsprechen und sie muss auch nicht in der Realität vorhanden sein – wichtig ist, dass die gefundene Lösung unter den gegebenen Bedingungen funktionieren könnte und dass die Schüler dies nachvollziehbar erklären können. In Glasgow schlugen Schüler einmal vor, als Zugang zu einer Gartenschau einen gläsernen Tunnel unter dem Fluss Clyde hindurchzuführen. Es gab zwar Gründe, die dagegen sprachen: hohe Kosten, geringe Stabilität, schmutziges Wasser, das keine Sicht auf die Fische erlaubt usw. Aber unmöglich und völlig aus der Luft gegriffen war das Vorhaben nicht, stellte es doch eine kreative, interessante und möglicherweise sogar realisierbare Lösung dar. Viele Jahre später, im Sommer 2003, berichteten die Zeitungen über einen Plan, ein Hotel auf dem Meeresgrund durch einen Glastunnel mit dem Strand zu verbinden.

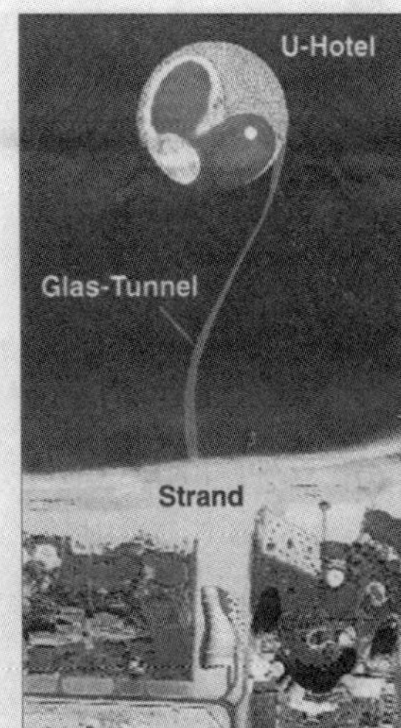

Blick aus der Luft: Durch einen gläsernen Tunnel geht es vom Strand per Zug ins Hotel.

eigene Antworten finden

Wenn die Schüler in der Lage sind, die kritischen Fragen der Lehrerin plausibel zu beantworten, sollte diese den Vorschlag akzeptieren. Auch wenn die Schüler später selbst feststellen, dass es weitere – besser geeignete – Lösungen gibt, erfahren sie den wertschätzenden Umgang der Lehrerin mit ihren Ideen. Im Hinblick auf den angestrebten Lernerfolg ist darüber hinaus wichtig, dass die Schüler nicht eine Standardlösung nachvollzogen haben, sondern eine eigene passende Antwort auf die Ausgangsfrage gefunden haben. Auch die Überlegungen, Versuche und Gruppenprozesse, die hierzu beigetragen haben, können einen Lernfortschritt darstellen. Die erbrachte Leistung darf also nicht allein an dem von den Schülern präsentierten Ergebnis gemessen werden.

Schwieriger ist es, wenn Schüler Vorstellungen einbringen, die offenkundig falsch sind. Beispielsweise war ein Schulanfänger fest davon überzeugt, dass der Wind von den Bäumen hervorgerufen wird. Der Schüler hatte immer wieder beobachtet, wie die Bäume mit ihren Ästen die Luft vor sich hertreiben, so dass Wind entsteht – ähnlich wie beim Fächeln. Bewegten die Bäume sich stark, wurde auch der Wind stärker, ermatteten die Bäume in ihren Bewegungen, dann ließ auch der Wind nach. Diese Lebenserfahrung war so einfach nicht zu widerlegen. Ein Vortrag über den Ausgleich zwischen Hochdruck- und Tiefdruckgebieten hätte den Schüler kaum dazu gebracht, die von ihm schließlich immer wieder beobachteten „Kausalzusammenhänge" zu leugnen. In einer solchen Situation sollte die Lehrerin abwägen, ob es für den weiteren Unterricht wichtig ist, den Irrtum gleich zu korrigieren oder ob es nicht sinnvoller ist, dem Schüler etwas mehr Lebenserfahrung zuzubilligen, damit er sein Vor-Urteil über die Entstehung des Windes später selbst korrigieren kann. Dabei wird die Lehrerin auch die aktuelle Verfassung des Schülers berücksichtigen und entscheiden, was sie ihm zumuten will. Zwar kann die Lehrerin mit viel Aufwand am Ende beweisen, dass sie Recht hatte, aber vielleicht wird sie damit die Lust des Schülers am Beobachten und Aufstellen von Hypothesen dämpfen. Manchmal ist es also ein pädagogischer Balanceakt, sich zwischen der Anerkennung des Schülers als Experten für seine Lebenswelt und der wissenschaftlichen „Wahrheit" zu entscheiden.

Urheberschaft

Grundsatz: „Ownership"

Ein Grundprinzip der Storyline-Methode lautet im Englischen „Ownership". Die Schüler machen sich durch die gemeinsame Arbeit die Storyline zu eigen. Wie Steve Bell – einer der Erfinder der Storyline-Methode – einmal anmerkte, ist dies eine Paradoxie des Ansatzes, dass nämlich die Lehrerin die Story und ihre einzelnen Episoden erfindet, dass sich aber die Schüler als deren Urheber fühlen. Es ist *ihre* Geschichte, es sind ihre Lebenserfahrungen, die darin einfließen, und innerhalb der einzelnen Episoden werden viele Entscheidungen von ihnen und nicht von der Lehrerin getroffen.

Auch dadurch, dass die Schüler oft für einen längeren Zeitraum eine bestimmte Rolle übernehmen, identifizieren sie sich mit dem Geschehen im Unterricht in besonderer Weise. Sie gehen in die Schule, weil sie es wollen und weil sie einen für die gesamte Gruppe bedeutsamen Beitrag leisten können. Doch es geht nicht nur darum, dass die Schüler stolz auf ihre Beiträge sein können, sondern es geht darüber hinaus auch um das Annehmen von Verantwortung. Voraussetzung dafür ist, dass die Lehrerin Entscheidungen der Schüler akzeptiert, dass sie respektvoll mit den Schülern umgeht und ihren Arbeitsergebnissen Wertschätzung erweist. Das fällt leicht, denn es gibt im Unterricht nach der Storyline-Methode viele Ideen, Verhaltensweisen oder Arbeitsprodukte, bei denen es nicht so sehr auf formale Richtigkeit, sondern auf Plausibilität oder auf ästhetische Qualität ankommt. Bei einer falsch gelösten Rechenaufgabe kann die Lehrerin allenfalls die Mühe oder das Durchhaltevermögen des Schülers anerkennen. Legt dieser ihr aber den selbst entworfenen Bauplan eines Hauses vor, dann kann die Lehrerin allein durch die Vielzahl von Nachfragen und durch das Anerkennen von interessanten Lösungsvorschlägen ihren Respekt bezeugen. Auch wenn sie der Meinung ist, dass der Entwurf schöner und zweckmäßiger hätte sein können: Es ist und bleibt der Entwurf des Schülers, und nur er entscheidet, ob er Anregungen aufnimmt und seinen Plan noch ändert oder nicht. Hat die ganze Klasse z. B. an einem Wandfries gearbeitet, dann besitzt sie als Gruppe die Urheberschaft für dieses Produkt, und jeder Schüler fühlt sich dafür verantwortlich.

Wir kennen das Prinzip der Urheberschaft aus dem Projektunterricht. Wenn Schüler gemeinsam ein schwimmfähiges Boot oder einen funktionierenden Computer gebaut haben, dann präsentieren sie ihren Eltern diese Arbeitsergebnisse anders als z. B. eine gute Mathematikarbeit. Sie haben nicht einfach Kenntnisse erworben und dann reproduziert, sondern sie haben etwas Unverwechselbares, Eigenes hergestellt, das ihr geistiges Eigentum ist. Die Storyline-Methode zeichnet sich dadurch aus, dass sie den Schülern zahllose Möglichkeiten bietet, geistiges Eigentum an den gemeinsam erstellten Modellen und den dahinter stehenden Ideen zu erwerben und zu demonstrieren. Der Schüler einer 10. Realschulklasse schrieb in einen Fragebogen, der nach der Storyline „Our Ideal School" ausgeteilt worden war: „Man muß davon wegkommen, das Schüler nur etwas tun, wenn sie den nötigen Druck bekommen. Man sollte sie von Anfang an dahin Erziehen das sie merken das sie es nur für sich tun. Schüler müssen lernen wollen nicht lernen sollen" (Kocher 1999, S. 183).

„Wir verstehen etwas besser, wenn wir es in eigenen Worten sagen können. Es ist so etwas wie eine Übersetzung in den Köpfen der Schülerinnen und Schüler. Dadurch wird etwas erst zu ihrem geistigen Eigentum."
Schratz (2002, S. 64)

Ermutigung

Der pädagogische Ansatz hinter der Storyline-Methode nimmt die Schüler nicht nur als „Urheber" ihrer Ideen, als Experten für ihre Lebenswelt ernst. Er ermutigt sie geradezu, ihre Ideen, ihre Vorstellungen in den Unterricht einzubringen und ihn dadurch zu ihrer Sache zu machen. Der Unterricht wird von den Schülern nicht erduldet, sondern er ist das Ergebnis einer gemeinsamen Anstrengung für ein von allen für wichtig gehaltenes Ziel.

sich auf die Stärken besinnen

Es war Alfred Adler, der um 1920 als einer der ersten das Prinzip der Ermutigung in die Psychologie einführte. Er vertrat die Auffassung, dass Menschen ihr Potenzial besser ausschöpfen können, wenn sie dazu ermutigt werden. Dahinter steht die Erkenntnis, dass es wenig nützt, sich immer nur mit den eigenen Defiziten zu beschäftigen und zu versuchen, sie auszugleichen. Viel wirksamer ist es, sich auf die eigenen Stärken zu besinnen und sich auf diesen Gebieten weiterzuentwickeln. „Stärken stärken" führt zu Höchstleistungen, der Ausgleich von Defiziten allenfalls zur Mittelmäßigkeit.

Ermutigung ist nicht gleich zu setzen mit Lob, schon gar nicht mit großzügig verteiltem ungerechtfertigtem Lob (vgl. Grabbe 2001). Schüler spüren genau, ob ein Lob der erbrachten Leistung angemessen ist, ob es ehrlich gemeint ist oder ob dahinter die Absicht lauert, den Schüler zu konformem Verhalten zu motivieren. Ermutigung bedient sich selten des Lobes, dafür häufig der offenen Frage:
- Warum traust du dir das nicht zu?
- Was hast du schon ausprobiert?
- Was könntest du noch anders machen, um die Aufgabe zu lösen?
- Wie bist du denn beim letzten Mal vorgegangen?

Ermutigung ist kein Trick, kein „Erziehungsmittel", sondern eine pädagogische Grundhaltung. Sie kann nicht „eingesetzt" werden, sondern muss sich in spontanen Äußerungen und Handlungen niederschlagen. Nur dann ist Ermutigung wirksam. Auch Lob ist übrigens nur dann etwas wert, wenn die Schüler wissen, dass sie bei einer schlechten Leistung ebenfalls ein entsprechendes Feedback erhalten. Wenn schon Lob, dann auch offene, sachliche und konstruktive Kritik! Zu einer solchen Feedback-Kultur gehört selbstverständlich die Gegenseitigkeit. Die Schüler müssen ihrerseits die Lehrerinnen kritisieren dürfen. Ein Journalist berichtete neulich über einen Höhepunkt seiner Schulzeit: Ein Schüler hatte dem Mathematiklehrer einen Fehler nachgewiesen. Daraufhin stand dieser – in der Wahrnehmung der Schüler äußerst strenge – Mann auf, ging zu dem Schüler und reichte ihm wortlos die Hand. An solch ein Erlebnis erinnert man sich noch 20 Jahre später.

offene Feedback-Kultur praktizieren

Den Zusammenhang zwischen Ermutigung und Schulerfolg stellt auch Reinhard Kahl in einem Kommentar zur PISA-Studie her. Er erinnert daran, dass von vielen Älteren die Schule als eine Zeit der Demütigungen erlebt wurde. Auch wenn dies heute seltener zutrifft, so ist doch die Vorstellung noch weit verbreitet, dass Lernen anstrengend sein muss und nur ausnahmsweise Spaß machen darf. „Die Deutschen scheinen sich im Zweifelsfall einig zu sein: Es kann doch gar nicht sein, dass freiere und auf Gemeinschaft setzende Schulen (wie in Skandinavien) auch noch die erfolgreicheren sind. Man glaubt eher, dass Individualität und Gemeinschaft sich ausschließen. Tatsächlich bedingt sich beides. Gemeinschaft und Differenz sind Pole, die sich gegenseitig aufladen, keine Gegensätze, die einander ausschließen. Das ist die Lektion aus den Erfahrungen in Skandinavien, Kanada und anderen Ländern … ‚Du gehörst dazu', ist dort die Grundbotschaft. ‚Du kannst mehr als du glaubst'. Das ist ein freundlicher Strom der Ermunterung … Die größte Schwäche des deutschen Schulsystems ist … nicht, dass es die Chancen aller zu wenig fördert oder Talente von zu vielen verkommen lässt. Das Hauptproblem ist die Verwahrlosung unserer Schulen, die aus der Verantwortung entlassen sind, sich um schwierige, abweichende, eigensinnige Schüler zu kümmern … Die wichtigste Lektion aus PISA wäre es, die Kultur der Aberkennung von einer der Anerkennung abzulösen" (Kahl 2002).

Eine solche Kultur kann schlecht wachsen, wenn nicht auch die Lehrkräfte als Erzieher und professionelle Gestalter von Unterricht die Anerkennung und Ermutigung finden, die in jedem Beruf Voraussetzung für Höchstleistungen ist. Allerdings kann man diese Anerkennung nicht bei Schülern, Eltern oder Schulaufsichtsbeamten einklagen. Ein erster Schritt könnte darin bestehen, die Selbstermutigung als Überlebensprinzip einzusetzen und sich wie Münchhausen am eigenen Zopf aus dem Stimmungstief herauszuziehen. Der Lehrerberuf kann durchaus Spaß machen und ein hohes Maß an Zufriedenheit liefern, wenn die Lehrerin als kreative Entwicklerin von Lernsituationen agiert, ihre Schüler zum selbstständigen Lernen ermutigt und sich damit selbst in ihrer Berufsrolle bestätigt.

Unterricht als Abenteuer

Das Leben von Kindern ist voller Überraschungen. Es geht ihnen häufig wie einem Erwachsenen, der in China aus dem Flugzeug steigt, die Sprache nicht versteht und die Schrift nicht lesen kann. Vorschulkinder haben einen Weg gefunden, mit dieser Situation umzugehen: Sie probieren aus, was funktioniert, riskieren Rückschläge und kalkulieren unliebsame Erfahrungen ein. Ihr Zugang zur Welt ist vor allem empirisch. Um Erfolg zu haben, müssen Vorschulkinder lernbegierig und interessiert sein. Die meisten Erstklässler sind es noch. Dass sich dieses Interesse im Laufe der Schulzeit so spektakulär verflüchtigt und vielfach einer Null-Bock-Mentalität Platz macht, wird man kaum den Schülern allein anlasten können.

den Schulalltag spannend gestalten

Mit der Storyline-Methode wird das Interesse der Schüler wach gehalten, weil sie nicht immer wissen, was sie am nächsten Schultag (oder in der nächsten Episode der Storyline) erwartet. Daher ist es auch nicht sinnvoll, durch einen „informativen Einstieg" zu Beginn der Unterrichtseinheit zu erläutern, was mit welchen Methoden bearbeitet werden soll. Es reicht, das Thema zu benennen. Manchmal gelingt es sogar, Schülern wieder Spaß am Unterricht zu vermitteln, die nur noch Verachtung für die Schule übrig hatten. An manchen schottischen Schulen gab es Schüler, die nur zum Unterricht kamen, wenn sie wussten, dass mit der Storyline-Methode gearbeitet wurde. Alle anderen Stunden wurden konsequent geschwänzt. Ihr Interesse am „richtigen" Leben außerhalb der Schule war einfach größer als die Motivation zum Schulbesuch.
Die Lust auf Abenteuer kann die Lehrerin sich zu Nutze machen, indem sie den Schülern ein gewisses Maß an Unsicherheit über den Fortgang des Unterrichts zumutet, aber auch akzeptiert, dass die Schüler Ideen einbringen, mit denen sie selbst nicht gerechnet hatte und die den Ablauf einer Episode nachhaltig ändern können.
Mit der Story als rotem Faden behält die Lehrerin allerdings die Zügel in der Hand, auch dann, wenn die Schüler der Geschichte eine unerwartete oder unbeabsichtigte Wendung geben. Es ist möglich, dass im Unterricht

etwas geschieht, was weder die Schüler noch die Lehrerin vorher geplant, ja vielleicht nicht einmal geahnt haben. Darin liegt einerseits das Faszinierende dieser Methode. Es darf aber andererseits nicht dazu führen, dass Lernziele aufgegeben und völlig andere Themen bearbeitet werden als vorgesehen waren. Deswegen ist die Story, die Reihenfolge und Hauptinhalte der einzelnen Episoden festlegt, so wichtig. Der rote Faden muss nicht immer straff gespannt sein. Aber letztlich führt er über die geplanten Stationen zu dem vorab festgelegten Ziel. Wenn sich also im Lauf einer Episode herausstellt, dass die Schüler eine bestimmte Entdeckung weiter verfolgen oder ein Rollenspiel vertiefen wollen, dann kann die Lehrerin dies zulassen, solange es den Lernzielen dient. Geht es aber eher darum, eine bestimmte Beschäftigung weiter auszudehnen, nur weil sie Spaß macht, dann muss die Lehrerin abwägen: Lässt sie die Schüler noch etwas „an der langen Leine" laufen, um die entstandene Motivation zu nutzen, oder geht sie an passender Stelle zur nächsten Episode über?

Ganzheitlichkeit

Eine Storyline ist von der Konzeption her immer ganzheitlich. Unterricht nach der Storyline-Methode ist daher grundsätzlich fächerübergreifend angelegt. Man kann die Methode zwar auch auf einzelne Fächer einschränken, z. B. im Fremdsprachunterricht (vgl. Kocher 1999, Börner/Brune/Senff 2003) oder im Geschichtsunterricht. Aber auch dabei wird sich meistens schnell herausstellen, dass es kaum möglich ist, sich ausschließlich auf Aspekte eines Faches zurückzuziehen. Da jede Story einen Sinnzusammenhang braucht, können wichtige Themen nicht ausgeklammert werden, nur weil sie nicht zum jeweiligen Unterrichtsfach gehören. Dieser ganzheitliche Ansatz ist für die Schüler leicht fassbar, denn er entspricht ihrer Alltagserfahrung, die ja auch nicht nach Fächern sortiert ist. Allerdings darf Ganzheitlichkeit nicht mit Vollständigkeit verwechselt werden, indem Inhalte in den Unterricht aufgenommen werden, die zu den angestrebten Lernzielen nichts beitragen.

Schlüsselqualifikationen als Basis der Erziehung zur Mündigkeit

Zur Ganzheitlichkeit des Ansatzes trägt auch bei, dass er es erleichtert, kognitive, affektive und psychomotorische Lernziele miteinander zu verbinden. In der pädagogischen und schulpolitischen Diskussion herrscht seit vielen Jahren Einigkeit darüber, dass für das Leben in der modernen Gesellschaft sogenannte Schlüsselqualifikationen erforderlich sind. Es sind diese überfachlichen, prozessunabhängigen Qualifikationen, die den „Schülern die individuelle Gestaltung ihres Lebens, die Teilhabe am gesellschaftlichen Leben und selbstständiges, lebensbegleitendes Lernen dauerhaft ermöglichen. Solche Schlüsselqualifikationen, die sich aus dem Zusammenspiel von fachlichen, sozialen und personalen Kompetenzen ergeben und schon in der Grundschule angebahnt werden, sind ein wesentlicher Bestandteil einer Erziehung zur Mündigkeit in einer offenen und pluralen Gesellschaft. Hierzu gehören vor allem

kognitive und affektive Lernziele verfolgen

Zuverlässigkeit und Verantwortungsbereitschaft, Einfühlungsvermögen und Konzentrationsfähigkeit, Lern- und Leistungsbereitschaft, Selbstständigkeit und Kreativität sowie Kommunikations- und Teamfähigkeit" (Richtlinien 2003, S. 10). Beim Erwerb von Schlüsselqualifikationen geht es also nicht nur um kognitives Wissen, sondern auch um affektive oder emotionale Lernziele. Die Storyline-Methode fördert die Verbindung von kognitiven und affektiven Lernzielen auf vielfältige Weise:

- Um gute Gruppenergebnisse zu erzielen, müssen die Schüler lernen, auch mit Mitschülern zu kooperieren, die sie nicht mögen.
- Die Bereitschaft zum Schließen von Kompromissen wird gefördert, wenn z. B. nur ein Grundriss von fünf verschiedenen zur Basis eines dreidimensionalen Modells werden kann.
- Die Lehrerin kann Gefühle wecken wie z. B. den Stolz auf ein gelungenes Modell, Angst vor dessen Zerstörung, Wut auf jemanden, der es mit Graffiti besprüht.
- Es entsteht eine stärkere Betroffenheit, wenn nicht auf der Grundlage von Texten über gesellschaftliche Probleme gesprochen wird, sondern wenn die Schüler diese Probleme an sich selbst erleben. So können z. B. alle von einer Kleingruppe geschaffenen Figuren von Arbeitslosigkeit bedroht sein, weil ihnen durch einen Konkurrenten am Markt die Existenzgrundlage entzogen wird.
- Auch das Bewusstsein für die Gefährdung der Umwelt kann gestärkt werden. So unterstützt der World Wildlife Fund das „Naturewatch Baltic Project", das u. a. mit Hilfe der Storyline-Methode Schülern in den Anrainerstaaten der Ostsee eine positive Einstellung zum Umweltschutz vermitteln will.

Auch psychomotorische Lernziele lassen sich in den Storyline-Ansatz integrieren. Die Feinmotorik wird beim Zeichnen, Basteln, Bauen von Modellen geübt. Daneben können in Rollenspielen, Vorführungen, Abschlussveranstaltungen usw. vielfältige Bewegungsanlässe (Tanz, Spiel, Sport) geschaffen werden.

Lernen durch Entdecken

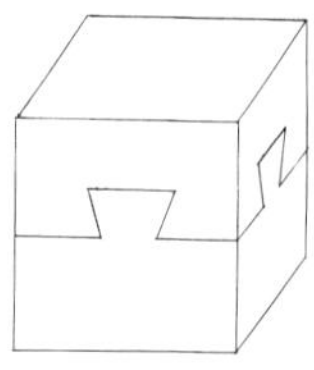

Betrachten Sie einen Moment die nebenstehende Figur. Wie lässt sich dieser Würfel auseinander nehmen, ohne dass er dabei zerstört wird? Wenn Sie die Lösung des Rätsels nicht kennen, werden Sie vermutlich nicht so schnell darauf kommen. Wenn es Ihnen aber gelungen ist (vielleicht erst, nachdem Sie darüber geschlafen haben), werden Sie kaum wieder vergessen, wie es funktioniert. Wahrscheinlich haben Sie darüber hinaus nicht nur dieses spezielle Rätsel gelöst, sondern zugleich eine Lösungsmethode, eine Art Algorithmus für die Bearbeitung ähnlicher Probleme entdeckt, der Ihnen in Zukunft zur Verfügung steht.
Entdeckendes Lernen kann Spaß machen und nachhaltige Lernerfolge hervorbringen. Dahinter steht die Einsicht, dass „Einzelheiten schnell

nachhaltige Lernerfolge durch Beobachtungen und Entdeckungen

wieder vergessen werden, wenn sie nicht in eine strukturierte Form gebracht worden sind ... Eine gute Theorie ist nicht nur das Vehikel, um ein Phänomen jetzt zu verstehen, sondern auch um es morgen in die Erinnerung zurückzurufen" (Bruner 1980, S. 36f.) Das gilt umso mehr, wenn die Theorie auf eigenen Beobachtungen oder Entdeckungen basiert. Daher liefert der Unterricht nach der Storyline-Methode immer wieder Situationen, in denen die Schüler selbstständig Zusammenhänge anhand von selbst gebauten Modellen erkennen können. Sie erfahren dabei, dass sie in der Lage sind, bedeutungsvolle Fragen durch Nachdenken, Probieren und Meinungsaustausch zu beantworten. Schlüsselfragen höherer Ordnung (Was würde passieren, wenn ...? Was würdet ihr tun, um ...? Was könnte uns aus dieser Situation herausführen?) sind besonders geeignet, entdeckendes Lernen in Gang zu setzen.

Es ist allerdings zu bedenken, dass nicht alle Zusammenhänge durch entdeckendes Lernen zu erklären sind. Um z.B. historische Quellen angemessen interpretieren zu können, ist Vorwissen erforderlich. Die Lehrerin muss sich also genau überlegen, wann sie Phasen des entdeckenden Lernens in eine Storyline einplanen kann und wann sie selbst Informationen eingeben muss oder die Schüler dazu auffordern möchte, sich die nötigen Kenntnisse durch Lektüre oder andere Formen der Recherche anzueignen.

Struktur vor Handeln

Schüler lernen durch Entdecken und Handeln – aber nicht durch planloses, unstrukturiertes Handeln. Vor Beginn einer Aktivität sollte daher immer eine Struktur erarbeitet werden. Das geschieht meistens mit Hilfe von Schlüsselfragen. Zunächst werden Vorkenntnisse, Erfahrungen, Vermutungen der Schüler abgefragt und damit sichtbar und bewusst gemacht. Dann erst beginnt das praktische Tun, z. B. die Arbeit an einem Modell, Text oder Bild. Steve Bell gibt hierfür in seinem „Notebook" ein einfaches Beispiel: „Erst der Pinguin, dann das Buch über Pinguine!" Angenommen, das Thema ist „Die Antarktis" und die Kinder sollen einen Pinguin zeichnen. Dann kann die Lehrerin den Schülern durch eine Reihe von Fragen helfen, ihr Vorwissen Schritt für Schritt zu strukturieren (vgl. das von Kohls 1996, S. 29 beschriebene folgende Beispiel). Je nach den Vorkenntnissen der Schüler können die Fragen allgemeiner oder spezieller formuliert sein. Bei der Frage nach den Farben werden sicher Schwarz und Weiß genannt, auf die Nachfrage nach dem Schnabel aber auch Gelb oder Rot.

Grundsatz: erst die verbindliche Struktur, dann das kreative Handeln

Nachdem die Schüler ihre Zeichnung fertig gestellt und verglichen haben, können sie noch lange Zeit nachher genau erklären, wie ein Pinguin aussieht. Würden sie dagegen gleich als erstes ein Buch über Pinguine zur Hand nehmen, könnten die meisten von ihnen später nicht mehr sagen, was sie zuvor schon über Pinguine gewusst haben. Sie verlieren das Vertrauen in die eigenen Kenntnisse.

Durch die Strukturierung der Aufgaben und Aktivitäten wird an Vorkenntnisse und Lebenswelt der Schüler angeknüpft. Da die Vorkenntnisse aber häufig nicht offen zu Tage liegen, ist es notwendig, Sinnzusammenhänge durch Schlüsselfragen herzustellen. Ein weiteres Beispiel: Bevor die Schüler die Uniform von Feuerwehrleuten entwerfen, kann die Lehrerin fragen:

- Warum sollten die Feuerwehrleute eine Uniform tragen?
- Wie muss der Stoff beschaffen sein?
- Was muss er aushalten?
- Welche Farbe ist geeignet?
- Sollten die Hosenbeine über die Stiefel passen oder in die Stiefel? usw.

Die Fragen lassen genug Freiraum für eine Vielzahl unterschiedlicher Antworten und Ideen, aber sie provozieren *sinnvolle* Antworten. Die Struktur liefert den Rahmen für kreatives Denken und Handeln. Kreativität kann in völliger Freiheit entstehen, aber gefördert wird sie eher, wenn Grenzen für das Handeln gesetzt werden. Aufforderungen wie „Malt ein schönes Bild!", „Schreibt auf, was ihr am Wochenende gemacht habt!" oder „Denkt euch ein neues Spiel aus!"
sind so inhaltsleer, dass sie die Schüler eher verunsichern als anregen. Die Schüler können sich an keinen Plan halten, wissen nicht, warum sie aktiv werden sollen und woran sie erkennen können, ob sie die Aufgabe gut bewältigt haben. Es herrscht Freiheit im Sinne von Beliebigkeit – warum sollten sie sich dann anstrengen?

Das „Pinguin"-Beispiel

1. Jeder von euch hat sicher eine gewisse Vorstellung von einem Pinguin. Ich bitte euch, schrittweise - als Antwort auf meine Fragen - einen Pinguin zu zeichnen.

2. Zeigt bitte zunächst einmal mit euren Händen, wie groß ein Pinguin eurer Meinung nach ist. Markiert die Größe bitte auf dem Papier.

3. Welche Form hat der Körper eines Pinguins? Zeigt den Umriß bitte mit den Händen und skizziert ihn dann auf dem Bogen.

4. Welche Form hat der Kopf? Zeichnet ihn bitte als Seitenansicht. Fügt ihn zum Körper dazu.
Welche Bestandteile hat der Kopf? Ergänzt sie.

5. Wieviele Beine (Füße) hat ein Pinguin? Zeichnet ein, was man von den Beinen bzw. Füßen sehen kann.

6. Ein Pinguin ist ein Vogel! Welche Form haben die Flügel, und wo befinden sie sich am Körper?

7. Welche Farbe hat das Gefieder? Welche Körperteile sind schwarz, und welche sind weiß?

8. Vielen Dank für eure Mühe.
Wer von euch hat Lust, sich jetzt ein Buch über Pinguine anzuschauen? Was würdest du dir genauer anschauen?
Ich bin sicher, daß ihr das Buch jetzt mit anderen Augen ansehen werdet als vor unserer kleinen Übung.
(Aufhängen der lebensgroßen Zeichnungen)

9. Wenn wir uns jetzt einmal die Zeichnungen anschauen, dann müssen wir feststellen, daß sie alle verschieden sind!
Pinguine sind eben verschieden!

Illustrationen Wolfgang Seipelt

Praktisches kreatives Handeln

Lernen durch Handeln? „Einverstanden!" werden viele Lehrerinnen sagen. Schließlich steckt schon im Wort „be-greifen", dass wir etwas anfassen müssen, um es zu verstehen. Aber warum legt die Storyline-Methode so viel Wert auf Techniken, die wir aus dem Kunstunterricht kennen? Weil künstlerische, musische Techniken Kreativität wecken,

„Willst du erkennen, lerne zu handeln.“
Heinz von Foerster

das eigene Denken anregen, Einsichten ermöglichen und das Material für Schlüsselfragen liefern. Auge und Ohr werden durch den Tastsinn ergänzt, der einen direkteren Zugang zu vielen Materialien ermöglicht. Es geht nicht um das Ausleben ungezügelter Fantasie oder um das Basteln als angenehme Beschäftigung. Künstlerische Techniken und Verfahren ermöglichen den Schülern, „sich mit für sie bedeutsamen Themen auseinander zu setzen und ihre Sichtweise überzeugend darzustellen“ (Richtlinien Kunst 2003, S. 6).

Kreativität ist keine Eigenschaft, die – genetisch bedingt – einfach vorhanden ist oder nicht. Kreativität drückt sich in schöpferischem Verhalten aus und wächst mit diesem. Je häufiger ein Kind die Erfahrung macht, dass es in der Lage ist, neue und brauchbare Ideen zu entwickeln und umzusetzen, um so öfter wird es dies auch in Zukunft tun wollen. Auch die Lehrpläne betonen heute, dass es darauf ankommt, die Schüler auf das Leben in einer Welt vorzubereiten, von der wir nicht wissen, wie sie aussehen wird (z. B. Richtlinien 2003, S. 10). Jeder Mensch muss sich die Fähigkeit aneignen, in ungewohnten Situationen angemessen zu agieren und neue Probleme zweckmäßig zu lösen. Dafür bedarf es gewisser Grundkenntnisse, aber sie allein reichen nicht aus. Wer schon früh gelernt hat, selbstständig Zusammenhänge zu analysieren und mit neuen Situationen ideenreich umzugehen, bringt eine der wichtigsten Schlüsselqualifikationen für das Leben in der Zukunft mit.

neue Probleme zweckmäßig lösen lernen

Bei Aufgaben, in denen es ausschließlich um den Erwerb und die Festigung von Kenntnissen geht, sind die Lösungen der Schüler oft identisch oder ähnlich. $^1/_2$ geteilt durch $^1/_4$ ergibt immer das Ergebnis 2; die Teile einer Tulpenblüte werden die Schüler nach entsprechendem Unterricht weitgehend gleich benennen können. Die Ergebnisse des praktischen kreativen Handelns der Schüler dagegen werden mehr oder weniger unterschiedlich sein. Eine Ritterburg kann gegen feindliche Angriffe durch die Lage auf steilen Felsen, durch Wall und Graben, durch ein übersichtliches Schussfeld (Glacis) oder durch eine besonders starke Mauer geschützt sein. Haben die Schüler eine Zeichnung oder ein dreidimensionales Modell einer Burg erstellt, dann hat die Lehrerin konkrete Anhaltspunkte zum Nachfragen. Entweder zeigen die Antworten der Schüler, dass sie eine praktikable und nachvollziehbare Lösung gefunden haben, oder die Schüler sind gezwungen, ihr Modell/ihre Zeichnung zu ändern: Sie müssen dann erneut kreativ tätig werden.

Diese Vorgehensweise kann sich auf die Ergebnisse der modernen Hirn- und Intelligenzforschung stützen. Intelligenz wird heute nicht mehr als statische Eigenschaft verstanden, die entweder vorhanden ist oder nicht. Das von dem Harvard-Psychologen Howard Gardner entwickelte Konzept der vielfältigen Intelligenzen geht vielmehr davon aus, dass Menschen über unterschiedliche geistige Fähigkeiten verfügen, die mit der gemessenen Testintelligenz teilweise wenig zu tun haben, sich aber wechselseitig beeinflussen können. Ein eindrucksvolles Beispiel dafür liefert der Erfinder des Rastertunnel-Elektronenmikroskops und Physik-Nobelpreisträger Gert Binnig. Er berichtet, dass er die hochkomplizierte wissenschaftliche Arbeit nur durchhielt, weil er zwischendurch immer wieder zur Violine griff, um im Geigenspiel nicht nur Entspannung zu finden, sondern auch neue Ideen zu generieren. Kreatives Tun ist nicht nur ein angenehmer Zeitvertreib, sondern häufig der Auslöser für Ideen, die unser Leben verändern. Zugleich ist Kreativität der Schlüssel zu einem erfüllten Leben.

„Ein kreatives Kind ist ein glückliches Kind."

Bruno Munari (Restelli 2002, S. 20)

Vorsicht ist nur geboten, wenn die Beschäftigung mit kreativen Techniken zum Selbstzweck wird. Die Storyline-Methode bietet dafür durchaus Anlässe. Wenn die Schüler einen Brief an die örtliche Feuerwehr schreiben, dann *könnten* sie natürlich auch noch einen eigenen Briefkopf entwerfen, die Briefmarke künstlerisch gestalten, das Papier für den Briefumschlag selbst schöpfen usw. Daher zum Schluss noch einmal der Hinweis auf die Lernziele. Nicht alles, was man machen könnte, hat Platz in einer Storyline. Die Schüler sollten nur diejenigen Aktivitäten ausüben, die zu wichtigen und nachvollziehbaren Lernzielen führen. Kreativität muss Sinn stiften, sonst bleibt sie im bloß Dekorativen stecken.

Kooperation und Individualisierung

Die Storyline-Methode ist sehr, aber nicht ausschließlich schülerzentriert. Daher wird häufig zwischen den verschiedenen Sozialformen abgewechselt. Frontalunterricht hat ebenso seinen Platz in einer Storyline wie das Arbeiten in Kleingruppen, die Partnerarbeit oder der individualisierte Unterricht. Die Schüler erfahren auf diese Weise, dass der Einzelne manchmal nicht weiter kommt und dass Kooperation mit anderen häufig der bessere Weg ist. Wenn die Lehrerin Zusammenarbeit vorschlägt, dann nicht, weil die Schüler ohnehin gerade in einer Tischgruppe zusammen sitzen oder weil Gruppenarbeit prinzipiell „besser" wäre, sondern weil die Kooperation für den Fortgang der Storyline zweckmäßig ist. Kooperation ergibt sich wie selbstverständlich aus sachlichen Erfordernissen und wird deshalb als passend und notwendig erlebt.

verschiedene Sozialformen als passend und notwendig erleben

Jede Storyline liefert aber auch reichlich Gelegenheit zum individuellen Arbeiten. Die Schüler lernen, dass sie immer in der Verantwortung stehen, ganz gleich ob sie allein arbeiten oder mit anderen zusammen.

Sie machen die Erfahrung, dass Gruppenergebnisse ebenso gewertet werden wie Einzelleistungen und dass die Gruppenleistung immer auch vom persönlichen Engagement jedes Gruppenmitglieds abhängt. Lernziele wie Sozialkompetenz, Empathie, Respekt oder Solidarität werden geübt, ohne dass sie den Schülern gegenüber benannt oder von ihnen eingefordert werden müssten.

Die Realbegegnung

die Lebenswelt erschließen

Der Unterricht soll einen Bezug zur Lebenswelt haben. Also raus aus dem Klassenzimmer – rein ins „pralle Leben"? Wenn es so einfach wäre, bräuchten wir die Schule nicht. Organisierte Lernprozesse werden ja gerade deshalb in Gang gesetzt, weil sich die Lebenswelt nicht von allein erschließt.

Stellen Sie sich vor: Eine Klasse macht einen kleinen Ausflug auf den Wochenmarkt. Es gibt viel zu sehen und zu fragen. Später in der Schule wird der Besuch ausgewertet, z. B. im Unterrichtsgespräch. Die Schüler erzählen, was ihnen aufgefallen ist. Oder es wird ein Rollenspiel gemacht: Wie preist man frischen Fisch oder Gemüse an, wonach fragen die Kunden? Oder die Schüler werden gebeten, zu Hause einen Aufsatz über das Erlebte zu schreiben.

Stellen Sie sich weiter vor, es käme ein Besucher in diese Klasse und stellte folgende Fragen:

- Wie viele verschiedene Käsesorten werden auf dem Markt verkauft?
- Wie heißt der große Fisch mit dem weißen Fleisch?
- Was ist der Unterschied zwischen Feldsalat und Blattsalat?
- Woher kommen die Orangen, Trauben, Bananen, und wie lange bleiben sie haltbar?
- Wie schützen die Händler ihre Ware vor Kälte und Regen?
- Was passiert, wenn Sturm aufkommt und die Planen wegzufliegen drohen?
- Was tut ein Händler, wenn ein anderer Händler die gleiche Ware günstiger verkauft?
- Ist es besser, viel zu verkaufen und an der einzelnen Ware wenig zu verdienen oder umgekehrt?

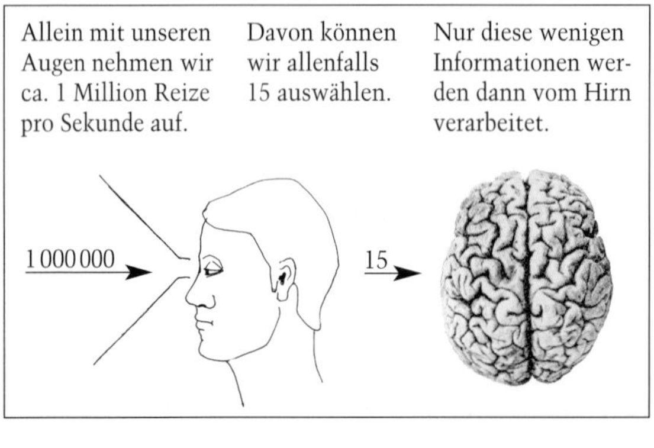

Zu manchen Fragen werden die Schüler Vermutungen haben, zu anderen einige Beobachtungen. Etliche Fragen aber haben sie sich noch gar nicht gestellt. Das konnten sie nicht, weil sie in der Situation der Realbegegnung von Wahrnehmungen so „überschwemmt" wurden, dass viele Zusammenhänge einfach nicht erkennbar waren. Das bedeutet:

Eine Realbegegnung *am Beginn* einer Unterrichtssequenz überfordert unseren Wahrnehmungsapparat, sie macht blind für die hinter den Beobachtungen liegenden Strukturen und Gesetzmäßigkeiten – und gerade auf diese kommt es beim Unterrichten an. Eine zuvor erarbeitete Struktur würde es ermöglichen, die Beobachtungen zu sammeln und zu sortieren, die notwendig sind, um die beispielhaft genannten Fragen zu beantworten.

Die Storyline-Methode stellt daher die Reihenfolge vom Kopf auf die Füße: Zuerst wird ein Thema ohne direkte Realitätserfahrung erarbeitet – anhand von Vorwissen, selbst erstellten Modellen, Ideen und Vermutungen. Dann erst kommen Informationen aus Lexika, Fachbüchern, Zeitungen und dem Internet hinzu. Die Lehrerin ist also nicht Lieferantin von „Stoff". Sie stellt Schlüsselfragen, die die Schüler zum Erkunden und zum Handeln anregen, zum Lesen, Recherchieren, Bauen von Modellen, Schreiben von Listen, Zeichnen von Schemata u. v. m. Vor allem aber hinterfragt die Lehrerin die Lösungen, die die Schüler gefunden haben.
Von der Wirksamkeit dieses Prinzips können Sie sich mit einer einfachen Übung überzeugen. Zeichnen Sie mit einem Bleistift einen Dachs, *ohne* sich zuvor eine Abbildung anzusehen. Wenn Sie dann selbst im Lexikon nachschlagen, werden Sie beim Vergleich wahrscheinlich feststellen, dass Ihre erste Zeichnung nicht so recht gelungen ist. Körperproportionen, Kopfform, Zeichnung des Fells, Größe der Ohren entsprechen meistens nicht ganz der Realität. Zeichnen Sie den Dachs nun noch einmal und nehmen Sie dabei das Lexikon-Bild zu Hilfe. Sie werden die Erfahrung machen, dass Sie dieses Bild noch lange Zeit in Ihrem visuellen Gedächtnis aufbewahren, denn Sie haben beim Vergleichen die Fehler Ihrer Darstellung und das, was stimmte, selbst entdeckt und beim anschließenden erneuten Zeichnen korrigiert (vgl. die Erstklässlerzeichnung eines Hirsches).

Grundsatz: erst das Modell, dann der Vergleich mit der Realität

Links: ohne Vorlage *Rechts:* nach Betrachten eines Fotos

Damit die Realbegegnung Entdeckungen der Schüler ermöglicht und zu den beabsichtigten Lernzielen führt, müssen die Modelle sorgfältig und kritisch betrachtet und hinterfragt werden. Bauen die Schüler z. B. das Modell eines Marktstandes, dann ergibt sich vielleicht folgender Dialog:

Lehrerin: Jetzt habt ihr eure Waren so schön ausgebreitet. Was macht ihr denn bei Regen?
Schüler: Dann bauen wir ein Zelt.
Lehrerin: Und wenn ein Sturm kommt?
Schüler: Dann machen wir die Zelte am Boden fest. Da hauen wir lange Nägel in die Erde.
Lehrerin: Geht das auch, wenn der Boden asphaltiert ist?
Schüler: Nein, dann hängen wir Steine an die Halteleine, damit das Zelt nicht wegfliegt.
Lehrerin: Wie groß sind denn die Steine?
Schüler zeigt mit den Händen die Größe an.
Lehrerin: Und wenn die Kunden sich daran nun die Füße stoßen?

Haben die Schüler sich mit solchen Fragen auseinander gesetzt, dann achten sie in der Realbegegnung auch darauf, wie in der Wirklichkeit die Probleme gelöst werden, die im Unterricht aufgeworfen wurden. Vor allem aber sind die Schüler nach einer solchen Vorbereitung in der Lage, selbst Fragen zu stellen. Und dann – im Gespräch mit den wahren Experten – können sie jenes Spezialwissen erwerben, das sie selbst und vielleicht auch die Lehrerin zu Beginn der Storyline noch nicht hatten.
Die abschließende Realbegegnung ist also nicht nur eine Ergänzung des Unterrichts, sondern sie bildet einen zentralen Bestandteil. Hier erhalten die Schüler zusätzliche Informationen. Sie erweitern ihr Wissen über die Welt außerhalb der Schule. Außerdem können sie durch externe Experten ein hohes Maß an Wertschätzung und Ermutigung erfahren. Deshalb sollte die Lehrerin den Ablauf einer Realbegegnung auch möglichst vorab mit dem Fachmann besprechen, denn es ist wichtig, dass dieser – bei allen denkbaren kritischen Anmerkungen, die auch zur Sprache kommen sollen – die Überlegungen, Ideen, Produkte und Modelle der Schüler zunächst einmal ernst nimmt und würdigt. Auch hier lautet das Zauberwort „gegenseitiger Respekt".

Visualisierung

Schulunterricht soll zweifellos die Fähigkeit zum abstrakten Denken fördern. Aber wie es in der berühmten Formulierung von Kant heißt, sind „Begriffe ohne Anschauungen leer". Die Storyline-Methode legt großen Wert auf Anschaulichkeit. Die handelnden Figuren, ihre tägliche Umwelt, ihre Werkzeuge, die Produkte ihrer Arbeit – alles wird visualisiert und erhält damit eine wahrnehmbare Form. Aus der abstrakten Idee wird ein konkretes Produkt, das beobachtet, hinterfragt und verbessert werden kann. Aus diesem Prozess wiederum entwickelt sich die Fähigkeit zum Erkennen und logischen Denken.

Das Prinzip der Visualisierung beschränkt sich aber nicht allein auf die kreative Arbeit der Schüler. Auch beim Sammeln von Begriffen oder Ideen, beim Entwerfen eines Annoncentextes oder beim Erstellen von Übersichten wird möglichst viel visualisiert und damit zugleich dokumentiert. Es wird also ein weiterer Lernkanal angesprochen – Ohr *und* Auge. Gleichzeitig werden Arbeitsergebnisse für alle Schüler sichtbar festgehalten, so dass jederzeit wieder darauf zurückgegriffen werden kann. Zum Visualisieren gehört im weitesten Sinne auch das Mitschreiben der Schüler, das immer wieder geübt werden muss. Neben den für alle sichtbaren visualisierten Arbeitsergebnissen sollten die Schüler auch die eigenen Texte in einer Mappe oder einem Ordner sammeln.

Medienkompetenz fördern

Durch den Einsatz möglichst verschiedener visueller Medien erwerben die Schüler die heute oftmals eingeforderte „Medienkompetenz". Sie lernen z. B., mit unterschiedlichen Graden der Abstraktion (Symbol, Strichzeichnung, Foto) umzugehen.

Als Medien der Visualisierung können z. B. eingesetzt werden:

- Flip-Chart
- Pinnwand
- Zeichnungen
- Statistiken
- Folien
- Fotos (auch auf CD-ROM)
- Videosequenzen usw.

Das Visualisieren hat insbesondere den Vorteil, dass es neutraler ist als die gesprochene Sprache, die immer eine Vielzahl von Interpretationen zulässt. Die intersubjektive Verständigung über visualisierte Inhalte fällt dagegen leichter, weil sich die Schüler eher darauf einigen können, was in einem Bild dargestellt ist.

Die wichtigsten Übersichten, Modelle und bildlichen Darstellungen (z. B. ein Wandfries) werden für die Dauer der Storyline im Klassenraum ausgestellt. Das hat zum einen den Vorteil, dass die Schüler gleichsam automatisch in den Fortgang der Unterrichtseinheit eingebunden sind und sich nicht jedes Mal mühsam erinnern müssen, was in der letzten Stunde geschehen ist. Zum anderen werden Besucher des Klassenzimmers, z. B. Eltern, Lehrerkollegen oder Schüler aus anderen Klassen, schnell aufmerksam und befragen die Kinder, die dann bereitwillig und stolz Auskunft geben. Schließlich ist es *ihr* Vorhaben, das hier dokumentiert wird.

Vom Lehren zum Lernen

Schüler erschließen sich aktiv neue Sinnzusammenhänge

Kommen wir zum Schluss noch einmal auf das eingangs erwähnte narrative Prinzip zurück. Das Arbeiten an einer gemeinsam fortentwickelten Geschichte steht im Mittelpunkt des Unterrichts nach der Storyline-Methode. Diese Story liefert eine klare, plausible und für die Schüler bedeutungsvolle Struktur. Die Struktur wiederum entfaltet sich im Handeln der Schüler. Der Unterricht folgt damit dem Vorgehen, wie wir es aus der wissenschaftlichen Forschung kennen:

- Ausgangspunkt ist das bekannte Wissen.
- Es werden Fragen formuliert, für die es noch keine befriedigenden Antworten gibt.
- Hypothesen werden gebildet (Entwurf eines gedanklichen oder konkreten Modells).
- Das Modell wird mit den Messungen und Beobachtungen aus dem Forschungsprozess verglichen.
- Aufgrund der dabei auftretenden Differenzen wird das Modell den Forschungsergebnissen angepasst.
- Der gesamte Forschungsprozess wird noch einmal kritisch betrachtet.
- Ggf. müssen neue Fragen aufgeworfen werden.

Erfolgreich ist diese Art des Unterrichtens vor allem dann, wenn die Schüler dabei zugleich lernen, solche Struktur schaffenden Fragen in ihrem alltäglichen Leben selbst zu stellen. Statt passiv zu rezipieren, erschließen sich die Schüler aktiv neue Sinnzusammenhänge. Damit nähern sie sich dem wichtigsten Lernziel der Schule: zu lernen, wie man lernt und eine positive Lernhaltung zu entwickeln!

Zugleich machen die Schüler die Erfahrung, dass sie lernen, indem sie ihr Wissen mit anderen teilen. In der populärwissenschaftlichen Literatur wird dies gelegentlich mit der nebenstehenden Abbildung verdeutlicht. Danach lernen Menschen durch Zuhören oder Lesen relativ wenig, durch eigenes Handeln, insbesondere durch Unterrichten, deutlich mehr. Auch wenn die hier genannten Prozentangaben strengen empirischen Maßstäben nicht standhalten sollten, so deckt sich die Kernaussage doch mit der alltäglichen Erfahrung, dass man etwas dann besonders gut versteht, wenn man sich bemüht, es anderen beizubringen. Genau dies passiert beim Arbeiten mit der Storyline immer wieder. Das, was die Schüler allein oder in der Kleingruppe herausgefunden haben, das wollen sie anderen Schülern oder der ganzen Klasse berichten, wollen ihre Entdeckungen und Erfindungen präsentieren. Damit gelangen sie zu einer tieferen Durchdringung des Unterrichtsstoffs und festigen ihren Lernerfolg.

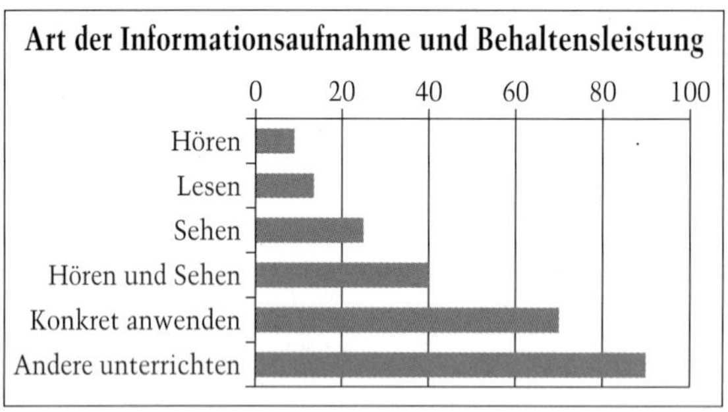

„Unterrichten ist eine ganz hervorragende Art zu lernen“,
Jerome Bruner

> Es gibt eine schöne Geschichte über einen ausgezeichneten Hochschullehrer für Physik. Er berichtete, wie er eine höhere Klasse mit der Quantenmechanik bekannt gemacht hat: „Ich ging die Theorie einmal durch, und wie ich aufschaute, sah ich nur verdutzte Gesichter in der Klasse – sie hatten offenbar nicht verstanden. Ich ging die Theorie zum zweitenmal durch und sie verstanden sie noch immer nicht. Und so ging ich sie zum drittenmal durch, und diesmal verstand ich die Theorie." (Bruner 1980, S. 95)

Eine Verbesserung der Behaltensleistung beim aktiven Lernen ergibt sich darüber hinaus aus dem Storyline-Prinzip, möglichst realistische, der Lebenswelt der Schüler entnommene Themen zu bearbeiten. Frederic Vester bemerkte hierzu in seinen 13 Regeln aus der Lernbiologie schon 1978, S. 141: „Lernstoff, dessen Nutzanwendung weder aus seiner Beziehung zur Wirklichkeit noch aus vorhergehenden Lerninhalten einsehbar ist, wird bereits schlecht im Gedächtnis verankert. Zum anderen ist er später wertlos, da er isoliert gespeichert und für weitere Gedankenverbindungen dann nicht verfügbar ist." Menschen lernen gut, wenn etwas sie interessiert. Und sie interessieren sich für das, was für sie von Bedeutung oder Nutzen ist.

Die uralte Vorstellung, man könne andere Menschen belehren, die im letzten Jahrhundert durch die Behavioristen noch einmal aufgewärmt wurde, hat sich als unbrauchbar erwiesen. Bessere Ergebnisse werden in einem Unterricht erzielt, der davon ausgeht, dass Lernen ein aktives Handeln ist. „Die Kunst des Lehrens hat wenig mit der Übertragung von Wissen zu tun, ihr grundlegendes Ziel muss darin bestehen, die Kunst des Lernens auszubilden", schreibt Ernst von Glasersfeld, einer der Begründer des Konstruktivismus. Aber schon Adolf Diesterweg hatte die Lehrenden gemahnt: „Was der Mensch sich nicht selbsttätig angeeignet hat, hat er gar nicht; wozu er sich selbst nicht gebildet hat, ist gar nicht in, sondern ganz außer ihm." Diese Einsicht, die auch von der heutigen Neurobiologie unterstützt wird, bricht sich immer mehr Bahn. Nicht das Lehren steht im Zentrum des Unterrichts, sondern das Lernen. Die Lehrerin ist nach diesem Verständnis nicht Be-Lehrerin, sondern Arrangeurin von Lernprozessen. Sie erleichtert das aktive Lernen, indem sie die Rahmenbedingungen schafft. Sie regt die Schüler zum Denken und Handeln an, sie ermutigt, beobachtet, nimmt Stellung, gibt Rückmeldung. Indem sie gemeinsam mit den Schülern an der selbstständigen Aneignung des Unterrichtsstoffs arbeitet, wird sie selbst zur Lernenden. Darüber hinaus wird das Lernen selbst Gegenstand des Unterrichts. Wenn beide – Lehrerin und Schüler – wissen und erfahren haben, wie Lernen funktioniert, dann ist der Schritt vom Lehren zum Lernen geschafft.

die Kunst des Lernens lernen

„Tell me and I forget, teach me and I remember, involve me and I learn."

Benjamin Franklin

4. Kapitel Erfindung einer Storyline

Am Anfang steht die Idee. Es kann sich um eine Story aus einem Buch handeln, aus einer Fernsehsendung oder aus dem Lehrplan (wenn man ihn mit offenen Augen liest). Es kann auch ein Thema sein, das bei den Schülern voraussichtlich auf Interesse stoßen wird und zu dem es noch keine Erzählung gibt. Diese entsteht dann während der Planung der Unterrichtseinheit Schritt für Schritt. Auch wenn am Ende keine Geschichte steht, die wie ein Buch vorgelesen werden könnte, so werden die Schüler doch das Gefühl haben, eine Geschichte erlebt zu haben. Eine gute Story fesselt den Leser, weil sie den Blick auf etwas Neues oder Unbekanntes öffnet, weil sie bedeutungsvolle Zusammenhänge erschließt und weil sie den Adressaten emotional anspricht. Sie lässt uns etwas verstehen, was wir vorher so nicht wussten. Ähnlich soll auch der Unterricht nach der Storyline-Methode die Schüler fesseln. Die Schüler müssen also etwas Neues erfahren oder entdecken können, das für sie Sinn macht und sie gefühlsmäßig anspricht. Nicht immer haben wir eine Geschichte in Form eines geeigneten Buches vorliegen. Dann erfinden wir die Story eben selbst.

„Der neue Spielplatz“

1. Schritt: Die Idee

Nehmen wir als Ausgangspunkt den Lehrplan für die 1. und 2. Klasse.

Lernziele auswählen

In unterschiedlichen Formulierungen, aber inhaltlich mit großen Überschneidungen, enthalten die Lehrpläne der Länder für diese Klassenstufen Lernziele wie

- die Regeln des Zusammenlebens in der Gemeinschaft kennen.
- mit Wohnumgebung und Heimatort vertraut werden.
- öffentliche Einrichtungen nutzen.
- sich sicher im Verkehr bewegen können.

Themen zuordnen

Zu diesen Lernzielen lassen sich zahlreiche Themen denken wie

- Wohnumgebung, Wohnungsbau, Kinderzimmer, Schule und Schulweg.
- Kommunikation und Verkehr im städtischen/ländlichen Raum.
- Freizeitgestaltung usw.

Storylines überlegen

Jedes dieser Themen ließe sich zu einer Unterrichtsreihe nach der Storyline-Methode ausarbeiten. Die Titel könnten lauten:

- der sichere Schulweg
- Gründung einer Schulbuslinie, mit der Schüler gerne unterwegs sind.
- Planung eines Hauses, in dem Kinder und Erwachsene sich gegenseitig nicht stören.
- geeignete Freizeitstätten für Kinder.

Wie wäre es mit dem zuletzt genannten Thema? Würde es nicht Spaß machen, gemeinsam mit den Schülern einen Spielplatz zu planen, der sich von dem üblichen Standardangebot unterscheidet – einen Ort zu schaffen, an dem Kinder die Zeit vergessen? Ist die Entscheidung für das Thema gefallen, folgt die Frage: Was für polare Gegensätze könnten der zu erfindenden Geschichte Dynamik verleihen? Es werden so viele Begriffspaare gesammelt, wie einem einfallen, z. B. Lust/Angst, Planung/Zufall, Arbeit/Spiel, Spaß/Ernst, Sicherheit/Gefahr, Langeweile/Abenteuer, Ordnung/Chaos. Aus jedem dieser Begriffsgegensätze kann ein Grundkonflikt formuliert werden, der im Unterricht – vielleicht unausgesprochen – bei vielen Schüleraktivitäten eine Rolle spielen wird: beim Entwerfen von Spielgeräten, beim Aufstellen von Regeln, bei der Frage nach der Unfallvermeidung usw. Der Aufbau einer solchen Unterrichtseinheit wird im Folgenden am Beispiel der von Steve Bell entwickelten Storyline *Planung eines Spielplatzes* vorgestellt.

Begriffe sammeln

2. Schritt: Die inhaltliche Vorbereitung

Material sammeln

Sie müssen keine Expertin für die Planung von Spielplätzen sein, um eine Storyline zu diesem Thema zu erfinden, aber gewisse Grundkenntnisse erleichtern das Arbeiten. Am besten legen Sie sich eine Hängemappe an, in die zunächst einmal ungeordnet alles hineinkommt, was Ihnen zu dem Thema begegnet. Das können Artikel aus einem Fachmagazin sein, ein Buch aus der Leihbücherei oder eine Notiz in der Tagespresse über einen Unfall auf dem Spielplatz. Sie werden bald merken, dass Sie ohne großes Suchen auf viele Materialien stoßen, sobald Sie ein Thema ausgewählt haben. Dafür sorgt Ihre selektive Wahrnehmung. So können Sie ohne großen archivarischen Aufwand Materialien zu einer Reihe von Themen sammeln, die Sie vielleicht einmal benötigen.
Wenn Sie dann an die konkrete Vorbereitung gehen, ist Systematik geboten. Vor allem beim Erfinden einer logischen Abfolge von Episoden und bei der Formulierung von Schlüsselfragen benötigen Sie fachliche Informationen. Manchmal liefern Lexika Grundinformationen, Bibliothekskataloge erschließen Ihnen die Fachliteratur und das Internet versorgt Sie mit einer Fülle von Informationen höchst unterschiedlicher Qualität. Im Sommer 2002 verzeichnete die Suchmaschine Google zu den Stichwörtern „Spielplätze – Planung" ca. 4600 Einträge. Da jeder ins Netz stellen kann, was er will, sind Ergebnisse von Internet-Recherchen immer mit Vorsicht zu genießen. Aber zum ersten Einstieg eignet sich das Medium allemal. Die Vorbereitung sollte zu Beginn nicht zu tief gehen. Wichtig ist ein Überblick, der es Ihnen ermöglicht, den Ablauf der Storyline zu konstruieren. Wenn Sie später bei der Feinplanung merken, dass zusätzliche Informationen erforderlich sind, die die Schüler sich nicht selbst beschaffen können, ist immer noch Zeit zum vertieften Suchen.

3. Schritt: Der Aufhänger

Einleitung überlegen

Aufhänger für die Storyline kann ein Dokument sein, z. B. ein Zeitungsartikel, in dem berichtet wird, dass ein Spielplatz abgebaut wird, weil die Kinder dort nicht mehr spielen wollen. Vielleicht motiviert die an die Tafel geschriebene reißerische Überschrift „Tragischer Unfall. Kind langweilt sich auf Spielplatz fast zu Tode."

Sie können auch die nebenstehende fiktive Anzeige nutzen, die Sie mit etwas Augenzwinkern in der Klasse verlesen. Ein anderer möglicher Aufhänger ist ein kurzer Bericht über ein Gespräch, das Sie auf einer Party mit einem Architekten, Kommunalpolitiker oder Stadtplaner geführt haben und in dem sie erfahren haben, dass die Fachleute dringend gute Ideen für einen neuen Spielplatz suchen. Würde es sich da nicht lohnen, dass sich die ganze Klasse Gedanken macht?

> **Neustadt, Der Bürgermeister:**
>
> **AUSSCHREIBUNG**
>
> Die Stadt Neustadt beabsichtigt, in der Fluss-Aue einen neuen Spielplatz zu bauen, der vor allem den Schülerinnen und Schülern der Städtischen Grundschule zugute kommen soll.
> Die in unserer Stadt vorhandenen Spielplätze werden leider nicht in dem erhofften Maße genutzt. Daher sind uns alle neuartigen Ideen willkommen. Wir bitten alle Bürgerinnen und Bürger, uns bei der Planung zu unterstützen. Die besten drei Vorschläge werden prämiert.
> Wenn Sie neue und interessante Vorschläge haben, wenden Sie sich bitte an
>
> Frau Dr. Ing. Sonja Weingart
> Stadtbauamt Neustadt
> Am Alten Weinberg 17, 65432 Neustadt

4. Schritt: Das Planungsraster

Grobraster erstellen

Wenn der Aufhänger gefunden ist, macht es Sinn, sich ein Blanko-Raster bereitzulegen, wie Sie es im Anhang (siehe Kap. 9) als Kopiervorlage finden. Am besten vergrößern Sie die Vorlage auf das Format DIN A3 quer, dann haben Sie ausreichend Platz zum Schreiben. Kopieren Sie sich ein paar dieser Seiten, die dann einen festen Platz auf Ihrem Schreibtisch haben sollten. Sie können natürlich auch gleich am PC eine Tabelle anlegen. Bequemer aber ist es, zunächst einen handschriftlichen Entwurf anzufertigen, in dem Sie schreiben, zeichnen, radieren und Bilder einkleben können und wo Sie mit einem Blick von einer Episode zur anderen wechseln können. Sie brauchen dann auch nicht jedes Mal den PC hochzufahren, wenn Ihnen kurz vor Mitternacht noch eine gute Idee kommt.

Zu Anfang wird das Planungsraster vielleicht erst einmal nur so aussehen:

Storyline (Ablauf)	Schlüsselfrage	Aktivitäten	Sozialform	Material	Lernziele/Ergebnisse
1. Der neue Spielplatz	Was ist eurer Meinung nach ein guter Spielplatz?	Die Schüler diskutieren in Tischgruppen und erstellen eine Liste mit Gegenständen und Eigenschaften eines guten Spielplatzes.		Schreibmaterial	selbstständiges Benennen wesentlicher Elemente eines Spielplatzes
		Jede Gruppe berichtet ihr Ergebnis der ganzen Klasse.		Tafel	
		Alternative: Die „Ausschreibung" vorlesen und als Einstieg benutzen.			

Storyline (Ablauf)	Schlüsselfrage	Aktivitäten	Sozialform	Material	Lernziele/Ergebnisse
2. Spielgeräte	Welches sind die interessantesten Spielgeräte?	Die Schüler benennen ihre Lieblingsspielgeräte und schreiben eine Liste.			
3. Sonstiges	Untergrund Wetterschutz ...				

Es kommt zu Beginn nicht darauf an, alle Felder vollständig auszufüllen.

5. Schritt: Die Reihenfolge der Episoden

Episoden überlegen

Sie kennen das Thema, und Sie haben einen methodischen Einstieg. Nun geht es darum, eine Story, eine Abfolge von Episoden festzulegen. Es müssen Unterthemen zu dem Hauptthema sein, die eine Vielzahl von Aktionen der Schüler ermöglichen. Bei der Stoffsammlung wird Ihnen sicher auch schon die eine oder andere Schlüsselfrage einfallen. Die Reihenfolge der Episoden ist zu Anfang noch nicht so bedeutsam. Wichtiger ist, dass die Schüler zu den einzelnen Themen Ideen oder Kenntnisse einbringen können, dass sinnvolle Aktivitäten möglich sind und die vorab festgelegten Lernziele erreichbar werden.

Ihre Sammlung sieht vielleicht so aus:

- Spielgeräte:

  Schaukeln, Kletterbaum, eine „Burg" aus Holz, Wippe, Karussell, Drahtseil zum Balancieren, Indianerzelt, Labyrinth, Höhle ...

  Mögliche Ziele: Schüler sollen Ideen entwickeln und ihre eigenen Wünsche und Erfahrungen einbringen

- Bau eines Modells:

  Auswahl der Geräte, technische Realisierbarkeit, Größenordnungen

  Mögliche Ziele: Messen und Schätzen, Kooperation in der Gruppe, logisches Denken, Entwicklung realistischer Ideen, Übung des Handgeschicks, Sinn für Ästhetik entwickeln

- Beschaffenheit:

  Was gehört noch zu einem Spielplatz?
  Untergrund, Wetterfestigkeit, Unfallsicherheit, Aufenthaltsbereich

  Mögliche Ziele: realistisch planen, ein Thema weiter denken, Probleme erkennen und lösen

- Beteiligte Personen:

  Wer sind Nutzer, Konstrukteure, Betreuer usw.?

  Mögliche Ziele: sich in jemand anderen hineinversetzen, plausible Zusammenhänge erkennen und beschreiben

- Kostenkalkulation:

  Was kostet der Bau, woher kommt das Geld?

  Mögliche Ziele: Übung der Grundrechenarten, Sachrechnen

- Abläufe:

  Regeln, Öffnungszeiten, Reparaturen, Wetter

  Mögliche Ziele: problemlösendes Denken üben, konkrete Auswirkungen und ungewollte Nebenwirkungen eigener Ideen einkalkulieren

– Vorkommnisse:	Vorkehrungen für überraschende Ereignisse treffen Mögliche Ziele: Denken in Alternativen, Unvorhergesehenes einplanen, Anweisungen formulieren
– Vergleich mit der Realität:	Wie laufen Planung und Bau normalerweise ab? Mögliche Ziele: Fragenkatalog zusammenstellen, eigene Ideen verständlich präsentieren, gezielt Erkundungen vornehmen, eigene Ideen mit realistischen Lösungen vergleichen und bewerten, mit Kritik konstruktiv umgehen

Wenn Sie die Ziele betrachten, die hier zunächst fragmentarisch aufgeschrieben sind, werden Sie feststellen, dass viele davon in den Lehrplänen zu finden sind. Sie können weiter erkennen, dass alle Stufen der kognitiven Lernziele angesprochen werden: Wissen, Verstehen, Anwenden, Analyse, Synthese und Evaluation. Neben Lernzielen des kognitiven Bereichs werden auch solche des affektiven und psychomotorischen Bereichs berücksichtigt. In der Terminologie von Howard Gardener ließe sich sagen: Es werden verschiedene Intelligenzen, über die Menschen verfügen, gefordert und gefördert.

6. Schritt: Eintragen der Episoden in das Planungsraster

Ablauf erstellen

Sie gehen die einzelnen Episoden in Gedanken durch und tragen die Überschriften in das Planungsraster ein, das Sie im 5. Schritt erstellt haben. Das Ergebnis sieht vielleicht so aus:

Storyline (Ablauf)	Schlüsselfrage	Aktivitäten	Sozial-form	Material	Lernziele/Ergebnisse
1. Die Ausschreibung (als Aufhänger)		Schüler diskutieren den Text und fragen nach.		„Anzeige"	
2. Die einzelnen Spielgeräte		Bau von Modellen			
3. Beschaffenheit des Spielplatzes		Lage, Untergrund etc. festlegen			
4. Die Personen, die den Spielplatz nutzen oder dort arbeiten					
5. Was passiert, wenn der Spielplatz in Betrieb geht					
6. Kosten und Nutzen (evtl. auslassen)					
7. Besondere Vorkommnisse, Vorkehrungen für Notfälle					
8. Abschluss: Gespräch mit einem Planungsexperten oder Präsentation auf dem Elternabend					

Sie haben jetzt einen Überblick über den Ablauf. Die Grobplanung ist damit beendet. Beim Formulieren der einzelnen Episoden fallen Ihnen sicher auch schon mögliche Schüleraktivitäten, geeignete Materialien oder Schlüsselfragen ein. Notieren Sie alles für die spätere Feinplanung.

7. Schritt: Die Feinplanung

Schlüsselfragen formulieren

Jetzt gehen Sie ins Detail und füllen die anderen Spalten des Planungsrasters. Zunächst brauchen Sie gute Schlüsselfragen. Aus diesen ergeben sich die Aktivitäten der Schüler, durch die letztlich die Lernziele erreicht werden sollen. Auf die Formulierung der Schlüsselfragen ist daher viel Wert zu legen. Die folgenden Überlegungen helfen Ihnen dabei, zu Schlüsselfragen zu gelangen:

- Was sollen die Schüler konkret tun, um die angestrebten Lernziele zu erreichen?
  (Wenn die Schüler das Modell eines Spielgeräts entwerfen sollen, könnte die Schlüsselfrage heißen: „Wie sollte eurer Meinung nach das Gerät genau aussehen?")
- Wie möchte ich die nächste Episode einleiten?
  (Wenn die Entwürfe für die Spielgeräte fertig sind, könnten Sie fragen: „Wenn der Kletterbaum so hoch ist, wie muss dann der Boden beschaffen sein, damit die Kinder sich beim Runterfallen nicht zu sehr weh tun?")
- An welche Erfahrungen und Vorkenntnisse der Schüler kann ich anknüpfen?
  („Welche Spielgeräte kennt ihr? Welche machen am meisten Spaß?")
- Wie kann ich die Kreativität und das logische Denken der Schüler am besten fördern?
  („Wie könntet ihr verhindern, dass der Spielplatz von Hunden verschmutzt wird?")
- Sind meine Schlüsselfragen Fragen niederer oder höherer Ordnung? (siehe Kapitel 3).

Immer wenn Sie eine Schlüsselfrage formuliert haben, notieren Sie die dazu passenden Schüleraktivitäten und die erwünschten Lernergebnisse. So behalten Sie das Ziel des Unterrichts immer im Auge. Überlegen Sie dann, welche Sozialform sich für die geplanten Aktivitäten und für die Lernziele anbietet.

- Wenn die Schüler *einzeln* arbeiten, haben Sie die Chance, dem einen oder anderen über die Schulter zu sehen und gezielt fördernd einzugreifen. Außerdem können Sie die Einzelleistungen besser beurteilen.
- *Partnerarbeit* bietet sich vor allem an, wenn neue Fertigkeiten geübt werden sollen. Hier kann das sehr wirksame Prinzip „Lernen durch Lehren" zur Anwendung kommen. Was ein Schüler einem anderen erklärt hat, „sitzt" besser als Stoff, der nur passiv aufgenommen wurde.

- Für die *Gruppenarbeit* eignen sich alle Aktivitäten, die arbeitsteilig besser zu bewerkstelligen sind als allein. Hier können auch emotionale Lernziele eingeplant werden, denn es findet ständig soziales Lernen statt.
- Zwischendurch ist es notwendig, immer wieder einmal die *ganze Klasse* anzusprechen. Diese Phasen des Unterrichtsgesprächs dienen dazu, die Schlüsselfragen für alle zu erklären, Arbeitsaufträge zu präzisieren, eine neue Episode einzuleiten, beim Brainstorming möglichst viele Ideen zu sammeln und den roten Faden der Storyline weiterzuspinnen.

Materialübersicht erstellen

Als letzte Spalte füllen Sie die Rubrik „Material" aus. Das klingt ein bisschen nach einer Pflichtaufgabe, macht sich aber mehrfach bezahlt. Zum einen fällt beim Ausfüllen manchmal auf, dass die Aktivitäten nicht konkret genug beschrieben sind. Das kann dann im Vorwege entsprechend korrigiert werden. Zum anderen erleichtert die vollständige Materialübersicht die tägliche Unterrichtsplanung ungemein. Ein Blick auf die Übersicht – und Sie wissen, was Sie für den nächsten Tag/die nächste Woche noch besorgen oder von den Schülern mitbringen lassen müssen. So vermeiden Sie auch die peinliche Situation, dass alles hervorragend vorbereitet ist und ausgerechnet der Pappkarton in einer bestimmten Größe fehlt, der für ein Modell benötigt wird.

Nachdem Sie alles eingetragen haben, sieht das Planungsraster dann möglicherweise so aus:

Storyline (Ablauf)	Schlüsselfrage	Aktivitäten	Sozialform	Material	Lernziele/Ergebnisse
1. Der Spielplatz	Was gehört eurer Meinung nach zu einem guten Spielplatz?	Die Schüler diskutieren in Tischgruppen und erstellen eine Liste mit Gegenständen und Eigenschaften eines guten Spielplatzes.	Tischgruppe	Schreibmaterial	selbstständiges Benennen wesentlicher Elemente eines Spielplatzes
		Jede Gruppe berichtet ihr Ergebnis der ganzen Klasse.	Klasse	Tafel	Zuhören, vor der Gruppe sprechen
2. Spielgeräte	Welche Spielgeräte findet ihr am besten?	Die Schüler benennen ihre Lieblingsspielgeräte und schreiben eine Liste, z. B. Schaukel, Wippe, Rutsche, Klettergerüst usw.	Gruppe	Schreibmaterial	Einbringen und Benennen der eigenen Erfahrungen, Schreiben einer Liste
	Welche Geräte könnte man bauen, die das Spielen aufregender machen würden?	Die Schüler überlegen, welche weiteren Geräte sie gerne auf einem Spielplatz hätten.	Gruppe		
		Jede Gruppe berichtet über ihre Ergebnisse. Die Lehrerin schreibt mit.	Klasse	Tafel	
	Welche Spielgeräte würdet Ihr gerne als Modell bauen?	Jeweils 3 bis 4 Schüler suchen sich ein Gerät aus, das sie als dreidimensionales Modell konstruieren wollen.	Gruppe		mit anderen Schülern kooperieren

Wenn den Schülern zu der Frage nach weiteren, neuartigen Spielgeräten nichts einfällt, können Sie weiterfragen, z. B.: Was macht euch besonderen Spaß, wenn ihr draußen spielt? Wer von euch kann besonders gut klettern, balancieren, hangeln, rückwärts laufen usw.? Woran ließe sich das gut üben? Wer hat schon mal gesehen, wie ein Schaufelrad durch Wasser angetrieben wird? Aus den Antworten lassen sich dann Spielplatzgeräte entwickeln wie

- ein Schiff mit hohem Mast und Takelage
- ein Balancierseil (zur Sicherheit nur 30 cm über dem Boden)
- eine Hängebrücke
- ein Bach mit Wassermühle und Schleusen.

Wichtig ist, dann zunächst einen Maßstab festzulegen, damit die Geräte miteinander vergleichbar sind. Die einzelnen Modelle sollten nicht zu klein sein. Die Lehrerin kann z. B. eine Modellpuppe von ca. 12 cm Höhe mitbringen.

zu 2.	Wenn dies ein Kind ist, wie groß ist dann etwa ein Erwachsener?	Die Schüler vergleichen ihre Größe mit der der Lehrerin und ermitteln die ungefähre Größe von Erwachsenen für ihr Modell.	Klasse	(Modell-) Puppe	Größenverhältnisse schätzen
	Wie sieht euer Spielgerät aus und wie funktioniert es?	Die Schüler bauen je Gruppe ein dreidimensionales Modell. Die Lehrerin geht von Gruppe zu Gruppe und stellt Fragen z. B. zu Funktion, Stabilität, Material, Verletzungsgefahr, Eignung für Kleinkinder usw.	Gruppe	Restmaterialien, Kartons, Pappe, Stöcke, Strohhalme, Draht, Scheren, Leim usw.	Handgeschick, stabile Verbindungen herstellen, ein ästhetisch überzeugendes Ergebnis liefern, sich in der Gruppe einigen, arbeitsteilig arbeiten

Vielleicht möchten Sie gerade in dieser Phase die Kreativität und die Fähigkeit zum problemlösenden Denken besonders fördern. Wenn Sie dann bemerken, dass die Schüler nur das nachbauen, was sie kennen, ohne sich Gedanken über Funktionalität und Nutzen zu machen, ist es förderlich, den Gruppen weitere Schlüsselfragen zu stellen:

- Was ist der Vorteil/Nachteil, wenn ihr die Schaukel nicht an Seilen, sondern an Ketten aufhängt oder an festen Stangen?
- Wie kann man von einem Turm des Klettergerüsts zum anderen kommen, ohne eine Brücke zu konstruieren oder hinabsteigen zu müssen? (Rutsche, Seil als Liane)
- Worauf müsst ihr beim Bau einer Höhle besonders achten? (Einsturz-/Flutungsgefahr)
- Wenn ihr einen flachen Badeteich plant, welche Geräte könntet ihr ergänzen, damit sich die Kinder im Sommer nass spritzen können? (Handpumpe, Dusche, Schlauch)
- Wie kann man für den Badeteich zusätzliche Spielmöglichkeiten schaffen? (Abfluss mit Gefälle, Mühlrad, Slalomstrecke für Modellschiffe)

Die Schüler werden sicher auf andere Ideen kommen als die hier genannten. Wichtig ist, dass die Schüler ihre Überlegungen begründen können und realistische Vorstellungen über die praktische Umsetzung entwickeln.
Wenn die einzelnen Modelle fertig sind, werden sie von allen gemeinsam begutachtet.

noch zu 2.	Worauf habt ihr bei der Konstruktion besonders geachtet? Was habt ihr getan, damit euer Spielgerät aufregend und doch sicher ist?	Am Ende werden die einzelnen Geräte zu einem Spielplatzmodell zusammengestellt (z. B. auf zwei zusammengeschobenen Tischen). Jede Gruppe erklärt ihr Spielgerät. Die anderen Schüler fragen nach. Die Schüler erläutern z. B., warum die Rutsche eine bestimmte Neigung braucht, dass die Oberfläche glatt sein muss, wie die Kinder die Fahrt bremsen können usw.	Klasse		nachvollziehbare Begründungen und Erklärungen liefern

Nicht nur die Schüler, sondern auch die Lehrerin sollte gezielt nachfragen: Wie hält man sich am Karussell fest, wenn es sich schnell dreht? Ist das Klettergerüst ausreichend stabil, wenn mehrere darauf herumturnen? Wie wird der Aufschlag der Wippe gebremst usw.

Physikalische Gesetzmäßigkeiten wie Reibung, Zentrifugalkraft, Schwerkraft können hier eingeführt werden, z. B. mit der Frage, wie sich die Geschwindigkeiten nahe am Mittelpunkt eines Karussells und am äußeren Rand unterscheiden.

Storyline (Ablauf)	**Schlüsselfrage**	**Aktivitäten**	**Sozialform**	**Material**	**Lernziele/Ergebnisse**
3. Beschaffenheit	Was gehört noch zu einem guten Spielplatz? Wie sollte er beschaffen sein, damit diese Modelle gut verwendet werden können?	Die Schüler überlegen und machen begründete Vorschläge, z. B. – Rasen säen, damit man sich beim Hinfallen nicht wehtut – Sitzgelegenheiten – Schutzhäuschen – Teich für Modellschiffe – Hinweisschilder – Wege usw. Die Lehrerin schreibt mit.	Klasse	Tafel	die eigenen Ideen in einen größeren Zusammenhang setzen, logische Schlussfolgerungen ziehen, plausible Ideen zur Problemlösung entwickeln
	Was davon möchtet ihr zu dem Modell hinzufügen?	Die Schüler bauen in kleinen Gruppen den Untergrund für die Spielgeräte, Schutzhütte, Sportgeräte usw. Anschließend werden die zuvor gebauten Spielgeräte installiert.	Gruppe	Stoffreste, Buntpapier, Steine, Holz, Leim usw.	

Storyline (Ablauf)	Schlüsselfrage	Aktivitäten	Sozialform	Material	Lernziele/Ergebnisse
4. Die Menschen	Wer spielt auf dem Spielplatz? Wer kümmert sich darum, dass alles heil bleibt?	Es wird eine Liste der Personen geschrieben: Kinder, Erzieherinnen, Gärtner, Handwerker, Eltern ...	Klasse		
	Wie sehen die Menschen aus?	Die Lehrerin zeigt, wie man mit einfachen Mitteln eine kleine Figur herstellt (vgl. Kapitel 3, S. 88: Figuren in Collagetechnik). Jeder Schüler sucht sich eine Person aus und fertigt eine entsprechende Figur.	einzeln	Papier, Stoff- und Wollreste, Scheren, Leim, Buntstifte	sich in eine Person hineinversetzen, Handgeschick, zeichnen, Größenverhältnisse schätzen
	Wie ist ihr bisheriges Leben verlaufen?	Jeder Schüler schreibt für seine Figur einen Lebenslauf mit Angabe von Name, Alter, Adresse, Hobbys, Persönlichkeit, besonderen Merkmalen, Familienmitgliedern, Beruf usw. Die Figuren werden in der Klasse vorgestellt.	einzeln Klasse		richtig und verständlich schreiben, plausible Zusammenhänge beschreiben, vor der Klasse auftreten
5. Benutzung des Spielplatzes	Welche Öffnungszeiten schlagt ihr vor? Sollen sie das ganze Jahr über gelten?	In Tischgruppen werden Vorschläge für Öffnungszeiten entwickelt, begründet und in die Klasse eingebracht.	Gruppe Klasse	Schreibzeug	Entwicklung kreativer und nachvollziehbarer Lösungen für unterschiedliche Probleme
	Wer soll dort spielen dürfen?	Die Schüler suchen Kriterien und Gründe für Zugangsbeschränkungen (z. B. Alter, ansteckende Krankheit, Vandalismus). Sie entwickeln Ideen, wie die Beschränkungen umgesetzt werden können.	Gruppe Klasse		
	Wie wirkt sich das Wetter auf die Benutzung des Spielplatzes aus?	Die Schüler überlegen, ob es Einschränkungen für die Nutzung bei Sonne, Regen, Schnee, Sturm geben sollte.	Gruppe Klasse		
6. Vorkommnisse	Welche Vorkommnisse kann es geben – erfreuliche oder traurige?	In Kleingruppen betrachten die Schüler noch einmal sehr genau eines der Spielgeräte, das sie selbst nicht gebaut haben und benennen mögliche Ereignisse wie Unfall eines Kindes, Gerät muss repariert werden, Wolkenbruch mit Hagel, weinendes Kleinkind ohne Mutter, Vandalismus durch ältere Jugendliche usw.	Gruppe		Je nach Thema und angewandter Methode ist das Erreichen unterschiedlicher Lernziele möglich. Besonders gut lassen sich hier Lernziele des affektiven Bereichs einplanen.

Aktivitäten auswählen

Für die Bearbeitung dieser Vorkommnisse gibt es eine Vielzahl von Aktivitäten: das Schreiben eines Aufsatzes, Durchführung von Interviews, Verfassen eines Beitrags für die Lokalzeitung, Rollenspiele, Erste-Hilfe-Training, Aufschreiben einer Reparaturanleitung usw. Am Beispiel eines Unfalls kann die Frage der Verantwortung für eigenes Handeln erörtert werden: Wer haftet für die Folgen, trägt also die Krankenhauskosten oder nimmt die Reparatur des Gerätes vor?

Storyline (Ablauf)	Schlüsselfrage	Aktivitäten	Sozialform	Material	Lernziele/Ergebnisse
7. Abschluss	Wie würde ein gutes Programm für die Eröffnung des Spielplatzes aussehen?	Die Schüler entwickeln in Tischgruppen Vorschläge für die Präsentation ihrer Ideen und ihres Modells, z. B. auf einem Elternabend oder wenn ein Experte für Spielplatzbau zu Besuch kommt.	Gruppe	Schreibmaterial	ein soziales Ereignis gedanklich vorweg nehmen und planen
	Was haben wir in dieser Unterrichtseinheit gelernt?	Die Schüler benennen ihre Lernerfolge und ihre neuen Kenntnisse, die Lehrerin gibt ihrerseits Feedback.	Klasse		
	Wo wussten wir manchmal nicht weiter? Was möchten wir unbedingt noch wissen?	Wenn es gelingt, einen Experten (Architekt, Mitarbeiter der Baubehörde, Garten- und Landschaftsplaner) zu gewinnen, gibt dieser Rückmeldung zu den Modellen und wird seinerseits von den Schülern befragt.	Klasse		Fragen für ein Interview entwerfen, die eigenen Modellvorstellungen vor dem Hintergrund üblicher Vorgehensweisen in Frage stellen

8. Schritt: die Durchführung

Mit dem fertigen Planungsraster haben Sie eine solide Grundlage für den Unterricht. Sie brauchen nun nicht von Stunde zu Stunde neu zu planen, sondern sehen mit einem Blick, wo Sie stehen und fortfahren können. Aber reicht diese relativ grobe Übersicht aus? Wenn Sie zum ersten Mal nach der Storyline-Methode unterrichten wollen, wahrscheinlich nicht. Das Planungsraster ist ein Rohentwurf, an dem Sie sich orientieren können. Dieser Entwurf muss nun aber mit Leben gefüllt werden. Wie bei jeder Unterrichtsmethode ist das, was in der schriftlichen Vorbereitung steht, nicht das, was im Unterricht geschieht. Erst durch die Erfahrung der Lehrerin, durch ihre Expertise und ihre Persönlichkeit gewinnt der Entwurf an Leben. Um dem Planungsschema dieses Leben einzuhauchen, sollten Sie sich im Vorwege genau vorstellen, was in der konkreten Unterrichtssituation geschieht. Das funktioniert am besten, wenn Sie dabei eine bestimmte Klasse vor Augen haben.

Lernvoraussetzungen berücksichtigen

- Wie werden die Schüler wohl auf die erste Schlüsselfrage reagieren?
- Mit welchen Worten wollen Sie die erste Aktivität einleiten?

- Was wird den Schülern Spaß machen?
- Was werden Sie tun, während die Schüler in Gruppen arbeiten?
- Wie können Sie unwillige Schüler vom Nutzen des Mitmachens überzeugen?

Zeitstruktur planen

Bevor Sie dann mit dem Unterricht beginnen, sollten Sie über die geeignete Zeitstruktur nachdenken:
- Wie viele Stunden wollen Sie insgesamt auf die Storyline verwenden?
- Welche Lernziele, die nicht durch die Storyline abgedeckt sind, müssen parallel verfolgt werden (z. B. das Üben der Grundrechenarten)?
- Wie lange können sich die Schüler wahrscheinlich auf ein Thema konzentrieren?
- Wie lange wird das Bauen der Modelle etwa dauern?
- Gibt es jemanden (Kollegin, Elternteil, Praktikant), der Sie bei der Durchführung unterstützen kann?

Von den Antworten hängt die zeitliche Planung ab. Es kann z. B. zweckmäßig sein, jede Woche zwei Vormittage für die Arbeit an der Storyline zu reservieren. Die Schüler stellen sich meistens schnell auf die neue Arbeitsweise ein. Die Stunden für Kunstunterricht und Sachunterricht können während dieser Zeit entfallen, da entsprechende Lernziele in die Storyline integriert sind. Auch Teile des sprachlichen und mathematischen Anfangsunterrichts lassen sich gut mit einer Storyline verbinden. Bei der Zeitplanung sind auch die Ferien zu berücksichtigen, da eine Unterrichtseinheit sich nach längeren Ferien nur schwer fortführen lässt. Daher sollte die Arbeit an der Storyline rechtzeitig vor den Ferien abgeschlossen werden.

„Das Sammeln von Dingen ist ein Teil der Alltagskultur der Schülerinnen und Schüler. Im Kunstunterricht kann die Sammelleidenschaft [...] aufgegriffen und in Lernprozesse eingebunden werden [...] Durch das Sammeln von Objekten der Welt ordnen die Schülerinnen und Schüler Dinge, die um sie herum existieren."

Richtlinien Kunst 2003, S. 5

Mit dem Sammeln der benötigten Materialien sollten Sie früh beginnen. Am besten stellen Sie in der Klasse große beschriftete Kartons für (leere) Zigarettenschachteln, Stoffreste, Wollreste und Konstruktionsmaterialien wie Draht, Pappe, Korken, Stöcke, Holzreste etc. auf. Wenn die Schüler sich daran gewöhnt haben, dass solche Materialien immer wieder einmal im Unterricht benötigt werden, bringen sie meist unaufgefordert Nachschub von zu Hause mit. So entsteht mit relativ geringem Aufwand eine brauchbare Materialbasis. Schreib- und Zeichenmaterial haben die Schüler ohnehin dabei. Werkzeuge und Materialien wie Scheren, Alleskleber, Schneidemaschine, große Papierbögen, Bunt- und Transparentpapier sollten von der Lehrerin aufbewahrt werden, bis sie benötigt werden.

Spannungsbogen erhalten

Schüler können sich sehr gut und lange konzentrieren, wenn etwas ihre Aufmerksamkeit wirklich fesselt. Das lässt sich unschwer am Beispiel der Computerspiele beobachten. Die Konzentration kann jedoch plötzlich sinken, wenn sich Aufgaben wiederholen oder der Sinn einer Aktivität nicht einsichtig ist. Daher muss während des Unterrichtens darauf geachtet werden, dass ein Spannungsbogen erhalten bleibt. Bevor eine Schüleraktivität in bloße Routine übergeht, sollten Sie zur nächsten Episode weitergehen.

Manche Aufgaben in Storylines stellen hohe Anforderungen an Einbildungskraft und logisches Denken der Schüler. Wenn Sie feststellen, dass Schüler beginnen, vor einer Herausforderung zu kapitulieren, sollten Sie den Schülern mit neuen konkreten Fragen und ergänzenden Informationen zur Seite stehen, vor allem aber mit Ermutigung und Feedback. Sie können Schlüsselfragen stellen, die eine neue Sichtweise eröffnen. Sie können einen Tipp geben, wie weitergearbeitet werden kann. Wichtig ist, dass dieser Tipp nur eine unter mehreren Möglichkeiten benennt, damit die Schüler einen Freiraum bei der konkreten Ausgestaltung der Idee behalten. Oft reicht es aber schon, wenn die Schüler merken, dass die Lehrerin die Ideen wertschätzt und die Anstrengung zu würdigen weiß.

Ermutigung und Feedback geben

Zuletzt, weil er gern vergessen wird, sei an den nötigen Humor erinnert. Das Leben ist oft grau und langweilig. Zuwendung und ein Quäntchen Humor machen vieles erträglicher, auch die Schule. Manchmal löst eine humorvolle Übertreibung bei den Schülern einen Gedankenblitz aus. Auf jeden Fall aber macht Unterricht, in dem gelacht werden darf, Schülern und Lehrerinnen mehr Spaß. Steve Bell – einer der Väter der Storyline-Methode – unterrichtete einmal ein biologisches Thema, während ein geachteter und gefürchteter Schulinspektor hospitierte. Der Besucher war, obwohl noch relativ jung an Jahren, vollkommen kahl. Im Unterricht ging es u. a. darum, dass Pflanzen Nährstoffe, Wasser, Licht usw. brauchen, um zu wachsen. Aus einer plötzlichen Eingebung heraus fragte Bell zur großen Belustigung der Schüler: „Glaubt ihr, die Pflanze würde auf dem Kopf des Inspektors wachsen?" Nach der Stunde entschuldigte sich Bell für diese laxe Bemerkung und erhielt die denkwürdige Antwort: „Wissen Sie, ich glaube in diesem Klassenzimmer ist heute mehr gelacht worden als in den vergangenen 50 Jahren. Das war bitter nötig."

Humor beisteuern

Was muss die Lehrerin können?

Wenn Sie Unterrichtsentwürfe nach der Storyline-Methode herstellen möchten, sollten Sie einiges an Kenntnissen, Fähigkeiten und Einstellungen mitbringen oder sich nach und nach aneignen. Die wichtigsten werden hier kurz genannt:

- Sie brauchen eine konkrete – möglichst bildhafte – Vorstellung, wie der Unterricht in der Praxis abläuft. Ideal wäre es, wenn Sie den Unterricht zum ersten Mal dann durchführen, wenn Sie die Methode in einer Fortbildung kennen gelernt haben, in der Sie selbst in der Schülerrolle waren.
- Sie sollten wissen, wie man eine Geschichte mit einem guten „Plot" – einer schlüssigen Handlung – erfindet.
- Sie kennen verschiedene Möglichkeiten, eine Storyline zu beginnen und abzuschließen.

- Sie müssen Interesse an den Schülern haben. Sie sind bereit, sich auf deren Ideen, Erfahrungen und Vorschläge einzulassen und mit ihnen gemeinsam den Unterricht zu gestalten.
- Sie haben einen Überblick über die verschiedenen Techniken. Sie verfügen über ein breites Repertoire an Methoden und Vorschlägen für Schüleraktivitäten, wie es unten in Kapitel 5 vorgestellt wird.
- Sie können Schlüsselfragen formulieren, die nicht schon eine bestimmte Antwort implizieren.
- Sie verfügen über Fachkenntnisse zu dem gewählten Thema. Da der Unterricht im Regelfall fächerübergreifend ist, versteht sich die Fachkompetenz nicht von selbst. Man kann eine gute Lehrerin für Mathematik, Englisch oder Biologie sein, ohne zu wissen, wie ein Grundwasserwerk funktioniert oder ein Kreuzfahrtschiff konstruiert ist.

Vor allem aber ist die Bereitschaft erforderlich, sich von manchen lieb gewonnenen Gewohnheiten und vielleicht nicht immer hinterfragten Vorgehensweisen zu lösen. Warum betone ich das besonders? Wir alle haben eine lange Lernkarriere hinter uns: 13 Schuljahre und mehrere Jahre an der Universität. Wir haben aber nicht nur Fachkenntnisse und Anwendungswissen in den Fächern erworben, sondern in jeder Unterrichtsstunde auch etwas darüber gelernt,
- wie man sich als Schüler zu benehmen hat,
- wie Lehrerinnen unterrichten,
- wie Unterricht funktioniert,
- wie man lernen soll und ob es Spaß machen darf,
- wie man mit anderen Schülern kooperieren soll,
- wie man sich als Mensch in einer Gruppe verhalten muss.

Durch diesen „heimlichen Lehrplan", der neben den offiziellen Lernzielen herläuft und immer wirksam ist, haben wir über die Jahre hinweg gelernt, wie Unterricht normalerweise ist. Lange vor Beginn unserer Lehrerausbildung sind uns viele Fakten über das Unterrichten in Fleisch und Blut übergegangen, ohne dass wir uns dessen bewusst waren. Wer sich auf die Storyline-Methode einlassen will, sollte die Bereitschaft mitbringen, sich einiges von diesen unbewussten Überzeugungen und Einstellungen bewusst zu machen und zu „verlernen". Erst dann nämlich entsteht Offenheit für andere Herangehensweisen.

Eine Storyline für ältere Schüler

Eine häufige Frage lautet, ob die Storyline-Methode nicht eigentlich nur etwas für Schüler in der Übergangszeit zwischen Kindergarten und Schule ist. Die Erfahrungen im Ausland sprechen hier eine deutliche Sprache. Mindestens bis zur 6. Klasse kann die Methode ohne Schwierigkeiten eingesetzt werden. In der Hauptschule, wo der Projektunterricht in den letzten Jahren einen größeren Stellenwert bekommen hat, ist die Storyline-Methode gut geeignet, Schüler, die an eher traditionelle

Lernformen gewöhnt sind, zum Projektunterricht hinzuführen. In Norwegen wird dieser Weg in den Lehrplänen aus dem Jahr 2001 ausdrücklich befürwortet.
Wenn der Fachunterricht von verschiedenen Lehrerinnen gegeben wird, bedarf eine Storyline natürlich der vorherigen sorgfältigen Absprache mit den beteiligten Kolleginnen. In dem folgenden Beispiel könnten Stunden der Fächer Deutsch, Mathematik, Erdkunde, Sport, Physik und Kunst zusammengelegt werden. Zusätzlich könnte eine Projektwoche eingeplant werden. Ein Nachteil der Kooperation ist zweifellos der höhere Abstimmungsaufwand. Dem stehen aber mehrere Vorteile gegenüber:
- Es kommen in der Planungsphase mehr Ideen zusammen.
- Die Schüler erleben, dass Schule „aus einem Guss" sein kann, also nicht in viele Fächer zerfallen muss.
- Der Unterricht kann gelegentlich zu zweit erteilt werden, was eine bessere individuelle Förderung der Schüler ermöglicht und gleichzeitig die Lehrerinnen entlastet.

Im Folgenden wird eine Storyline für ältere Schüler vorgestellt. Die Beschreibung ist deutlich knapper gehalten als beim Thema „Spielplatz", da viele Schritte ähnlich sind. Die vollständige Storyline finden Sie in Kapitel 9.

„Die Olympischen Spiele"

1. Schritt: Lernziele und Themen

Auch hier beginnt es mit der Themensuche. Nehmen wir an, Sie suchen ein geeignetes Thema für eine 6. Klasse. Es soll fächerübergreifend sein und folgende Lernziele unterstützen. Die Schüler sollen …

… lernen und üben, in Kleingruppen und im gesamten Klassenverband konstruktiv zusammen zu arbeiten
… Regeln für die Arbeit mitformulieren und akzeptieren
… soziale Konflikte produktiv austragen lernen
… ihre eigenen Ideen vertreten und die Meinungen anderer respektieren lernen
… lernen, ihre Interessen rational und nachvollziehbar zu vertreten
… lernen, größere Vorhaben zu planen und umzusetzen.

Zu diesen sozialen Lernzielen gibt es sicher viele geeignete Themen. Ein Thema, das die meisten Schüler interessiert, ist Sport. Aber wie lässt es sich mit den oben genannten Lernzielen verbinden? Oft hilft ein Blick in die Zeitung. Dort wird berichtet über Großereignisse wie Boxkämpfe, Formel-1-Rennen, Fußball-Bundesliga, aber auch über die regionalen Sportereignisse. Zu jedem dieser Themen ließe sich eine Storyline erfinden, z. B.:
- Wir holen einen Weltmeisterschafts-Boxkampf in unsere Stadt.
- Wir planen eine neue Auto-Rennstrecke, auf der auch mal überholt werden kann.

- Wir planen mit Hilfe eines Sponsors den Aufstieg unseres Heimatvereins in die Fußball-Bundesliga.
- Wir organisieren ein Fahrradrennen. (Das Thema „Bundesjugendspiele" eignet sich übrigens weniger für die Storyline-Methode als für die Projektmethode. Wenn zu einem Thema eine reale Planung durchgeführt werden kann, dann sollte man nicht zu viel Zeit auf eine simulierte Realität verwenden, sondern direkt planen.)

Im Jahr 2002, als dieser Text geschrieben wurde, lag ein anderes aktuelles Thema nahe: Wie schaffen wir es, die Olympischen Spiele im Jahr 2012 nach Deutschland zu holen? Mehrere Städte haben hierzu Überlegungen angestellt und erste Planungen begonnen. Es wäre also durchaus möglich, dass Schüler sich an einem Ideenwettbewerb beteiligen. Das Thema ist anspruchsvoll, nicht aus der Luft gegriffen, interessant und für die angestrebten Lernziele geeignet. Damit haben wir das Thema: „Wir planen die Olympischen Spiele 2012".

2. Schritt: Inhaltliche Vorbereitung

Auch zu diesem Thema legen Sie sich am besten eine Hängemappe an, z. B. für Zeitungsartikel, Broschüren, den Jahresbericht der örtlichen Industrie- und Handelskammer mit einem Beitrag über Sport-Sponsoring, den Prospekt eines Sporthotels usw. Auch das Internet versorgt Sie mit einer Vielzahl von Informationen. Im März 2003 verzeichneten die Suchmaschinen zu den Stichwörtern „Olympische Spiele Leipzig" bereits ca. 6000 Einträge.

3. Schritt: Der Aufhänger

Hier bietet es sich an, ein fiktives Dokument zu nutzen. Das kann z. B. ein Brief sein, in dem der Bürgermeister um Unterstützung bei der Olympia-Bewerbung bittet (vgl. hierzu den auf S. 159 abgedruckten Vorschlag). Um die Aufmerksamkeit der Schüler zu gewinnen, können Sie den Brief mit der Post schicken und vom Hausmeister zu Beginn der 1. Unterrichtsstunde abgeben lassen. Es ist zwar unwahrscheinlich, dass der Bürgermeister einer Großstadt ausgerechnet die Schüler der Klasse 6 a um Hilfe bitten wird, aber ausgeschlossen ist es nicht. Wahrscheinlich haben die Schüler ohnehin schon gehört, dass an dem Thema Olympia-Bewerbung gearbeitet wird. Wenn sie außerdem über die geplante Projektwoche informiert werden, lassen sie sich wahrscheinlich leicht für das Thema erwärmen.

4. Schritt: Das Planungsraster

Wenn der Aufhänger gefunden ist, legen Sie das Blanko-Raster an, z. B.:

Storyline (Ablauf)	**Schlüsselfrage**	**Aktivitäten**	**Sozial-form**	**Material**	**Lernziele/Ergebnisse**
1. Der Brief		Die Klasse erhält mit der Post einen an sie adressierten Brief. Ein Schüler liest den Brief vor.		„Brief aus dem Rathaus"	
	Was bedeutet „um die Spiele bewerben"? Was sind Athleten usw.?	Die Schüler erklären den Inhalt bzw. stellen Vermutungen an und bitten die Lehrerin ggf. um Erläuterung.			
	Warum wendet sich der Bürgermeister wohl an Schüler?	Schüler stellen Vermutungen an.			
	Wollen wir auf die Aufforderung des Bürgermeisters eingehen?	(*kritische Frage!*, kann dazu führen, dass wir abbrechen müssen, bevor es anfängt.) Die Schüler entscheiden.			
	Was glaubt ihr, können wir dazu beitragen?	Diskussion der eigenen Kenntnisse und Fähigkeiten.			
2.					
usw.					

Alternative:
Die Lehrerin fragt nicht, sondern schlägt vor, sich mit dem Thema zu beschäftigen.

5. Schritt: Die Reihenfolge der Episoden

Nun legen Sie die Story, die Abfolge von Episoden fest. Es kann auch schon die eine oder andere Schlüsselfrage enthalten sein. Wichtig ist, dass sinnvolle Aktivitäten möglich sind. Ihre Sammlung könnte so aussehen:

– Beteiligte Personen:

> Politiker, Sportfunktionäre, Planer, Architekten, Sponsoren, Unterstützer
>
> Mögliche Ziele: Identifikation mit der Aufgabe, Stärkung des Engagements, Entwicklung realistischer Sichtweisen

– Planungskomitee:

> Wer gehört da hinein, wie erfolgt die Auswahl? Was sind das für Menschen (Ausbildung, Erfahrung, Engagement, bisheriger Lebenslauf usw.)
>
> Mögliche Ziele: Verständnis für Planungsaufgaben entwickeln, logisch und analytisch denken, realistische Ideen entwickeln, sich emotional auf das Thema einlassen, plausible Texte schreiben

- Welche Aufgaben?

> Planung der Sportereignisse, Organisation der Abläufe, Fremdenverkehr, Erstellung/Renovierung von Wettkampfstätten, PR und Werbung
>
> Mögliche Ziele: realistisch planen und organisieren, ein Thema in seiner Breite und mit seinen Implikationen erfassen, Texte zu verschiedenen Anlässen verfassen, korrigieren und überarbeiten

- Wie wird das Internationale Olympische Komitee von den Vorteile des Austragungsortes XYZ überzeugt?

> Mögliche Ziele: sich in andere hineinversetzen, plausibel argumentieren, Pro und Contra abwägen und zu einer überzeugenden Stellungnahme zusammentragen, sich schriftlich und mündlich angemessen ausdrücken

- Zeitplanung:

> Wie schnell muss alles fertig sein?
>
> Mögliche Ziele: Techniken der Zeit- und Terminplanung anwenden, Grundrechenarten nutzen, grafische Übersichten anfertigen, vorausschauend denken, mit unvorhersehbaren Ereignissen rechnen

- Kostenkalkulation:

> Wofür wird Geld ausgegeben, wofür kommt Geld herein?
>
> Mögliche Ziele: Grundrechenarten und Sachrechnen üben

- Notfallplanung:

> Vorkehrungen für überraschende Ereignisse treffen
>
> Mögliche Ziele: in Alternativen denken, Überraschungen und Misserfolge einkalkulieren, Anweisungen formulieren

- Vergleich mit der Realität: Wie läuft ein solcher Planungsprozess normalerweise ab?

> Mögliche Ziele: Fragenkataloge zusammenstellen, gezielt Auskünfte erfragen, eigene Ideen mit realistischen Lösungen vergleichen und bewerten, sich verständlich ausdrücken

Wenn Sie diesen Ablauf mit dem Abschnitt „Bau eines Spielplatzes“ vergleichen, stellen Sie fest, dass die Lernziele sich beim Thema „Olympia“ auf einem deutlich höheren Niveau befinden. Die allgemeinen Lernziele für die Klassenstufen 5 bis 7 können hier gut einplant werden.

6. Schritt: Übertragen der Episoden in das Planungsraster

Nun durchdenken Sie – idealerweise in Zusammenarbeit mit einer Kollegin – die einzelnen Episoden und tragen die Überschriften in das Planungsraster ein:

Storyline (Ablauf)	**Schlüsselfrage**
1. Der Brief (als Aufhänger)	
2. Die Planungsgruppe (Leiter, Architekten, Verkehrsplaner, Werbeleute usw.) und ihre Aufgaben	
3. Die Unterstützer (Personen, die Einfluss haben und dabei helfen können, die Spiele nach XYZ zu bekommen)	
4. Öffentlichkeitsarbeit (um XYZ als besonders geeigneten Austragungsort hervorzuheben)	
5. Präsentation vor dem IOK, um den Zuschlag für die Stadt/Region XYZ zu erhalten	
6. Zeitplan für die Vorbereitungen	
7. Verkehrsplan (Straßen, Anbindung der Wettkampfstätten, Parkplätze ...)	
8. Wettkampfstätten (Stadien, Hallen, Reitparcours ...)	
9. Unterbringung von Sportlern, Journalisten und Gästen (Olympisches Dorf, Hotels, private Unterkünfte ...)	
10. Kosten und finanzieller Nutzen für XYZ (direkte und indirekte Einnahmen, z. B. kommunale Steuern)	
11. PR, Werbung für die Spiele	
12. Besondere Vorkommnisse, Vorkehrungen für Notfälle	
13. Gespräch mit einem Planungsexperten (z. B. einem Mitglied des Planungsstabes für große Sportereignisse)	

Damit steht der Ablauf fest. Alles, was Ihnen jetzt noch an konkreten Ideen zu Aktivitäten, Materialien und Schlüsselfragen einfällt, notieren Sie für die Feinplanung.

7. Schritt: Feinplanung

Jetzt brauchen Sie zunächst gute Schlüsselfragen. Dabei helfen folgende Überlegungen:

- Was genau tun die Schüler, um die angestrebten Lernziele zu erreichen? (Wenn die Schüler ein Sportstadion zeichnen oder als Modell entwerfen sollen, könnte die Schlüsselfrage heißen: „Wie sollte eurer Meinung nach das Stadion aussehen?“)
- Wie möchte ich die nächste Episode einleiten? (Wenn die Entwürfe für die Wettkampfstätten fertig sind, könnte die Frage lauten: „Wo sollten denn die Sportler untergebracht sein? Und wo übernachten die Begleiter und die Zuschauer?“)
- An welche Erfahrungen und Vorkenntnisse der Schüler kann angeknüpft werden? („Welche Sportarten kennt ihr? Bei welchen Großereignissen wart ihr als Zuschauer dabei?“)
- Wie lassen sich Kreativität und logisches Denken der Schüler am besten fördern? („Wie könntet ihr verhindern, dass alle Besucher der

Eröffnungszeremonie mit dem Auto zum Stadion fahren wollen? Was würdet ihr vorschlagen, damit Parkplätze bei drohender Überfüllung rechtzeitig geschlossen werden?")
- Sind unter den Schlüsselfragen auch Fragen höherer Ordnung? (siehe Kapitel 3)

Anschließend sind noch einige weitere Schritte zu erledigen, um die Feinplanung abzuschließen:
- Notieren Sie zu den Schlüsselfragen geeignete Schüleraktivitäten und die angestrebten Lernergebnisse.
- Werfen Sie in der Diskussion mit Kolleginnen immer wieder einmal einen Blick auf die vorab formulierten Lernziele und korrigieren Sie ggf. die laufende Planung.
- Überlegen Sie, welche Sozialform sich für die geplanten Aktivitäten anbietet.
- Abschließend füllen Sie dann die Rubrik „Material" aus.

Das fertige Planungsraster finden Sie in Kapitel 9.

Ideen für weitere Storylines

Es ist nicht ganz leicht, eine Storyline zu erfinden – wie es eben nie leicht ist, eine lange und komplexe Unterrichtseinheit im Einzelnen vorzubereiten. Wie bei einer Story muss zunächst eine Idee für die zentrale Handlung gefunden werden. Ist z. B. das Thema „Topographie Europas" vorgegeben, können die Schüler ein Reisebüro gründen. Gemeinsam entwickeln sie dann das Angebot für eine Rundreise. Dazu müssen sie wissen, wer verreisen möchte, wie lange, welche Länder bereist werden sollen usw. Es ist also notwendig, Erkundigungen über die Länder einzuziehen. Wie heißt die Hauptstadt? Lohnt sich ein Besuch dort? Warum? Welche Sehenswürdigkeiten gibt es? Unterscheidet sich die Landschaft von unserer Heimat? Plötzlich macht es Sinn, sich mit Fragen der Topographie zu beschäftigen und selbst Informationen zusammenzutragen. Die möglichen *Aktivitäten* der Schüler werden in den Mittelpunkt der Planung gerückt. Dadurch entstehen Unterrichtseinheiten, in denen die einzelnen Themen und Stunden aufeinander aufbauen und in einem großen – für die Schüler nachvollziehbaren – Gesamtzusammenhang stehen.
Einige Themen, die sich für eine Storyline eignen, werden nachfolgend aufgezählt. Achtung, es handelt sich nur um Titel! Teilweise liegen ausgearbeitete Unterrichtsentwürfe in verschiedenen Sprachen vor (siehe Kapitel 9, S. 163).

Titel	Stichwörter zur Story
Das Krankenhaus	Ein Kind kommt ins Krankenhaus: Diagnose, Beschäftigte, Besucher, Ausstattung, Vorkommnisse, Heilung.
Das Hotel	Die Schüler erben ein Hotel. Wie führen sie es weiter?
Die behindertengerechte Wohnung	Bevor die neuen Nachbarn einziehen, bauen sie das Haus völlig um. Warum? Das Haus war doch in Ordnung! Als die Nachbarn einziehen, sieht man: Das Kind sitzt im Rollstuhl. Die Schüler entwerfen geeignete Wohnräume für Menschen mit verschiedenen Behinderungen.
Der Bauernhof	Die Schüler unterstützen einen Landwirt bei der Umstellung auf ökologische Produktion.
Die Wichtelmänner	Das Haus steht verlassen da, aber der Garten ist so gepflegt und wunderbar wie eh und je ...
Die Road Show	Die Klasse gewinnt in einem Musikwettbewerb und plant eine Konzerttour.
Die Eingeschlossenen – ein Höhlenabenteuer	Ein Teil der Klasse unternimmt Anstrengungen, mit den in der Höhle vorhandenen Mitteln einen neuen Ausgang zu finden oder zu schaffen; ein anderer Teil plant die Rettungsarbeiten von draußen (Feuerwehr, Technisches Hilfswerk, Polizei, Journalisten ...)
Der Spielzeugladen	Dieser Laden verkauft nur altes Spielzeug. Nachts werden die Spielzeuge lebendig ...
Das Sportzentrum	Die Schüler planen Außen- und Innenanlagen für verschiedene Sportarten.
Die Buslinie	Eine neue Verkehrsgesellschaft plant bedarfsgerechte Busverbindungen für den Landkreis
Der Zirkus	Ein Zirkus wird gegründet und es wird ein interessantes Programm mit Artisten und Tieren entworfen. Am Ende steht eine Zirkusaufführung für die Eltern.
Die Kreuzfahrt	Die Schüler planen eine Mittelmeerreise mit einem großen Schiff.
Die Hafenrundfahrt	Die Schüler planen ein Unternehmen, das Touristen den Hafen erklärt (Hamburg, Duisburg, Cuxhaven ...).
Der neue Stuttgarter Hauptbahnhof	Die Gleise und der Bahnhof werden unter die Erde gelegt. Darüber entsteht ein Bürokomplex mit Einkaufszentrum.
Die (Bundes-) Gartenschau	Die Schüler planen eine große Gartenschau und gestalten als Muster einen Teil des Schulgartens.
Das (Über-)Leben im Urwald	Die Schüler retten sich per Fallschirm aus einem brennenden Flugzeug und landen im Urwald am Amazonas. Wie überleben sie das halbe Jahr, bis die Rettungsmannschaften kommen? Was lernen sie von den Indianern?
Der Rhein-Main-Donau-Kanal	Große Mengen von Schwergut sind am umweltfreundlichsten per Schiff zu transportieren. Die Schüler gründen eine Binnenschifffahrtsgesellschaft und planen eine Reise zu Wasser von Rotterdam nach Wien.

Eine Storyline, die einem Buch folgt

Viele Storylines gehen von einem (Kinder-)Buch aus. Der Vorteil ist klar: Die Story existiert bereits, sie muss nicht neu mit allen Verästelungen erfunden werden. Es ist also ausreichend gedankliches Material vorhanden. Der Nachteil: Sie sind nicht so frei bei der inhaltlichen Gestaltung. Am Anfang steht die Entscheidung für ein geeignetes Buch. Nimmt man ein aktuelles Kinderbuch oder eher einen Klassiker wie „Till Eulenspiegel“, „Gullivers Reisen“ von Swift oder Vernes „20 000 Meilen unter dem Meer“? Wenn Sie das erste Mal vor dieser Frage stehen, bietet es sich an, ein Buch zu wählen, das Ihnen vertraut ist und dessen Inhalt

sich gut mit den Lernzielen verbinden lässt. Zwei Hinweise auf Storylines nach Büchern finden Sie in Kapitel 9 auf S. 164.
Auch wenn Sie ein Buch wählen, das Sie gut kennen – lesen Sie es noch einmal von Anfang bis Ende durch. Wahrscheinlich werden Sie überrascht sein, wie stark sich das Buch von dem unterscheidet, an das Sie sich erinnern. Falls es so ist, dann haben Sie sich damals bei der ersten Lektüre das Buch zu Eigen gemacht und – unbewusst – verändert. Genau das werden die Schüler später in Ihrem Unterricht auch tun.
Nehmen wir als Beispiel Daniel Defoes Roman „Robinson Crusoe". Viele Eltern und die meisten Großeltern werden das Buch kennen. Daher ist es wichtig, die Eltern über die geplante Unterrichtseinheit zu informieren und sie zu bitten, ihren Kindern das Buch während der kommenden Wochen nicht zur Verfügung zu stellen und auch nicht über den Inhalt zu berichten. Die Kinder werden das Buch kaum kennen, es sei denn, es wurde in der Zwischenzeit vom Fernsehen entdeckt und bearbeitet. Vorsichtshalber sollten Sie aber trotzdem die Schüler befragen. Wenn der eine oder andere das Buch schon kennt, können Sie ihn um Verschwiegenheit bitten und evtl. als Fachkundigen für bestimmte Themen in den Ablauf einbeziehen.

Zunächst teilen Sie das Buch in einzelne Episoden ein, z. B.:

1. der Schiffbruch
2. das Wrack
3. eine Schutzhütte
4. Erkundung der Umgebung
5. Ernährung
6. überlebenswichtige Erfindungen
7. Besuch von Eingeborenen
8. Freitag
9. ein Schiff
10. die Heimkehr

Dann geht es wie in den beiden oben dargestellten Beispielen weiter mit Schlüsselfragen, Schüleraktivitäten, Sozialform usw. Einige Beispiele für Schlüsselfragen zu den einzelnen Episoden zeigen, wie Sie von der Überschrift zu geeigneten Schüleraktivitäten gelangen können:

zu 1. Warum sind so viele Segelschiffe untergegangen? Lässt sich ein Segelschiff mit gebrochenem Mast noch steuern? Wie groß waren wohl die Schiffe vor 300 Jahren? Woraus waren sie vermutlich gebaut?

zu 2. Was findet man auf einem Segelschiff, das man brauchen kann, um längere Zeit in der Wildnis zu überleben (Werkzeug, Segelplanen, Taue, Angelleinen, evtl. Getreide als Saatgut usw.)? Wie kommt Robinson zu dem Wrack, das in der Brandung liegt, ohne sich zu verletzen oder unterzugehen (Floß bauen, Schwimmhilfe)? Welche Essensvorräte sind vielleicht noch genießbar (Stockfisch, Pökelfleisch)? Was würdet ihr auf jeden Fall mitnehmen?

zu 3. Wogegen muss sich Robinson schützen (Regen, Sturm, Sonne, Ungeziefer)? Woraus könnte er eine Schutzhütte bauen? Wie groß muss sie sein? Wie verankert er sie am Erdboden? Wie bekommt er das Dach wasserdicht? Woraus besteht der Innenboden? Gibt es Fenster?

zu 4. Liegt das rettende Ufer auf dem Festland oder auf einer Insel? Wie würdet ihr das herausbekommen (einem Bach folgen, einen Berg besteigen, in die dem Meer entgegengesetzte Himmelsrichtung gehen)? Wo ist der günstigste Platz zum Bleiben? Warum? Mit welchen Gefahren muss Robinson rechnen? Gibt es evtl. nützliche oder gefährliche Tiere? Welcher Ort ist am besten geeignet, um ein Rettungsschiff schon von weitem zu entdecken (Karte der Insel zeichnen, topografische Merkmale eintragen)?

zu 5. Woher bekommt Robinson sein Trinkwasser? Und wie kann er sich helfen, wenn der Bach in der Hitze versiegt (Zisterne, Regenvorräte in Segeltuch auffangen)? Welche Früchte kann er wohl essen? Wie bekommt er heraus, ob die Pflanzen essbar oder giftig sind (Bitteres meiden, nur kleinste Mengen probieren)? Was für Tiere könnte er jagen, fangen, zähmen? Was für Pflanzen könnte er anbauen? Wo sollte er am ehesten einen Garten anlegen?

zu 6. Was tun, wenn der letzte Angelhaken verloren gegangen ist? Wie schützt sich Robinson gegen die Sonnenglut? Woraus könnte er Kleidungsstücke und Schuhe herstellen (Versuche mit Birkenrinde, der äußeren Schale von Kokosnüssen, geflochtenem Gras, Fell, Segeltuch)? Wie misst er die Stunden, Tage, Monate, Jahre? Wie kann Robinson Holz bearbeiten, wenn er keine Säge hat, sondern nur ein Messer/ein Beil/einen Hammer? Wie macht Robinson Feuer?

zu 7. Was für Menschen können das sein, die gelegentlich auf die Insel kommen? Warum hat Robinson wohl Angst vor ihnen? Was könnte passieren, wenn sie ihn entdecken? Wie könnte er sich schützen?

zu 8. Warum fasst Robinson Vertrauen zu dem Flüchtling, der auf der Insel bleibt? Wie verständigen sie sich (Zeichensprache erfinden, Worte einer Indianersprache lernen)? Ein Name für den Fremden? Was kann Robinson tun, damit der Fremde ihm freundlich gesonnen bleibt? Wie verteilen sie die Arbeit?

zu 9. Wie macht Robinson die Schiffsbesatzung auf sich aufmerksam (Feuer, Rauchzeichen, Flaggensignale)? Was könnten die Seeleute vermuten, wen sie vor sich haben? Was schreibt der Kapitän wohl ins Logbuch? Was nimmt Robinson von der Insel mit?

zu 10. Auf welchem Weg geht es zurück nach England? Was erzählt Robinson den Matrosen unterwegs? Was denken wohl die Menschen in London über seine Geschichte? Wie wird sie bekannt gemacht (es gibt kein Fernsehen, kein Radio, kein Internet, keine Fotos!)? Wie wird Robinsons Leben in England weitergehen?

Im Unterschied zu den früher dargestellten Storyline-Entwürfen gibt es beim Vorgehen nach einem Buch keine Realbegegnung im eigentlichen Sinne. An diese Stelle tritt die Begegnung mit dem Originaltext. Jeweils nach einer oder zwei Episoden lesen Sie – gegebenenfalls auszugsweise – aus dem zugrunde gelegten Buch vor. Die Schüler erhalten dadurch relativ rasch eine Rückmeldung dazu, ob ihre Ideen den im Buch geschilderten Umständen entsprechen oder nicht. Manchmal werden die Schüler dann feststellen, dass sie „bessere" Problemlösungen entwickelt haben als der historische Robinson, manchmal werden sie aber auch aus dem Buch lernen. Wahrscheinlich sieht die Schutzhütte, die die Schüler entworfen haben, anders aus als die von Defoe beschriebene. Das ist kein Grund, das Modell nachträglich zu ändern. Denn es geht ja hier nicht um historische Genauigkeit, sondern um problemlösendes Lernen. Wenn die Schüler allerdings die von Robinson beobachteten Eingeborenen als friedfertige Menschen beschreiben, die in freundlicher Absicht gekommen sind, dann muss bei der anschließenden Lektüre die Realität des Buches als Korrektiv akzeptiert werden, da die Geschichte sonst nicht weitergeführt werden kann. Das Buch dient also auch dazu, die Storyline gleichsam in den Gleisen zu halten. Die Verwendung eines Buches hat den weiteren Vorteil, dass die Schüler durch die Phasen des entdeckenden Lernens motiviert werden, anschließend längere Passagen selbst zu lesen oder beim Vorlesen genau hinzuhören. So werden sie mit großem Interesse die letzten Seiten des Buches verfolgen, in denen die Heimkehr Robinsons nach England beschrieben wird.

Gerade weil sie mit großem Engagement bei der Sache sind, dürfen die Schüler nicht das Gefühl bekommen, nur die im Buch beschriebene Robinson-Variante sei „wahr". Zwar basiert das Buch auf Berichten von Seeleuten, aber es ist die Schöpfung von Daniel Defoe – so wie die von den Schülern gefundenen Antworten auf die Schlüsselfragen die Schöpfungen der Schüler sind. Wenn Sie also aus dem Buch vorlesen oder die Schüler selbst ganze Passagen lesen lassen, dann sollten Sie sich zwischendurch Zeit nehmen, um zu verdeutlichen, dass die in der Klasse entwickelte Robinsonade genauso wie die von Defoe beschriebene nur eine unter vielen möglichen ist.

Sie könnten jetzt zu Übungszwecken die hier skizzierte Storyline in das Planungsraster übertragen. Bevor Sie daran gehen, sollten Sie aber noch das folgende Kapitel lesen, in dem die wichtigsten Werkzeuge für das Arbeiten mit der Storyline-Methode dargestellt werden.

5. Kapitel Der Werkzeugkoffer: Lernen durch Handeln

Es ist schon deutlich geworden, dass der Unterricht mit Hilfe der Storyline-Methode nicht nur die Aktivitäten *Zuhören, Mitschreiben, Denken und Antworten* kennt. Das Handeln bei diesem Unterrichtsansatz umfasst eine Vielzahl von Schüleraktivitäten, die anders als das Denken und Zuhören gut beobachtbar sind. Im Folgenden werden einige für die Storyline typische Techniken vorgestellt, die das Handeln der Schüler in den Mittelpunkt stellen und damit zugleich das Erreichen von Lernzielen ermöglichen, die durch einen traditionellen Frontalunterricht schwer erreichbar sind. Im Einzelnen sind es die folgenden Techniken:

mögliche Techniken, die Schüleraktivitäten herausfordern

- Buch oder Brief als „Aufhänger"
- Figuren in Collagetechnik
- Biografie erfinden, aufschreiben
- Rollenspiel
- Neue Personen einführen
- Wandfries malen
- Logo/Piktogramme erfinden
- Grundrisse, Aufrisse zeichnen
- „Röntgen"-Bilder, Klappmodelle entwerfen
- Die technische Zeichnung
- Dreidimensionale Modelle herstellen
- Die Lupe/das Mikroskop
- Listen/Aufstellungen erarbeiten, Wort-Bank
- Regelwerke entwerfen
- Konzepte und Pläne erstellen und präsentieren
- Zeitpläne aufstellen
- Darstellendes Spiel, Tanz
- Masken
- Memory
- Werbespot für Radio, TV erfinden und vorführen
- Besondere Ereignisse
- Kalkulationen von Kosten und Aufwand
- Nutzung von Schreibanlässen
- Eine Arbeitsmappe anlegen
- Ein guter Schluss

Darüber hinaus sind viele weitere Schüleraktivitäten möglich und sinnvoll. Alles, was Kreativität fordert und das Denken fördert, ist erwünscht. Zugleich trägt die Lehrerin mit einer Vielzahl unterschiedlicher Aktivitäten der Tatsache Rechnung, dass die Konzentrationsfähigkeit – nicht nur bei jungen Menschen – wenig ausgeprägt ist. Selbst ausgebildete Wissenschaftler haben große Schwierigkeiten, einem halbstündigen Vortrag ohne Aufmerksamkeitsverlust zu folgen. Von Schülern aber wird erwartet, dass sie bis zu sechs Unterrichtsstunden nacheinander aufmerksam zuhören können. Je größer die Methodenvielfalt, je unterschiedlicher die Aktionsmöglichkeiten der Schüler im Unterricht, desto größer ist die Chance, dass mehr „hängen" bleibt als die Erinnerung an eine weitere langweilige Stunde!

Der Aufhänger

Aller Anfang ist leicht – wenn die Lehrerin einen Einstieg findet, der die Schüler mitreißt. Bei einer guten Story ist es ähnlich. Sie hat einen Anfang, der zum Weiterlesen geradezu zwingt. Ein spannendes *Buch* ist ideal für den Einstieg. Während die Lehrerin das erste Kapitel vorliest, formen sich vor dem geistigen Auge der Schüler die beschriebenen Menschen, ihre Umgebung, ihre Freuden und Sorgen. Diese Vorstellungen sind das Ausgangsmaterial für den anschließenden Unterricht. Das Buch hat also die Funktion, für die Lehrerin als Quelle der Inspiration zu dienen, nicht als genaue Vorlage für eine Storyline. Das Buch sollte allerdings im Unterricht nicht gezeigt werden, weil sonst die Gefahr besteht, dass die Schüler es zu Ende lesen und in ihrer Vorstellungskraft eingeschränkt werden. Wenn die ganze Storyline zu einem späteren Zeitpunkt abgeschlossen ist, spricht nichts mehr dagegen, dass die Kinder das Buch lesen.

Wie kommt man vom Vorlesen zum aktiven Tun der Kinder? Zuhören fällt nicht allen Kindern leicht. Daher sollte nur kurz vorgelesen werden. Danach werden die Schüler durch die ersten Schlüsselfragen zu einer Aktivität gelenkt, bei der alle etwas zu tun haben. Werden z. B. zu Anfang eines Buches die Hauptfiguren eingeführt, dann bietet sich als nächster Schritt an, zu fragen, wie diese Personen wohl aussehen. Diese Frage wird nicht verbal beantwortet, sondern durch die bildliche Darstellung. Hierfür gibt es viele Möglichkeiten:

- Jeder Schüler malt eine Figur, die ihn interessiert und die er dann im weiteren Verlauf der Storyline zu „seiner" Figur macht.
- Die Klasse erstellt gemeinsam lebensgroße Figuren der Hauptpersonen.
- Die Figuren werden plastisch gestaltet.
- Es wird von allen Kindern gemeinsam ein Wandfries mit der beschriebenen Landschaft hergestellt.

Anregungen liefern die unten beschriebenen Techniken.

Ein guter Aufhänger ist auch ein *Brief*, ein echter oder einer, der echt sein könnte. Vielleicht sucht ein Kind aus einem Entwicklungsland einen Briefpartner. Daraus lässt sich eine Storyline über das Herkunftsland entwickeln. Oder es wird von einer anderen Schule eine Partnerklasse gesucht. Oder eine Familie, die vor 20 Jahren ausgewandert ist, kommt in die Stadt zurück, in der die Schule liegt. In dem Brief bittet die Familie um Hilfe bei der Wiedereingliederung – oder auch nur um einen

Programmvorschlag für 3 Wochen Ferien in der alten Heimat, damit die inzwischen geborenen Kinder erfahren, wie es dort zugeht.
Der Brief kann auch vom Bürgermeister kommen, von der örtlichen Polizeidirektion, von der Feuerwehr, von einem Zirkus oder dem Häuptling eines Indianerstamms. Die Lehrerin schreibt den Brief so, dass er möglichst echt klingt und aussieht. Außerdem sollte der Brief, wenn er an die Klasse adressiert ist, natürlich mit der Post kommen. In dem Brief wird um Hilfe bei der Lösung eines Problems oder um Ideen für eine Neugestaltung gebeten. So wird evtl. die Stadtreinigung um Vorschläge für die umweltgerechte Entsorgung von Abfällen aus der Schule bitten. Die Post könnte Interesse daran haben, wie die Zustellung von Briefen nach Fall des Briefmonopols noch wirtschaftlich möglich ist. Der Leiter eines Naturparks möchte vielleicht die Unterstützung der Schüler für die Auswilderung von Wölfen gewinnen.
Meistens ahnen die Kinder, dass der Absender nicht wirklich ein Indianer oder Zirkusdirektor ist, lassen sich aber gerne auf die Fiktion ein. (Kann man z. B. die Feuerwehr schon im Vorhinein zur Mithilfe gewinnen, umso besser.) Entscheidend ist nicht, dass der Brief echt ist, sondern dass er echt sein könnte. Der Unterschied ist: Die Lehrerin hat nicht gewartet, bis ein solcher Brief kam, sondern sie hat der Realität etwas nachgeholfen.
Aufhänger kann aber auch eine Zeitungsmeldung sein (z. B. „Feuerwehr bekam Großbrand erst nach Tagen unter Kontrolle"), eine Flaschenpost (vgl. die Storyline über die Ostindien-Gesellschaft, Kapitel 9) oder auch die Frage der Lehrerin: „Würde es nicht Spaß machen, wenn wir auf dem nächsten Elternabend Zirkuskunststücke vorführen könnten?" Der Fantasie sind viele Grenzen gesetzt: Lehrplan, verfügbare Zeit, Schulorganisation, finanzielle Mittel. Gerade deshalb entwickelt sich Kreativität besonders gut!

Figuren in Collagetechnik

Identifikation herstellen

In der Anfangsphase einer Storyline ist es hilfreich, wenn die Schüler sich mit den handelnden Figuren, z. B. den Hauptpersonen eines Kinderbuches, identifizieren können. Bewährt hat sich, dass jedes Kind eine Figur gestaltet. Die Figuren sollten etwa gleich groß sein. Am besten gibt man die Größe dadurch vor, dass man Karten in der gewünschten Größe (Format DIN A5 oder A6) als Basismaterial austeilt.

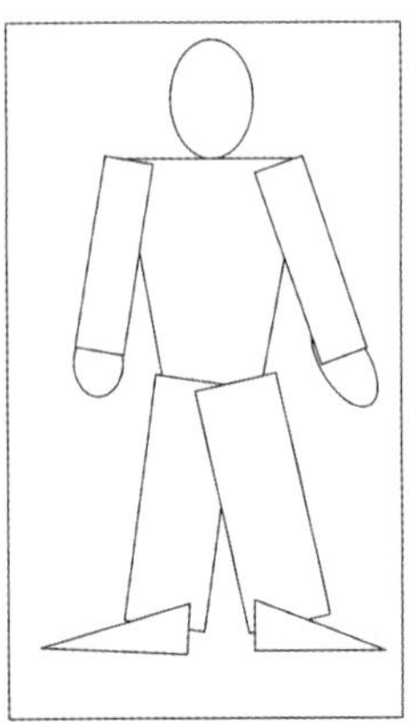

Vorab gibt die Lehrerin einige Hinweise zu den Proportionen des menschlichen Körpers und zur Technik der Collageherstellung.
Benötigtes Material:
- weiße Karteikarten
- Stoffreste
- Wollreste (für die Haare)

- Lederreste
- Klebstoff
- Buntstifte
- Schere

Der Kopf misst etwa $^1/_7$ der gesamten Körperlänge. Kopf, Rumpf und die Extremitäten kann man leicht als geometrische Formen darstellen. Diese Formen schneiden die Schüler aus Stoffresten aus und kleben sie auf die Karteikarte.
Dann werden Hals und Hände dazugemalt. Aus Wollresten wird eine Frisur geformt und ebenfalls aufgeklebt.
Erst jetzt (das ist wichtig!) wird die Figur ausgeschnitten. Dabei ergibt sich die Gelegenheit, die Schultern zu runden, die Taille zu betonen, die Schuhe ins richtige Maß zu bringen, die Frisur zu bändigen.
Es hilft, wenn die Lehrerin es beim ersten Mal vormacht. Keine Angst, wenn das Ergebnis nicht sehr ansprechend aussieht. Wichtig ist, dass die Schüler die Technik begreifen. Die fertigen Figuren schmücken sie meistens mit liebevollen Details aus. Das kostet Zeit, aber es führt zu der beabsichtigten Identifikation mit der Figur.

Manchmal ist es sinnvoll, über die o. a. Vorschläge hinaus weitere Vorgaben zu vereinbaren. Wenn die dargestellten Personen eine Uniform oder Berufskleidung tragen (Schiffsbesatzung, Bäcker, Ärzte), dann sollten sich die Schüler vorab über die Farbe einigen. Stellt man dagegen das Personal eines Kaufhauses zusammen, sind der Fantasie keine Grenzen gesetzt. Noch viel weniger natürlich, wenn es darum geht, außerirdische Lebewesen zu erfinden. Auch hier gilt aber das Prinzip, dass die gefundenen Lösungen plausibel sein sollen. In einer Klasse, die sich mit den Lebensbedingungen auf fremden Planeten beschäftigte, hatte ein achtjähriger Junge ein Lebewesen mit lang herunterhängenden leuchtend gelben Ohren geschaffen. Nach deren Zweck befragt, gab er lächelnd zur Antwort: „Damit werden die Weibchen angelockt."

Eine Variante: Lebensgroße Figuren

Hat man nur wenige Hauptfiguren eines Kinderbuchs als Personal, macht eine andere Form der Visualisierung Sinn. Die Schüler erstellen in gemeinsamer Arbeit einige lebensgroße oder sogar überlebensgroße Figuren, die dann für die Dauer der Unterrichtseinheit an der Wand hängen.

Um die Dimensionen lebensecht hinzukriegen, empfiehlt es sich, einige Bahnen Tapete oder Packpapier auf dem Boden auszurollen. Die Lehrerin legt sich – ungewohnte Perspektive – darauf und die Schüler zeichnen die Umrisse nach. Auch bei großen Figuren kann mit Collagetechnik gearbeitet werden, wenn ausreichend Material zur Verfügung steht. Alternativ können die Figuren auch mit Wasserfarben ausgemalt werden.

Wozu werden die Figuren benötigt?

Die Figuren sind die Protagonisten der Story, die sich im Laufe der Unterrichtseinheit entwickelt. Es wird daher bei verschiedenen Anlässen auf sie zurückgegriffen. Dabei kann es eine Rolle spielen, wie die einzelnen Figuren gestaltet sind, dünn oder dick, groß oder klein, alt oder jung, langweilig gekleidet oder wie ein Paradiesvogel. Nehmen wir noch einmal das Thema *Einkaufen*. Wen werden die Schüler als Ladenbesitzer, als Auszubildenden, als Putzfrau, als Buchhalter oder als Werbefachmann einsetzen? Nach welchen Kriterien entscheiden die Schüler? Gehen sie nach Äußerlichkeiten, richten Sie sich nach stereotypen Vorstellungen oder versuchen sie, die Person hinter der Kleidung zu sehen? Ganz gleich, wie die Entscheidung ausfällt, die von den Schülern gefertigten Figuren werden Episode für Episode mehr zum Leben erweckt. Dadurch wird es für die Kinder leichter, sich mit den handelnden Figuren der Geschichte zu identifizieren. Auch hier ist Plausibilität gefordert. Eine Figur mit Falten im Gesicht und grauen Haaren braucht einen längeren Lebenslauf und kann schlecht als Auszubildender eingesetzt werden.

Die Figuren können von der Lehrerin je nach beabsichtigtem Lernziel auch für andere Zwecke in Anspruch genommen werden. Da die Schüler zu den Figuren eine größere Distanz haben als zu den Mitschülern, lassen sich auch Themen ansprechen, die im direkten Gespräch zu unerwünschten Konfrontationen führen könnten. Gibt es in der Klasse etwa Vorbehalte gegen Ausländer, so kann die Lehrerin eine Figur von der Wand nehmen. Sie bittet als erstes den Schüler, der die Figur erfunden hat, sich im Folgenden zunächst nicht zu äußern. Dann fragt sie die anderen Kinder:
- Ist das ein Ausländer?
- Woran seht ihr das?
- Was ist das für ein Mensch?
- Warum lebt er bei uns?
- Ist euch dieser Mensch feindlich gesonnen?
- Woran merkt ihr das?

– Woran könnte es liegen, wenn er euch ablehnend oder freundlich behandelt?
– Was möchte er wohl für seine eigene Familie erreichen?
– usw.

Vorurteile thematisieren

Vorurteile, Stereotype, unbewusste Zuschreibungen oder kulturelle Eigenheiten werden so an einem Beispiel konkret besprechbar, ohne dass dafür ein ausländischer Schüler aus der Klasse „herhalten" muss. Auch Minderheitenproblematiken lassen sich gut thematisieren. Wenn beim Aufhängen der Figuren in der Klasse vorlaute Bemerkungen wie „geil, Tunte, schwul" fallen, kann die Lehrerin den Anlass nutzen, um das Thema Homosexualität aufzugreifen und am Beispiel einer der Figuren die Vorstellungen der Schüler über die Lebenswelt von Schwulen ermitteln und ggf. auch korrigieren. Auch Themen wie Patchwork-Familie, Scheidungskinder, Alkoholismus oder Arbeitslosigkeit können angesprochen werden, ohne einzelnen Schülern damit zu nahe zu treten.

Biografie erfinden

Die Schüler erfinden einen zu ihrer Figur passenden Lebenslauf. Er soll realistisch und vollständig sein (z. B. muss der 25jährige Student die Schule erfolgreich abgeschlossen haben, darf aber noch nicht Großvater sein). Manche Schüler neigen dazu, eine „normale" Biografie zu erfinden. Andere nutzen die Gelegenheit, Veränderungen und Brüche, die es im Leben geben kann, zu thematisieren. Die beschriebene Person ist vielleicht in der Schule sitzen geblieben, weil die Eltern oft umgezogen sind, die Ausbildung wurde wegen eines unleidlichen Meisters abgebrochen, der Beruf wurde infolge der Einführung neuer Techniken gewechselt, nach der „Wende" 1990 kam eine längere Phase der Arbeitslosigkeit usw. Für jüngere Schüler kann ein Steckbrief zum Ausfüllen vorgegeben werden.

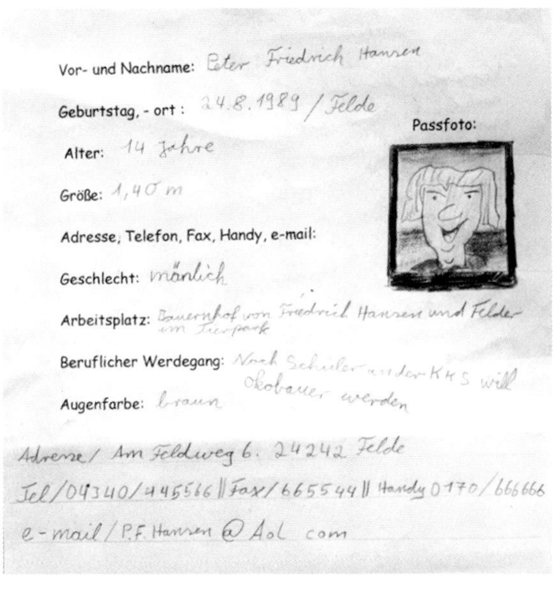

Vor- und Nachname: Peter Friedrich Hansen
Geburtstag, - ort: 24.8.1989 / Felde
Passfoto:
Alter: 14 Jahre
Größe: 1,40 m
Adresse, Telefon, Fax, Handy, e-mail:
Geschlecht: mänlich
Arbeitsplatz: Bauernhof von Friedrich Hansen und Felder im Tierpark
Beruflicher Werdegang: Nach Schüler an der KKS will Ökobauer werden
Augenfarbe: braun
Adresse/ Am Feldweg 6. 24242 Felde
Tel/04340/445566 || Fax/665544 || Handy 0170/666666
e-mail/P.F.Hansen@Aol com

Die Biografie ist nicht nur ein realistischer Schreibanlass. Das Verfassen eines Lebenslaufs trainiert auch Rechtschreibung, Rechenfähigkeit und logisches Denken. Die Schüler lernen, wie unterschiedlich Lebensentwürfe und Lebensbedingungen in ihren Auswirkungen sein können und dass es oft nur eines geringen Anlasses bedarf, dem Leben eine neue Richtung zu geben. Sie entwickeln Verständnis für unterschiedliche Lebensformen und erkennen die Fragwürdigkeit von Stereotypen, wie sie z.T. in den

Medien gepflegt werden. Schwierige eigene Lebenssituationen können auf die Figuren projiziert werden, ohne dass sich der Schüler offenbaren muss. Themen aus dem Lehrplan wie „Meine Familie und ich", „unsere Wohnung" usw. können so gut bearbeitet werden.
Aber Vorsicht! Gerade weil die Methode es zulässt, Privates gewissermaßen unter einem anderen Namen öffentlich zu machen, muss die Lehrerin darauf achten, dass die Schüler sich nicht so weit öffnen, dass sie es hinterher bedauern. Es geht nicht darum, Informationen zu bekommen, die anderweitig nicht zugänglich sind. Die Lehrerin muss also zwischen persönlichen Angelegenheiten wie Hobbys, Urlaubsreisen oder besonderen Fähigkeiten des Schülers einerseits und sehr privaten Informationen andererseits (z. B. Erkrankungen, Gefängnisaufenthalt oder Drogensucht eines Familienmitgliedes) unterscheiden.

Rollenspiel

Zum Rollenspiel gibt es ganze Bibliotheken von Anleitungen. Daher beschränke ich mich auf einige Hinweise im Zusammenhang mit der Storyline. Die Schüler erfinden schon am Anfang der Unterrichtseinheit ihre Figur, geben ihr ein Aussehen, einen Namen, einen Lebenslauf. Dadurch entsteht eine Identifikation, die im Folgenden wie von selbst in Phasen des Rollenspiels überleitet. Teilweise übernehmen die Schüler sogar von selbst eine bestimmte Rolle, z. B. wenn sie das Modell eines Bürogebäudes bauen und jeder „Beschäftigte" für „sein" Büro eine passende Ausstattung erfindet und gegebenenfalls gegen die Kollegen durchsetzt. Wenn die Lehrerin ein Rollenspiel einleiten möchte, kann sie sich meistens auf wenige Anweisungen beschränken, weil die Rollen bereits bekannt sind und die Schüler sich daran gewöhnt haben, aus der Rolle heraus zu agieren.
Darüber hinaus können natürlich auch andere Rollen für eine bestimmte Unterrichtssequenz eingenommen werden. Wenn die Schüler beispielsweise im Rahmen der Storyline als Inhaber kleiner Läden agieren, können sie bei der Gestaltung eines Fernseh-Werbespots für ihr Einkaufszentrum in ganz andere Rollen schlüpfen und als Sänger, Propagandisten, Kunden oder auch als Experten („Ihr Zahnarzt empfiehlt ...") auftreten.
Die Schüler lernen, aus einer Rolle heraus zu argumentieren. Sie können sich vor einer größeren Gruppe präsentieren, sie üben sich treffend auszudrücken und lernen artikulierter zu sprechen. All dies sind gute Gründe für die Methode des Rollenspiels – für sich genommen überzeugen sie ein achtjähriges Kind aber nur begrenzt. Die Anwendung der Storyline-Methode nimmt der Lehrerin die Aufgabe ab, für ein Rollenspiel zu werben. Notwendigkeit und Sinnhaftigkeit ergeben sich aus dem Fortgang der Story.

Neue Personen einführen

Während der Arbeit an einer Storyline können sich Themen ergeben, die bei der Planung nicht berücksichtigt wurden. Ein Beispiel wurde in Kapitel 2 genannt: Die Schulleiterin bestand darauf, kurzfristig das Thema Drogen im Unterricht zu behandeln. Die Klasse arbeitete gerade an der Storyline *„Wir führen ein Hotel"*. Die Lehrerin führte unter einem Vorwand ein neues Zimmermädchen ein. Im weiteren Fortgang der Storyline stellte sich dann heraus, dass dieses Zimmermädchen ein Drogenproblem hat. Die thematische Vorgabe der Schulleitung wird von den Schülern nicht als Unterbrechung des Unterrichts wahrgenommen, sondern als logische Fortsetzung „ihrer" Geschichte.
Indem die Lehrerin eine oder mehrere neue Personen einführt, kann sie das Augenmerk der Schüler auf Inhalte und Zusammenhänge lenken, die bislang nicht im Vordergrund standen. Das können Themen aus dem Lehrplan sein, es ist aber auch möglich, aktuelle Probleme in der Klasse aufzugreifen. Einige Beispiele:

- In der Einkaufsstraße hat ein neuer Laden aufgemacht. Der Eigentümer zieht durch aggressive Werbung viel Aufmerksamkeit von Kunden auf sich. (Mögliche Themen: Konkurrenz und Kooperation, produktiver Umgang mit Konflikten, Vertretung eigener Interessen)
- Eines Tages kommt ein neues, dunkelhäutiges Kind auf den Spielplatz. Es ist mit seinen Eltern aus einer Bürgerkriegsregion in Afrika geflohen und in eine Wohnung in der Nähe des Spielplatzes gezogen. (Mögliche Themen: Rassismus, Integration von Neuen, Flüchtlingsschicksale, Lebensbedingungen in der Dritten Welt)
- Der Chef der Polizeiwache wird befördert. Der neue Chef verfolgt ganz andere Ideen und Vorgehensweisen. (Mögliche Themen: Gegenseitiges Kennenlernen, Umgang mit Neuerungen, Kompromisse im Interesse der Karriere)

Beim Einführen neuer Personen können Vorurteile formuliert und besprochen werden. Stereotype können am Beispiel einer konkreten Person besser hinterfragt werden. So kann in einer Storyline ein alleinerziehender Vater auftauchen, ein russischer Hausarzt oder ein wegen Trunkenheit am Steuer gesuchter Polizist. Wichtig ist dabei, dass die Kinder nicht nur mit den Fakten konfrontiert werden, sondern emotional beteiligt sind. Das kann z. B. geschehen, indem die Kinder, die gerade einen Spielplatz konstruiert haben, das neue Kind herumführen und ihm die Spielgeräte erklären. Die Kinder könnten gemeinsam überlegen, wie man der neu hinzugezogenen afrikanischen Familie helfen kann, Fuß zu fassen. Vielleicht gibt es eine Begrüßungsparty mit deutschen und afrikanischen Spezialitäten, oder es wird auf dem Spielplatz gemeinsam gegrillt. Für die Schüler wird die Storyline sinnhaft fortgesetzt; die Lehrerin kann ein wichtiges Thema einbringen, das abstrakt, also losgelöst von der Erfahrung der Schüler, viel schwerer zu behandeln gewesen wäre.

Wandfries

Die Schüler erstellen gemeinsam ein großes Wandbild. Es kann gemalt oder in Collagetechnik ausgeführt sein. Andere künstlerische Techniken wie die Frottage oder das Stempeln mit Buchstaben oder Figuren aus Moosgummi können ebenfalls eingesetzt werden. Es entsteht z.B. die Ansicht einer Insel, das Bild eines großen Kreuzfahrtschiffes oder der Anblick eines am Wasser gelegenen Waldstücks voller Tiere.

Vorab wird gemeinsam geplant:

- Was wollen wir abbilden und woher bekommen wir Informationen darüber?
- Wer übernimmt welche Aufgaben?
- Wie legen wir die Proportionen fest?
- Gibt es ein Modell, das wir als Vorbild nehmen können?
- Auf welchem Untergrund wollen wir malen (Papier, Tapetenbahnen, Hartfaserplatte)?
- Welche Arbeitsschritte sind notwendig?
- Welche Technik wollen wir anwenden?
- Können einzelne Darstellungen in kleinerem Format angefertigt und später eingeklebt werden, damit möglichst viele Kinder parallel an dem Bild arbeiten können?

Die Schüler lernen, arbeitsteilig und diszipliniert zu planen, ihre Arbeit zu koordinieren, Konflikte konstruktiv zu lösen und gemeinsam ein ästhetisch ansprechendes Ergebnis zu erzielen. Sie üben den Umgang mit Schere, Pinsel, Kleister und Zeichenstift. Das Wandbild bleibt während der Beschäftigung mit der Storyline an der Wand des Klassenraums hängen. Der Schauplatz des Geschehens ist den Schülern dadurch immer präsent, und sie können auch nach einer Unterbrechung von einigen Tagen schnell wieder in das Thema einsteigen. Oft wird der Fries auch fortlaufend ergänzt und verändert, wenn neue Einsichten, Ideen oder Entwicklungen dazukommen.

Logo/Piktogramm

Unsere Kinder wachsen in einer Welt auf, die durch Konsum und Werbung geprägt ist. Oft assoziieren sie schon bestimmte Symbole mit Produkten, bevor sie lesen können. Sie erkennen mit einem Blick, ob ein

Beispiel für Piktogramme: Schutzbrille, Hörschutz tragen

Computerspiel auf dem Desktop verfügbar ist, sie können Automarken unterscheiden, und sie wissen anhand des Piktogramms, welche Tür zur richtigen Toilette führt. Es liegt also nahe, die Schüler im Rahmen einer Storyline ein Symbol oder Logo erfinden zu lassen. Die Aufgabe ist schnell verstanden, die Durchführung aber vergleichsweise anspruchsvoll. Denn das Logo für eine Fluglinie, einen Gemüseladen oder eine Feuerwache soll etwas mit dem Zweck der Organisation zu tun haben, also informativ sein und gleichzeitig ansprechend aussehen.
Unterrichtsmethodisch bietet sich hier die *Kettenreaktion* an: Zunächst entwirft jeder Schüler für sich ein Logo. Dann sucht er sich einen Partner und beide einigen sich auf einen der beiden Entwürfe oder eine Kombination. Dann suchen sie sich zwei weitere Partner und verfahren ebenso. Aus den Vierergruppen werden dann zwei Halbgruppen von 12 bis 15 Schülern gebildet. Welcher von den dabei übrig gebliebenen beiden Entwürfen schließlich genommen wird, entscheiden dann alle Schüler gemeinsam.
Die Schüler lernen, ein einfaches, leicht verständliches, inhaltlich passendes und ästhetisch attraktives Symbol zu erfinden. Noch wichtiger aber ist, dass sie Übung darin gewinnen, ihr eigenes Produkt zu begründen und zu verteidigen, zugleich aber offen zu bleiben für die Vorschläge ihrer Mitschüler. Sie lernen, sachlich zu argumentieren und Kompromisse zu schließen.

Grundrisse, Aufrisse

Erfolgreicher Unterricht geht oft vom Einfachen zum Schwierigen, vom Grundlegenden zum Komplexen. So auch die Storyline-Methode. Eines der Prinzipien für die praktische Arbeit lautet daher: vom Zweidimensionalen zum Dreidimensionalen. Ob es nun darum geht, sich ein Bild von einer Feuerwache, einem Rundfunkstudio oder einem Wohnwagen für Zirkusartisten zu machen – stets heißt die Schlüsselfrage: Wie würde dieser Raum oder dieses Gebäude von oben aussehen, wenn wir durch das Dach sehen könnten? Beim Aufriss heißt die Frage entsprechend: Wie sieht das Gebäude, die Pflanze, das Fahrzeug von der Seite aus?

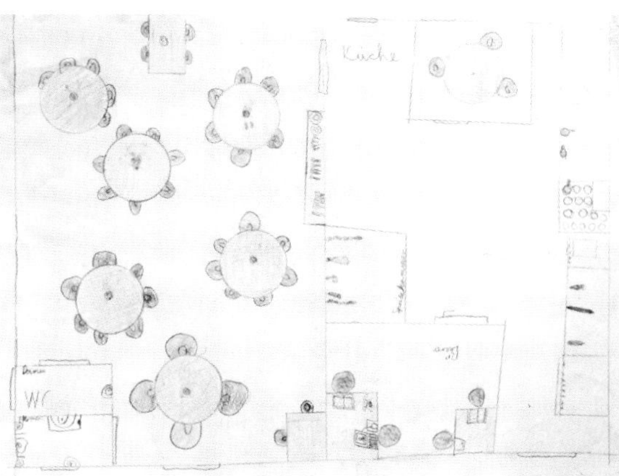

Grundriss eines Restaurants

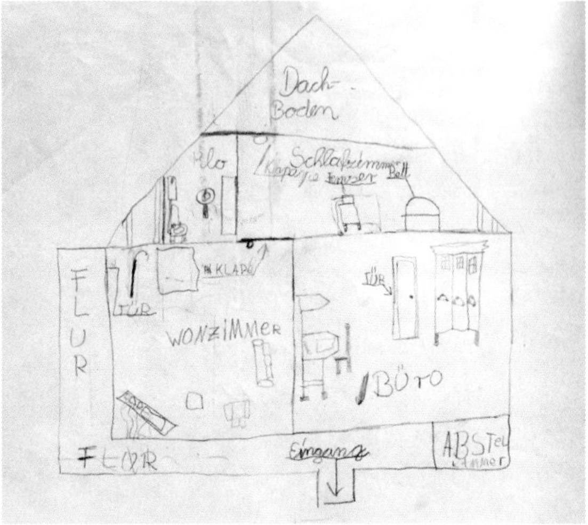

Aufriss eines Hauses

Die Schüler lernen zu abstrahieren und Proportionen abzuschätzen. Vor allem aber lernen sie, die wichtigsten Funktionen des abgebildeten Raums oder Gegenstands zu berücksichtigen. Selbst wenn zuvor schon gesammelt worden ist, was beispielsweise in einem Rundfunkstudio gebraucht wird (Sendeeinrichtung, mehrere Plattenteller, Platz für die Moderatoren, Tonregie, Telefonanlage usw.), werden die Schüler beim Erstellen des Grundrisses schnell auf weitere Fragen kommen, z. B. was die Rundfunkmitarbeiter in der Pause tun, wo sie zur Toilette gehen und ob man dort rauchen darf.

„Röntgen"-Bilder, Klappmodelle

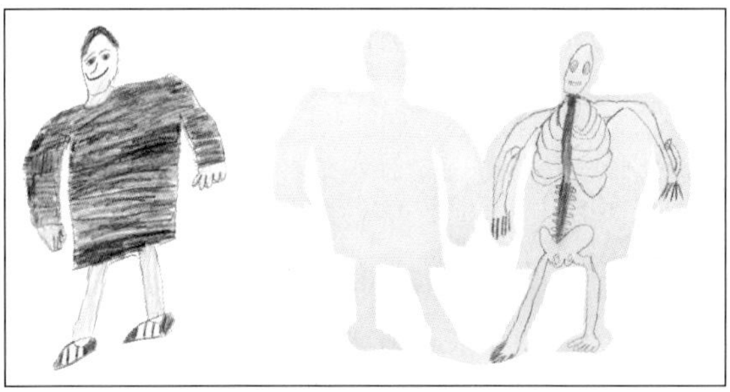

Anders als beim Aufriss, der die Außenansicht zeigt, eröffnet das Röntgenbild den Durchblick auf das Innere. So wie in der Röntgenaufnahme das Skelett erscheint, so wird das Innere eines Klaviers sichtbar, wenn die Verkleidung aus Plexiglas besteht. Überträgt man diesen Gedanken auf andere Dinge, lautet die Schlüsselfrage z. B.: Was würden wir sehen, wenn wir die vordere Wand des Hauses oder die Außenhaut des Schiffes abnehmen könnten? Das Röntgenbild erlaubt den Blick in die Wohnstube der Nachbarn oder in den Maschinenraum eines Schiffes.

Im Klappmodell sind Aufriss und Röntgenbild miteinander kombiniert. Die Schüler zeichnen beispielsweise eine menschliche Figur auf ein Blatt Papier. Das Blatt wird dann am linken Rand der Zeichnung gefaltet. Nun schneiden die Schüler die Figur aus dem doppellagigen Papier aus. Die vordere Seite zeigt den bekleideten Körper. Klappt man diesen Teil zur Seite, schaut man in den Körper hinein und sieht die inneren Organe oder das Skelett. Ähnliche Modelle lassen sich für Früchte, Fahrzeuge, Haushaltsmaschinen oder Computer erstellen. Auch hier bilden die Vorkenntnisse und Vermutungen der Schüler den Ausgangspunkt.

Die Lehrerin entscheidet, ausgehend von den beabsichtigten Lernzielen, ob technisch falsche Lösungen akzeptiert werden oder nicht. Ein Auto kann mit Benzin, Gas, Batterie oder sogar mit einer Dampfmaschine betrieben werden. Ein Mensch ohne Leber oder Nieren wäre dagegen nicht lebensfähig. Geht es im Unterricht darum, Grundkenntnisse über die wichtigsten Körperfunktionen zu vermitteln, dann sind die Vorstellungen der Schüler vom menschlichen Körper ein guter Ausgangspunkt. Dabei darf es aber nicht bleiben. Am besten helfen auch hier Fragen weiter, die sich die Schüler unter Zuhilfenahme von Fachbüchern, Lexika oder Internet selbst beantworten können.

Die „technische“ Zeichnung

Hier geht es nicht um Aufriss oder Grundriss, sondern darum, wie etwas funktioniert, etwa eine Ölbohrinsel, ein Feuerwehrauto oder eine Viehfütterungsanlage. Die Zeichnung soll nicht den Ansprüchen genügen, die üblicherweise an eine technische Zeichnung gestellt werden. Es geht vielmehr darum, dem Laien die wichtigsten Funktionen zu erläutern. Die Schüler können dafür z. B. Beschriftungen oder Aufkleber benutzen. Ältere Schüler können durch entsprechende Fragen auch bis zur Drei-Tafel-Projektion geführt werden:
- Wie würde dieser Gegenstand von oben oder von der Seite aussehen?
- Wie müsstest du ihn zeichnen, damit du Vorderseite und Seitenansicht auf einen Blick sehen kannst?

Ein einfaches Beispiel:

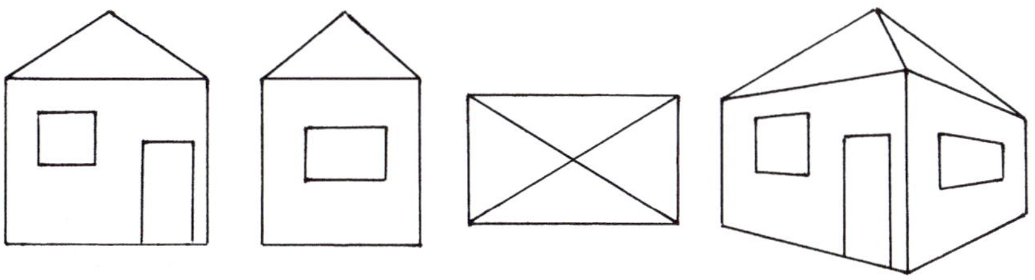

Dreidimensionale Modelle

Der nächste logische Schritt ist das dreidimensionale Modell. Es geht dabei ausdrücklich um ein Modell im Sinne eines Entwurfs oder Musters, nicht um ein möglichst wirklichkeitsgetreues Abbild wie etwa bei einer Puppenstube. Daher werden keine teuren oder schwer zu bearbeitenden Materialien gewählt. Meistens reichen Pappkarton, Buntpapier, Stoff- und Wollreste, Farbstifte, Zigarettenschachteln, Schere und Alleskleber aus, um ein ansprechendes Modell herzustellen. Dieses soll vor allem dem Anspruch genügen, die Unterrichtseinheit voranzubringen. Es geht also nicht darum, ein „hübsches“ Modell um seiner selbst willen zu bauen. Das dreidimensionale Modell bietet der Lehrerin viele Möglichkeiten zum Nachfragen:
- Warum gehen die Türen nach außen (innen) auf?
- Wie putzt man die Fenster von außen?

- Was passiert mit Menschen, die sich bei Feuer in einem „gefangenen" Raum aufhalten?
- Wie funktioniert die Isolierung gegen Kälte im Winter?
- Wo gehen die Beschäftigten auf die Toilette? Die Kunden auch?
- Wozu dient dieses und jenes?
- Worauf müsste man achten, wenn …

Die Schüler werden durch solche Fragen herausgefordert, akzeptable Lösungen zu finden, an die sie zuvor vielleicht nicht gedacht haben. So werden sie z. B. nachträglich ein Fenster in eine Tür schneiden, die so ungünstig liegt, dass man beim schnellen Öffnen jemanden verletzen könnte, der außen vorbeigeht.

Dreidimensionales Modell einer Ladenstraße

Die Schüler brauchen sich beim Bau eines Modells nicht auf Gebäude oder Fahrzeuge zu beschränken, die aufgrund ihrer Form leicht in einen Karton passen. Das Modell kann ebenso gut ein Stück Ostsee darstellen mit einem Schiffswrack am Boden, mit Wasserpflanzen, Fischen, Quallen, Bojen und Segelschiffen. Es kann der Ast einer Eiche mit all seinen Bewohnern sein oder ein Indianerzelt.

Unter den Lernzielen sind räumliches Vorstellungsvermögen und handwerkliches Geschick eher nachrangig, obwohl auch diese Fähigkeiten im Leben außerhalb der Schule von Bedeutung sind. Wichtiger ist, dass die Schüler durch die Herstellung eines Modells lernen, in kleinen Gruppen konstruktiv zu kooperieren, ihre Vorstellungen in ein Produkt umzusetzen, ihr Handeln zu begründen, angemessene Lösungen für praktische Probleme zu finden und logische Zusammenhänge herzustellen.

Die Lupe/das Mikroskop

Die Schlüsselfrage für den Einsatz dieses Werkzeugs lautet: Was würdet ihr sehen, wenn ihr diesen Baum (dieses Haus, dieses Tier, dieses Werkzeug) durch ein Vergrößerungsglas betrachten würdet? Wie andere Storyline-Techniken folgt auch diese Frage dem Grundsatz: Vom Allgemeinen zum Besonderen, vom Einfachen zum Komplexen. Üblicherweise entscheidet die Lehrerin, wo sie die Lupe platziert. Sie kann dies aber auch den Schülern überlassen. Wurde z. B. zu einem früheren Zeitpunkt der Wandfries einer Waldlandschaft gestaltet, dann können die Schüler jetzt ein Quiz veranstalten: Einer von ihnen legt die Lupe auf eine bestimmte Stelle und die anderen stellen plausible Überlegungen an, welche kleinere Struktur sich an dieser Stelle verbirgt. Die Schüler gewinnen dadurch genauere Vorstellungen und Kenntnisse von der sie

umgebenden Mikrostruktur. Sehr eindrucksvolle Bilder enthält das Buch von Bodanis 1990.
Da in der Regel mit Modellen gearbeitet wird, können die Schüler nur selten tatsächlich eine Lupe oder ein Mikroskop benutzen. Oft werden sie auf ihre eigenen Erfahrung zurückgreifen können, z. B. dass das Haus von Menschen bewohnt ist, der Baum von Vögeln und der Teich von Fischen. Folgt dann eine kompliziertere Frage, etwa welche Vögel ihre Nester in Nadelbäumen bauen, dann müssen die Schüler Medien zu Rate ziehen: Fachbücher, Lexika oder das Internet. Im Prinzip kann man mit dieser Technik bis zu den kleinsten Teilchen der Materie gelangen. Wie weit die Lehrerin letztlich in die Tiefe gehen will, hängt vom jeweiligen Lernziel ab. Geht es in der Storyline z. B. um die Evolution der Vögel, werden die Schüler sich sinnvollerweise auch einmal Federn unter einem Mikroskop ansehen, um die Verhakung der Federn miteinander zu erkennen und deren Bedeutung für den Flug abschätzen zu können.

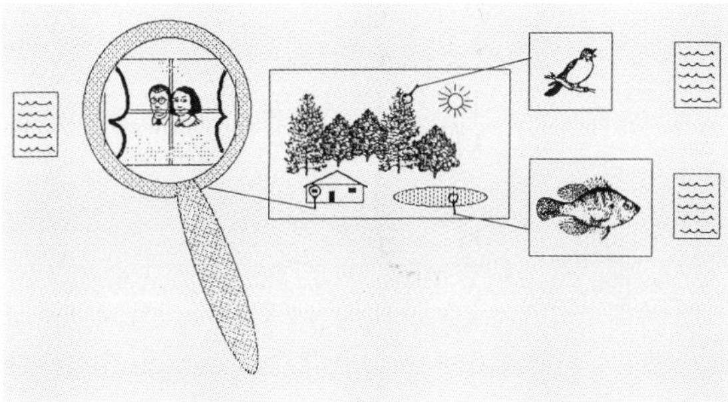

Quelle: Fourth Golden Circle Seminar. Flensburg 1992, S. 36.

Listen, Wort-Bank

Das Sammeln von Erfahrungen und Ideen der Schüler, aber auch das Brainstorming spielen im Unterricht nach der Storyline-Methode eine große Rolle. Dem Prinzip der Visualisierung folgend, wird hierbei möglichst immer mitgeschrieben, meistens von der Lehrerin an der Tafel. Das geht schnell, und es prägen sich keine falschen Wortbilder ein.
Natürlich kann die Lehrerin auch die Schüler bitten mitzuschreiben, sofern es vom Lernziel her angebracht ist. Häufig beginnt eine Episode mit einer Sammlung von Tätigkeiten, Gegenständen, Lebewesen oder abstrakten Begriffen:

- Was wird im Bäckerladen alles verkauft?
- Welche verschiedenen Arbeiten sind von den Angestellten auf einem Kreuzfahrtschiff zu erledigen?
- Welche Tiere wohnen im Moor?
- Mit welchen Verkehrsmitteln fahrt ihr in Urlaub?
- Welche Kosten entstehen in einem Reisebüro?

Je nach Lernziel und Planung der Storyline schließt sich daran ein nächster Schritt an, z. B. der Bau eines Modells, das Zeichnen eines Aufrisses, das Erstellen eines Zeitplans oder die Erprobung im Rol-

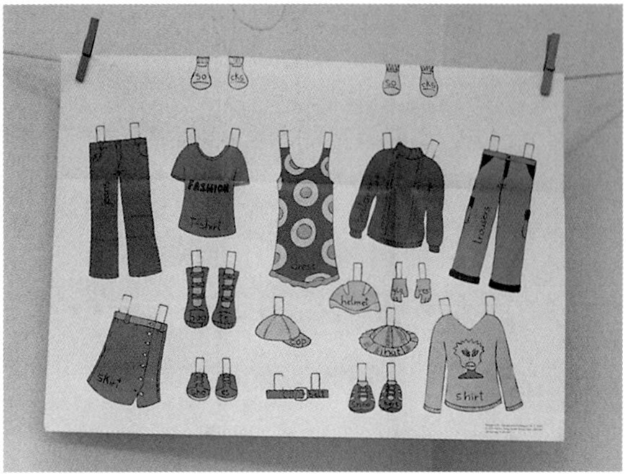

Wortbank zum Thema Kleidung

lenspiel. Beim Sammeln der Begriffe erfahren die Schüler, wie viel Vorwissen in der Klasse bereits vorhanden ist. Sie lernen Bereiche voneinander abzugrenzen (Was gehört dazu und was nicht?) und sie üben schwierige Schreibweisen.

Eine besondere Form der Zusammenstellung von Begriffen ist die *Wortbank*. Hierbei geht es darum, Wörter zu einem bestimmten Bedeutungsbereich zu sammeln und den Wortschatz zu erweitern, etwa im Fremdsprachunterricht.

Als Wortschatzübung können auch Gegensätze gesammelt werden: heiß – kalt, schwer – leicht, hart – weich usw. Es empfiehlt sich, möglichst mehrere Sinne zu berücksichtigen, etwa durch Fragen wie: Wonach riecht es im Gemüseladen, beim Bäcker, im Frisiersalon? Wie hört es sich an, wenn der Regen auf die Dächer der Marktstände prasselt? (Die Kinder können hierzu ein Lautgedicht schreiben.) Wie fühlen sich die Materialien an, die die Änderungsschneiderin verarbeitet (Wolle, Seide, Leder, Taft, Polyester, Viskose)? Wonach schmeckt dies? (Die Schüler nehmen mit geschlossenen Augen Smarties, Fruchtgummis, verschiedene Arten von Nüssen und Bonbons in den Mund.)

Wortbanken können auch eingesetzt werden, um die Nuancen zwischen Begriffen mit ähnlichen Bedeutungen zu verdeutlichen. Das bietet sich an, wenn in einer Klasse viele Schüler nicht deutscher Muttersprache sind oder wenn die Schüler immer wieder dieselben Begriffe verwenden, obwohl Alternativen vorhanden sind. Ein Beispiel: Die Schüler sammeln Begriffe für die schnelle Fortbewegung eines Autos und erläutern die (vermutete) Herkunft, z. B.:

- sausen: lautmalerische Bezeichnung
- fahren: Zusammenhang zu Fähre, Fuhre …
- brettern: Skisport
- rasen: wütend auf jemanden losgehen
- fegen: schnell säubern
- eilen: Eile, Hast
- brausen: lautmalerische Bezeichnung, Sturm
- jagen: hinter dem Wild her sein
- preschen: von „pirschen" = jagen
- flitzen: pfeilschnell (Flitzebogen)
- huschen wie ein Tier
- stürmen: wie der Wind
- dahinschießen: wie ein Geschoss

Eine andere Art des Lernens von sprachlichen Abstufungen besteht darin, alle Eigenschaftswörter zu einem Bedeutungsfeld zu sammeln, auf Karten zu schreiben und diese dann geordnet auf eine Leine zu hängen – z. B. von kochend heiß bis eiskalt, von blitzschnell bis schneckengleich oder von riesig bis winzig:

riesig	groß	aus-gedehnt	mittel	klein	mickrig	winzig

Regeln

Kinder müssen nach vielen Regeln leben, teilweise schaffen sie sich auch selbst mehr oder weniger komplizierte Regelwerke. Wenn der Fortgang einer Storyline es erfordert, Regeln aufzustellen, ist es sinnvoll, diese gemeinsam zu formulieren, niederzuschreiben und im Klassenzimmer aufzuhängen. Beispiele: So gehen wir mit Ladendieben um, Sicherheitsregeln für Feuerwehrleute, Inspektionsliste (darauf muss der Kapitän eines Schiffes vor dem Auslaufen achten).
Haben die Schüler an solchen Beispielen erkannt und akzeptiert, dass Regeln das Zusammenleben erleichtern, dann können auch Regeln für die eigene Klasse entwickelt werden. Das können Vereinbarungen über das Ausleihen von Büchern aus der Klassenbibliothek oder die Benutzung des Computers sein. Es können aber auch gemeinsam Regeln geschaffen werden, die den Umgang mit Konflikten erleichtern (vgl. z. B. Grabbe 2003). Die Schüler machen dann unter Umständen die Erfahrung, dass es schwierig ist, die getroffenen Vereinbarungen durchgängig einzuhalten. Zugleich erleben sie aber auch, dass Regeln der Orientierung dienen und dass Konflikte besser zu besprechen sind, wenn dabei Bezug auf vorherige Absprachen genommen werden kann.

Konzepte/Pläne erstellen und präsentieren

Nach den Prinzipien von Lebensweltbezug und Eigenverantwortung ist es notwendig, die Planung einzelner Schritte den Schülern zu überlassen. Die Lehrerin kann festlegen, *dass* die Schüler in einer bestimmten Episode ein Waren- oder Dienstleistungsangebot festlegen sollen; *was* dieses Angebot im einzelnen umfasst, kann aber sinnvollerweise von den Schülern selbst beschrieben werden. Geeignete Schlüsselfragen lauten:
- Worauf werden die Kunden besonders achten?
- Was müsst ihr bei der Planung einer Seereise bedenken?
- In welcher Reihenfolge sollen die einzelnen Zirkusauftritte stehen?
- Welche Arbeitsschritte sind bei der Produktion notwendig?

Meistens werden solche Pläne in Kleingruppen erarbeitet. Dann empfiehlt es sich, die Ergebnisse vor der ganzen Klasse präsentieren zu lassen. Die Schüler lernen, vor der Großgruppe frei zu sprechen und sie gewinnen Sicherheit bei der Benutzung von Medien wie Tafel, Overhead-Projektor, Wandzeitung, evtl. auch PC und Beamer.

Zeitpläne

Auch Zeit- und Einsatzpläne erfordern analytisches Denken und Vorstellungsvermögen. Die Schüler lernen Prioritäten zu setzen und entwickeln ein Gefühl dafür, dass Zeit ein nicht vermehrbares knappes Gut ist. Typische Aufgaben in diesem Zusammenhang sind z. B. das Entwerfen eines Einsatzplanes für eine Krankenhausstation, ein Polizeirevier oder eine Feuerwache. Es kann aber auch der Tagesablauf einer Person geschildert werden.

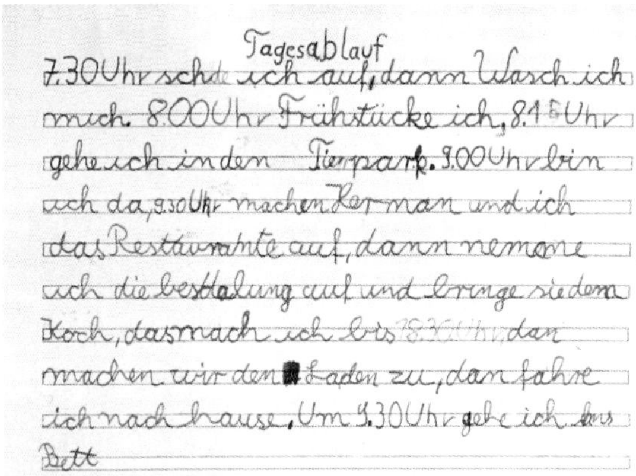

Tagesablauf
7.30 Uhr schte ich auf, dann Wasch ich
mich. 8.00 Uhr Frühstücke ich, 8.15 Uhr
gehe ich in den Tierpark. 9.00 Uhr bin
ich da, 9.30 Uhr machen Herman und ich
das Restaurahnte auf, dann nemene
ich die bestlalung auf und bringe sie dem
Koch, das mach ich bis 18.30 Uhr dan
machen wir den Laden zu, dan fahre
ich nach hause. Um 9.30 Uhr gehe ich ins
Bett

Tagesablauf einer Kellnerin im Tierpark-Restaurant

Manchmal entwickeln die Schüler bei der Zeitplanung Ideen, die über die vorfindbare Realität hinaus gehen. In einer Grundschulklasse, die das Modell einer Polizeistation gebaut hatte, wurde von den Schülern ein „überlappender" Schichtplan entwickelt. Begründung eines Schülers: Wenn die Polizisten um 14.00 Uhr Schichtwechsel haben, dann kommen die einen gerade mit dem Streifenwagen vor die Wache gefahren, während die anderen sich noch die Uniform anziehen. Wenn ich Verbrecher wäre, dann würde ich genau um 14.00 Uhr die Bank überfallen. Als zum Schluss der Unterrichtseinheit eine echte Wache besucht wurde, mussten die Polizisten zugeben, dass die Idee nicht schlecht ist.

Darstellendes Spiel, Tanz

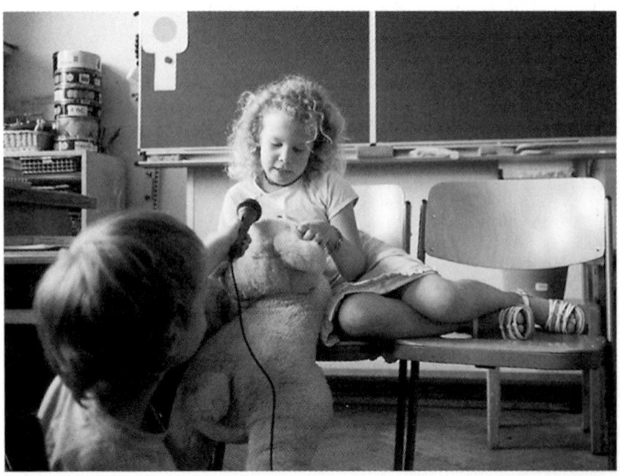

Spielsequenzen, Tanz und rituelle Bewegungen können an vielen Stellen in eine Unterrichtseinheit nach der Storyline-Methode integriert werden. Der Regentanz der Indianer, der Ball auf dem Kreuzfahrtschiff, der Volkstanz der ersten Siedler auf einer bis dahin unbewohnten Insel – all dies kann Platz in einer Storyline finden, wenn es vom Thema und den Lernzielen her passt.

Masken

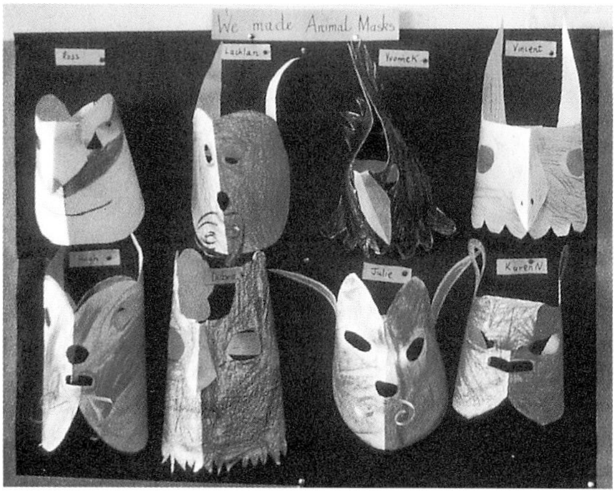

Beim darstellenden Spiel oder in Rollenspielen können auch von den Schülern gefertigte Masken verwendet werden. Als Ausgangsstoff dienen beispielsweise Papiertüten. Keine Plastiktüten – *Erstickungsgefahr*!
Ältere Schüler sind auch in der Lage, Masken aus Stoffresten zu nähen oder aus farbigem Karton zu formen. Masken sollten vor allem dann verwendet werden, wenn Tiere oder Fabelwesen darzustellen sind. Als Feuerwehrmann oder Verkäuferin können die Schüler auch ohne Maske auftreten.

„Memory"

Die Merkfähigkeit der Schüler wird im Storyline-Unterricht dadurch gefördert, dass viele Arbeitsergebnisse für alle sichtbar an der Wand hängen. Wird die Storyline im fremdsprachlichen Unterricht eingesetzt, kann auch das alte Kinderspiel Memory wieder zum Leben erweckt werden. Es gibt dann nicht zwei identische Bilder, deren Lage man sich merken muss, sondern jeweils ein Bild und das dazu passende fremdsprachige Wort.

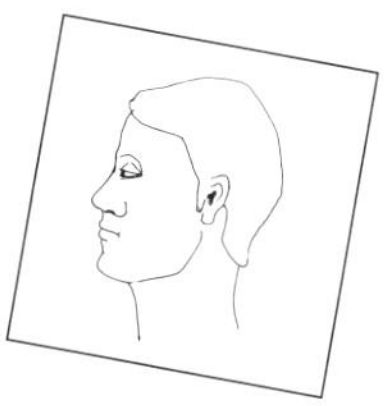

head

Ähnlich kann man im Mathematikunterricht verfahren, wenn es aufs Auswendiglernen ankommt:

	48 : 6						**8**

Werbespot vorführen

Auch bei dieser Technik geht es darum, die Identifikation der Schüler mit ihrem Vorhaben zu stärken. Die Aufgabe lautet, in Gruppenarbeit einen Werbespot zu gestalten. Dabei lernen die Schüler, kreative Ideen zu entwickeln, vor einer größeren Gruppe aufzutreten, eine Rolle zu übernehmen und eine Idee oder ein Produkt zu „verkaufen". Die Lehrerin kann diese Aktivität mit der Frage einleiten, wie denn die Schüler am ehesten Aufmerksamkeit für ihr Thema in der Öffentlichkeit wecken wollen. Wenn die Schüler verschiedene Medien (Zeitung, Fernsehen, Radio) nennen, kann die Lehrerin eines davon auswählen oder die Klasse entscheiden lassen. Da es auch stumme Rollen gibt, Geräusche oder Musik integriert werden und der Szenenhintergrund malerisch zu gestalten ist, kann sich jeder Schüler seinen Fähigkeiten entsprechend einbringen.

Bevor mit der Produktion begonnen wird, sollte die Lehrerin fragen, woran die Schüler einen guten Werbespot im Radio erkennen. Die Antworten der Schüler liefern die Kriterien, die dann mitgeschrieben werden. Anschließend legt die Lehrerin die für die Präsentation zur Verfügung stehende Zeit fest. Form und Inhalt sind von den Schülern auszufüllen. Vielfach orientieren sie sich dabei an Werbesendungen des Fernsehens. Aus der Übertragung dieses Vorbildes auf das im Unterricht gewählte Thema ergibt sich oft eine Komik, für die die Schüler ein gutes Gespür haben. Bei der Vorbereitung und der späteren Vorführung des Spots wird viel gelacht, aber ich habe noch nie erlebt, dass jemand ausgelacht wurde.

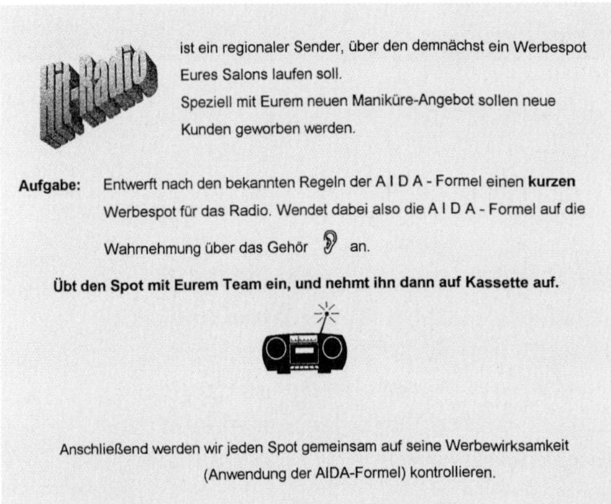
Hit-Radio ist ein regionaler Sender, über den demnächst ein Werbespot Eures Salons laufen soll.
Speziell mit Eurem neuen Maniküre-Angebot sollen neue Kunden geworben werden.

Aufgabe: Entwerft nach den bekannten Regeln der A I D A - Formel einen **kurzen** Werbespot für das Radio. Wendet dabei also die A I D A - Formel auf die Wahrnehmung über das Gehör an.

Übt den Spot mit Eurem Team ein, und nehmt ihn dann auf Kassette auf.

Anschließend werden wir jeden Spot gemeinsam auf seine Werbewirksamkeit (Anwendung der AIDA-Formel) kontrollieren.

Arbeitsanweisung für einen Werbespot aus dem Berufsschulunterricht (von der Lieth 1998)

Falls die Schüler keine Idee haben, wie sie bei der Produktion des Werbespots vorgehen sollen, kann die Lehrerin durch Fragen helfen:
- Wofür genau wollt ihr werben?
- Was ist eure Spezialität?
- Welchen Vorteil oder Nutzen haben eure Kunden davon?
- Habt ihr einen Slogan formuliert, der diesen Nutzen benennt?
- In welchen Situationen profitieren die Kunden am meisten davon, dass es euch gibt?
- Habt ihr ein Logo, das ihr in den Werbespot einbauen könnt?

Wenn jede Gruppe ihren Werbespot vorgetragen hat, wirft man gemeinsam einen Blick auf die vorab definierten Kriterien. Haben sich alle Gruppen daran gehalten? Entsprachen die Werbespots den Prüfsteinen für Qualität? Meistens sind die Schüler kritischer, auch selbstkritischer, als die Lehrerin, sodass die Ergebnisse der gemeinsamen Evaluation durchaus in die Leistungsbeurteilung einfließen können.

Besondere Ereignisse

Unerwartete Geschehnisse eignen sich hervorragend, um die Einbildungskraft der Kinder anzuregen und sie zum Finden plausibler Lösungen zu motivieren. Die Schlüsselfrage lautet:
„Was würdet Ihr tun, wenn ..." z. B.
- während der Vorstellung ein Sturm ein Loch ins Zirkuszelt reißt?
- im Kaufhaus ein Feuer ausbricht?
- ein Ausländer angepöbelt wird?
- im Einkaufszentrum ein kleines Kind, das kaum sprechen kann, seine Eltern sucht?
- ein Ladendieb gefasst wird?
- das Feuerwehrauto auf dem Weg zum Einsatz einen Unfall hat?

Die Schüler spielen das Ereignis in Kleingruppen parallel durch. Anschließend werden die unterschiedlichen Lösungen vorgestellt und diskutiert. Dabei können interessante Kontroversen entstehen, die es ermöglichen, die Schüler für komplexe Zusammenhänge zu sensibilisieren. So lässt sich am Beispiel des unbeaufsichtigten Kindes die Frage nach der Reichweite von Verantwortung behandeln. Anhand der Frage, ob man einen Ladendieb in jedem Fall anzeigen soll, lassen sich Vor- und Nachteile von Sühneprinzip und Reintegrationsprinzip aufzeigen und besprechen. Je nach Vorkenntnissen und Reifegrad der Schüler wird die Lehrerin hierfür unterschiedlich viel Zeit aufwenden. Die Beispiele machen auch deutlich, dass die Lehrerin bei der Auswahl der Ereignisse Sorgfalt und Fingerspitzengefühl walten lassen muss, damit ein Thema sich nicht so weit verselbstständigt, dass die dadurch ausgelöste Dynamik nicht mehr zu steuern ist.

Kalkulationen von Kosten und Aufwand

Wofür gebt ihr Geld aus?	Woher kommen die Einnahmen?
Miete Einkauf Versicherung Heizung Werbung Strom Gehälter ...	Zahlungen der Kunden

Jede Aktivität ist mit Kosten oder Zeitaufwand verbunden. Da die Zeit nicht für andere Zwecke eingesetzt werden kann, entstehen zumindest kalkulatorische Kosten. Dadurch, dass Kosten aufgeschrieben und mit dem erwarteten Nutzen in Beziehung gesetzt werden, lernen die Schüler nicht nur, dass und warum letztlich alles seinen Preis hat, sondern sie lernen auch an bedeutungsvollen Beispielen zu rechnen und zu schätzen. Sie können z. B. das Preis-Leistungs-Verhältnis einer Dienstleistung berechnen, den Zeitaufwand für die Herstellung einer Ware abschätzen oder ganzheitliche mit arbeitsteiliger Produktion vergleichen. Schlüsselfragen könnten lauten:

- Welche Kosten entstehen beim Betreiben eines Ladens?
- Wie viel Dieselöl muss ein Schiff für die Fahrt von Cuxhaven nach Suez tanken?
- Wie viele Leute müssen in die Vorstellungen kommen, damit der Zirkus weiter bestehen kann?

Um die Schüler darin zu bestärken, dass es nicht um das Rechnen an sich geht, sondern um die Lösung praktischer Probleme, sollten derartige Berechnungen bewusst in eine Storyline-Episode eingebunden werden. So kann eine Frage lauten, was die Arbeitsgruppe vorschlagen würde, wenn der gemeinsam betriebene Laden 75 000 € Gewinn im Jahr abwirft. Meistens beginnen die Schüler unternehmungslustig zu investieren, auszuweiten, mehr Personal einzustellen usw. „Und was tut ihr, wenn ihr 75 000 € Verlust einfahrt?", folgt dann als nächste Frage. Falls die Antwort „Sparen" lautet, wird erneut die zuvor erstellte Liste der Ausgaben betrachtet. Die Schüler stellen dann schnell fest, dass sie weder beim Einkauf noch bei Heizung, Versicherung, Miete und anderen Fixkosten viel einsparen können. Es bleiben letztlich die Gehälter. Die Schüler müssen also entscheiden, wer zur Vermeidung einer Insolvenz entlassen werden soll. Sie müssen Kriterien für diese Entscheidung festlegen und begründen. Das Lernziel lautet daher auch nicht „Kosten richtig kalkulieren können", sondern es geht einmal mehr um eine Kombination von kognitiven und affektiven Lernzielen. Die Schüler lernen, dass manchmal auf Grund ökonomischer Zwänge zwischen den Interessen einzelner und denen einer Mehrheit abgewogen werden muss. Sie lernen auch, dass solche Entscheidungen emotional belastend sein können.

Nutzung von Schreibanlässen

Der Erwerb einer angemessenen Schreibfertigkeit ist eines der wichtigsten Lernziele von Grundschule und Sekundarstufe 1. Daher ist es unumgänglich, immer wieder das Schreiben zu üben und die vorhandenen Fähigkeiten auszubauen. Die Storyline-Methode liefert hierfür vielfältige Anlässe. Das Schreiben verschiedener Textarten kann für die Schüler nachvollziehbar in das jeweilige Thema integriert werden, z. B.:

- ein Astronaut verfasst einen Artikel für die Tageszeitung
- der Matrose schreibt von der Kreuzfahrt an seine Eltern zu Hause
- der Polizist liefert einen Unfallbericht
- die Verkäuferin begründet, warum eine fehlerhafte Ware zurückgesandt wird
- Forscher beschreiben den Verlauf eines Experiments
- der Unternehmer bittet die Bank um einen Überbrückungskredit
- ein Handwerksbetrieb sucht per Annonce neue Mitarbeiter oder spezielle Lagerräume
- der Auszubildende berichtet über seinen neuen Arbeitsplatz usw.

Mit etwas Überlegung lässt sich eine Fülle geeigneter Schreibanlässe in jeder Storyline unterbringen. Schöne Beispiele liefert Corssen 2003. In dem gemeinsam mit den Schülern gelesenen Buch „Es muss auch kleine Riesen geben" zeigt eine Abbildung, wie der kleine Riese von größeren Riesenkindern in den Dreck geschubst wird. Corssen ließ ihre Schüler aufschreiben, wie sie sich selbst in einer ähnlichen Situation gefühlt hatten.

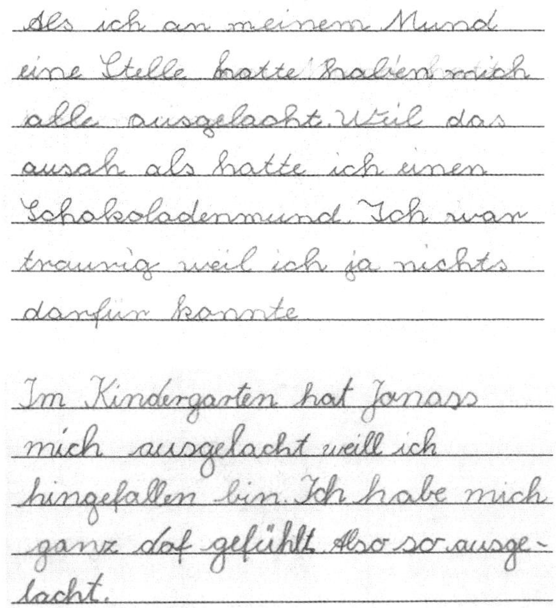
Als ich an meinem Mund eine Stelle hatte haben mich alle ausgelacht. Weil das ausah als hatte ich einen Schokoladenmund. Ich war traurig weil ich ja nichts dafür konnte

Im Kindergarten hat Janass mich ausgelacht weill ich hingefallen bin. Ich habe mich ganz dof gefühlt. Also so ausgelacht.

Vermeidung ermüdender Aufzählungen

Eine Technik, die die Kinder beim Schreiben und Erzählen darin unterstützt, von dem immer gleichen Satzanfang „und dann ..., und dann ..." wegzukommen, besteht darin, unterschiedliche Satzanfänge vorzugeben, mit denen die Kinder dann der Reihe nach Sätze bilden, z. B.:

- Ganz am Anfang ...
- Etwas später ...
- Kaum hatte ...
- Daran anschließend ...
- Es war ...
- Oft geschah es, dass ...
- Nur zu schnell ...
- Dann ...
- Als nächstes ...
- Im Anschluss ...
- Schließlich ...
- Zu guter Letzt ...
- Ganz am Ende

Gedichte

Auch Gedichte finden ihren Platz in einer Storyline. Wenn die Schüler Erfahrungen mit moderner Poesie haben, kann die Lehrerin sie auffordern, selbst mit gebundener Sprache zu experimentieren. Wenn die Schüler reimen wollen, hilft ihnen eine gemeinsam zusammengestellte Wortliste, ein Gedicht zu entwickeln. Zum Schreiben einfacher Gedichte, die sich nicht reimen müssen, kann die Lehrerin auch anregen, indem sie Anfangszeile und letzte Zeile einer Strophe vorgibt, etwa:

1.
Uli fühlt sich
einsam,
ängstlich,
...
...
...
auf dem Weg ins Krankenhaus.

2.
Ja, er fürchtet,
dass es weh tut,
dass ...
...
...
...
auf dem Weg ins Krankenhaus.

Die Arbeitsmappe

Damit die Lehrerin und die Schüler selbst die Lernfortschritte nachverfolgen können, ist es hilfreich, wenn die Schüler ihre Arbeitsergebnisse in einer Mappe oder einem Ordner sammeln. Eine sog. Jurismappe eignet sich gut dafür. Die Schüler können ihre gesammelten Arbeitsblätter aber auch lochen und mit einem Band zusammenheften.

Schülermappen zur Storyline „Der kleine Riese"

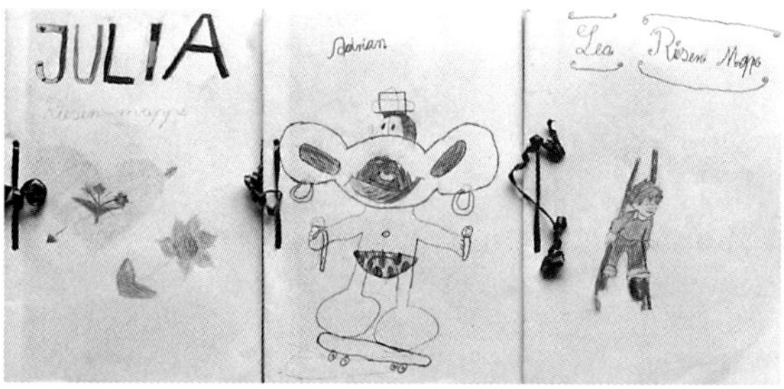

Während die Schüler eine Gruppenaufgabe bearbeiten, kann die Lehrerin einige Mappen durchsehen. Wenn dann später eine Phase der Einzelarbeit folgt, kann sie einzelne Schüler zu sich bitten, mit ihnen über die Arbeitsergebnisse sprechen und ihnen Rückmeldung geben.

Ein guter Schluss

So wie eine Geschichte einen guten Auftakt braucht, benötigt sie auch einen passenden Schluss. Gerade bei einer Storyline sind viele Möglichkeiten denkbar. Daher muss die Lehrerin überlegen, welches Ende eine Storyline überzeugend abschließt.
Oft bietet sich die *Realbegegnung* (vgl. Seite 56) als optimales Ende an. Nachdem die Schüler so viel entworfen und entwickelt haben, lohnt sich der Vergleich mit der Realität. Sie besuchen eine Feuerwache, einen Supermarkt, ein Museum oder eine Arztpraxis. Es kann auch ein Experte in die Klasse eingeladen werden, der die Entwürfe und Ideen der Schüler kommentiert und Fragen beantwortet.

Ist eine Realbegegnung nicht möglich – z. B. wenn die Geschichte Robinson Crusoes den roten Faden bildet –, kann am Ende eine *Präsentation* für Eltern, Lehrer und Schüler anderer Klassen durchgeführt werden. Am Schluss der Unterrichtseinheit kann aber auch ein kleines *Projekt* stehen, beispielsweise eine Zirkusaufführung oder eine Tanzdarbietung für die Eltern.

Manchmal ermüden die Kinder schneller als erwartet. Die Storyline verliert an Spannung. Dann bietet es sich an, die Unterrichtseinheit schneller als geplant zu Ende zu führen, etwa indem ein *besonderes Ereignis* den Schluss markiert. In der Storyline „Spielzeugladen" werden die Puppen, die Stofftiere und Maschinen nachts lebendig. Eines Nachts steigt ein Dieb ein, um die schönsten Spielsachen zu stehlen. Die Kinder überraschen ihn und übergeben ihn gefesselt der Polizei. Nachdem diese Episode im Rollenspiel abgeschlossen wurde, ist die Geschichte für die Schüler auch gefühlsmäßig zu einem guten Ende gebracht worden. Die Lehrerin sollte sich dann ersparen, mit großem Aufwand weitere Episoden anzuhängen.

In seltenen Fällen kann es auch nötig sein, den *„Notausgang"* zu benutzen, wie Erik Vos es formuliert. „Wenn eine Storyline nicht richtig läuft, kann das eine der folgenden Ursachen haben:

- Die Story ist für die Kinder nicht attraktiv genug, sie mögen sie nicht mehr.
- Die Kinder haben zu wenig Zeit bekommen, sich mit der Hauptperson zu identifizieren. Die Person bleibt verschwommen.
- Es wurden zu viele Aktivitäten in eine Episode hineingepackt, so dass die Schüler die Lust verlieren.
- Es wurde zu viel im traditionellen Sinne unterrichtet. Die Storyline wurde nicht genutzt, um die Schüler zu Aktivitäten anzuregen, sondern um Stoff zu vermitteln. Die Schüler verstehen die Methode als Trick zur Bemäntelung von Arbeitsaufträgen." (Vos/Dekkers, Teil 2, S. 81)

In einem solchen Fall kann es besser sein, die Storyline zu einem schnelleren Ende als geplant zu bringen. Sehr wichtig ist es dann, gemeinsam mit den Schülern zu analysieren, was schief gelaufen ist, aber auch was gut geklappt hat. Vor allem die Lernerfolge und das, was trotz allem Spaß gemacht hat, sollten herausgestellt werden, damit die Schüler sich der Methode nicht gänzlich verschließen. Die Storyline schließt dann mit einer Selbstreflexion: mit Unterricht über Unterricht – auch daran können Schüler viel lernen.

Ein schönes Ende einer Storyline ist ein gemeinsames *Fest*, auf dem nicht nur gespielt, gegessen und gesungen wird, weil es Spaß macht, sondern weil es den erfolgreichen Abschluss der Storyline zu feiern gilt. Wenn ein historisches Thema bearbeitet wurde, kann man ein Kostümfest veranstalten und in mittelalterlichen Gewändern erscheinen. Ging es um das Thema „gesunde Ernährung", dann ist natürlich das gemeinsame Zubereiten bekömmlicher Nahrung angesagt; und wenn das Überleben im Urwald Thema war, dann bietet sich ein Picknick mit Lagerfeuer an.

Greifen Sie die Ideen der Schüler auf – es lohnt sich.

6. Kapitel Ergebnisse des Unterrichts

Lernziele

Unterricht nach der Storyline-Methode ist kein Selbstzweck. Sicher ist es zu begrüßen, wenn Unterricht Spaß macht, wenn die Schüler begeistert mitziehen und Disziplinschwierigkeiten abnehmen. Doch letztlich werden Schulen und Schüler immer daran gemessen, ob die wichtigsten Lernziele erreicht wurden. Zwei Gruppen von Lernzielen sind zu unterscheiden: zum einen die allgemeinen, fächerübergreifenden Lernziele, zum anderen die fachspezifischen Lernziele.

1. Allgemeine fächerübergreifende Lernziele.

Zentrale Aufgabe der Schule ist es, die Schüler zu Selbstständigkeit und Verantwortungsbewusstsein zu erziehen, um sie zu befähigen, später im beruflichen, gesellschaftlichen und politischen Leben zu bestehen. Da niemand sagen kann, wie diese Zukunft genau aussehen wird, müssen *Schlüsselqualifikationen* erworben werden, die unabhängig von den Inhalten sind, an denen sie erlernt und geübt wurden. Solche Qualifikationen sind z. B. Planungsfähigkeit, Flexibilität oder Kommunikationsfähigkeit. Ein wichtiges Kriterium der Leistungsmessung ist hier der Lernfortschritt. Es wird die frühere mit der heutigen Leistungsfähigkeit eines Schülers verglichen.

2. Fachspezifische Lernziele.

Sie umfassen eine verbindliche Wissensbasis und bestimmte Grundfähigkeiten und -fertigkeiten. Kriterium der Leistungsmessung ist hier ein vorab definierter Standard oder die Leistungsfähigkeit eines Schülers im Vergleich mit den anderen Schülern seiner Altersgruppe (bezogen auf die Schulklasse, die ganze Schule oder sogar das Bundesland).
Es unterliegt sicher keinem Zweifel, dass Kinder in der Schule sowohl Schlüsselqualifikationen als auch konkretes Wissen erwerben sollen. So sehen es z. B. auch die neuen Richtlinien und Lehrpläne für Nordrhein-Westfalen vor (Richtlinien 2003, S. 3).

Leistungsvergleiche

Seit den für Deutschland wenig schmeichelhaften Ergebnisse der internationalen PISA-Studie breitet sich in der Öffentlichkeit wieder einmal Skepsis aus, ob die Kinder in der Schule genug lernen. Es besteht die Besorgnis, es werde zuviel Wert auf die schwer greifbaren allgemeinen Lernziele gelegt und zu wenig auf die fachliche Wissensbasis geachtet. Dieser Verdacht, dass innovative Unterrichtsansätze nicht den gesellschaftlichen Ansprüchen an die Schule genügen, ist nicht neu. Auch die

pädagogische Reformbewegung am Beginn des 20. Jahrhunderts musste sich damit schon auseinander setzen (vgl. Copei 1966, S. 3).
Wie damals wird auch heute gefordert, die Schulen sollten an den „bewährten" Lernzielen und Methoden festhalten oder zu ihnen zurückkehren. Die dahinter stehenden Zweifel an der Leistungsfähigkeit der Schulen dürfen nicht auf die leichte Schulter genommen werden. Schließlich wird für das Bildungswesen ein erheblicher Anteil der öffentlichen Ausgaben verwendet. Wenn deutsche Schüler im internationalen Vergleich schlecht abschneiden, dann ist die Frage nach Ursachen und Verbesserungsmöglichkeiten durchaus berechtigt. Sie ist mit Blick auf die Steuerzahler – vor allem aber im Interesse der Schüler selbst – sogar zwingend erforderlich. Insofern sind Vergleichsuntersuchungen nicht von vornherein abzulehnen.
Allerdings lohnt es sich nachzulesen, was die PISA-Studie tatsächlich bemängelt. Sie stellt zwar Leistungsunterschiede fest, aber sie sagt nicht, dass sich diejenigen Länder, die gut abschneiden, durch traditionelle Lehrmethoden und die Betonung von Faktenwissen auszeichnen. Ulrich Herrmann (2002, S. 2) fasst die Kritik am deutschen Schulwesen knapp zusammen: „Die Verantwortlichen in Politik und Verwaltung sind jetzt auf mögliche Versäumnisse und Missstände hingewiesen worden, die sie ... allerdings auch auf fast jedem Elternabend über den Schulalltag hätten in Erfahrung bringen können: zuviel Routine, zu geringe Übungszeiten, häufig ungenügende Lern- und Arbeitsmaterialien, zu wenig differenzierte Förderung der Schwächeren und Stärkeren, zu häufiges Sitzenbleiben, zuviel Stress ohne Erfolgserlebnisse, zuviel Frust ohne förderliche Perspektiven."
Dieser Befund ist kein Plädoyer für eine Lernschule alter Prägung. Die Feststellungen des PISA-Teams sprechen vielmehr für einen Unterricht, der

- neue Wege geht und nicht in Routine erstickt
- bedeutungsvolle inhaltliche Zusammenhänge für das nicht vermeidbare Üben schafft
- die Schüler an der Entwicklung von Arbeitsmaterialien beteiligt
- Zeitfenster für die gezielte Förderung der Schwächeren *und* Stärkeren öffnet und
- den Schülern Erfolgserlebnisse ermöglicht.

PISA ist kein Plädoyer für die Rückkehr zur Paukschule

Die Resultate der PISA-Studie sprechen also deutlich für offene Lernarrangements, für die Förderung der Eigenaktivität der Schüler und für die Bearbeitung von Themen, deren Bedeutung Schüler einsehen können. Methoden hierfür stehen reichlich zur Verfügung: freies Lernen im Rahmen eines Wochenplans, Projekt, Planspiel, Lernen durch Lehren (peer teaching) oder eben auch die Storyline-Methode.

> Um Missverständnissen vorzubeugen: Storyline ist nicht *die* Antwort auf PISA. Um das deutsche Schulwesen in internationalen Vergleichsstudien wettbewerbsfähig zu machen, braucht es zweifellos nicht nur

unterrichtsmethodische Veränderungen, sondern darüber hinaus aufeinander abgestimmte Reformen der Schulstrukturen, der Unterrichtskultur, der Lerninhalte und der Lehreraus- und -fortbildung.

In modernen Lehrplänen wird die oben erwähnte Methodenvielfalt ausdrücklich gefordert (vgl. Richtlinien 2003, S. 9). Auch der Leistungsbegriff wird nicht eng auf das beschränkt, was schwarz auf weiß belegbar ist: Die Leistungsbewertung „berücksichtigt auch die individuelle Lernentwicklung der einzelnen Kinder. Als Leistung werden demnach nicht nur die Ergebnisse des Lernprozesses zu einem bestimmten Zeitpunkt im Vergleich zu den verbindlichen Anforderungen, sondern auch die Anstrengungen und Lernfortschritte bewertet" (ebd., S. 12). An anderer Stelle wird ausdrücklich hervorgehoben: „Vergleichbar mit dem Lernen in der Schuleingangsphase ist es wichtig, dass die Schülerinnen und Schüler auch im Englischunterricht ab Klasse 3 vor allem Lernfreude entwickeln und positive Lernerfahrungen machen können. Deshalb sind für die Leistungsbewertung die individuellen Lernfortschritte und die Anstrengungsbereitschaft der Schülerinnen und Schüler besonders bedeutsam" (Richtlinien Englisch 2003, S. 14).
Gleichwohl treten immer wieder Zweifel an der Wirksamkeit von offenen Unterrichtsmethoden auf. Daher wäre eine wissenschaftliche Untersuchung wünschenswert, welche Lernergebnisse die Storyline-Methode im Vergleich mit anderen Methoden erbringt. Dass eine solche Untersuchung noch nicht vorliegt, bedeutet keinesfalls, dass auf die Messung und Bewertung von Schulleistungen verzichtet werden kann. Die Storyline-Methode ist dem von Pestalozzi formulierten Motto verpflichtet: „Ich fordere dich, weil ich dich achte". Die Schüler haben die Freiheit, ihre Themen, ihre Sichtweisen, ihre Vermutungen in den Unterricht einzubringen. Damit ist für Lehrerinnen und Schüler die Verpflichtung verbunden, gemeinsam am Erreichen der vorab formulierten Ziele zu arbeiten. Akzeptanz der Schüler bedeutet nicht, dass alles akzeptiert wird, was sie abliefern. Die Schüler zu achten bedeutet für die Vertreter des Storyline-Ansatzes vielmehr, eine Lernumgebung zu schaffen, in der jeder Schüler bis an die Grenze seiner Leistungsfähigkeit gefördert und gefordert wird. Dazu gehört auch die Messung und Bewertung von Schulleistungen – zum einen, um den Erfolg des Unterrichts überprüfen zu können, zum anderen, weil die Schüler (und deren Eltern) ein Anrecht darauf haben, Rückmeldungen zu ihrem Leistungsstand zu bekommen. So weit, so gut – aber ist das überhaupt möglich? Wie können die Leistungen der Schüler in einem ganzheitlichen Unterricht evaluiert werden,
- der die Fächergrenzen sprengt,
- in dem die Lehrerin Fragen stellt, auf die es vielfältige richtige Antworten gibt und
- in dem die Schüler häufig gemeinsam in Gruppen arbeiten?

Hierzu im Folgenden ein paar Hinweise aus der Praxis.

Beobachtung und Bewertung der Lernfortschritte

Ausgangspunkt jeder Evaluierung ist die Beobachtung des Schülerverhaltens, daran erst schließt sich die Bewertung an. Im Unterricht nach der Storyline-Methode werden gelegentlich Produkte hergestellt, die – ähnlich wie im Projektunterricht – einen praktischen Nutzen haben, beispielsweise eine Zirkusaufführung für die Eltern oder ein Kochrezept für das Zubereiten von Speisen. Meistens aber entstehen im Rahmen einer Storyline keine Dinge mit realem Nutzwert, sondern *Modelle*, die das Verständnis erleichtern. Das kann das Modell einer Arztpraxis sein, der Körper eines Sauriers, der Plan eines Sportstadions usw. Diese Modelle sind häufig von hoher ästhetischer Qualität. Denn sobald sich die Schüler ein Thema zu Eigen machen, legen sie großen Wert darauf, ein ansprechendes und möglichst gut funktionierendes Produkt zu erstellen. Sie tun das aus Interesse, aber auch aus der Erfahrung, dass hochwertige Produkte wertgeschätzt werden und aus Sicht der Lehrerin wichtig für den Unterricht sind.
Solche Modelle werden häufig in *Gruppenarbeit* hergestellt. Da ergibt es wenig Sinn, die Beiträge der einzelnen Schüler zu isolieren, um sie dann individuell zu bewerten. Außerdem würde dadurch ein wichtiges soziales Lernziel, nämlich die Kooperationsfähigkeit, verfehlt. Sofern ausreichend Leistungsdaten über die einzelnen Schüler vorliegen, spricht nichts dagegen, die Gruppenleistung zu beurteilen und diese später bei der Notenfindung in die Bewertung der Einzelleistungen mit einzubeziehen. So sehen es z. B. auch die „Richtlinien Kunst" (2003, S. 14) vor.
Das Arbeiten mit Modellen hat für die Leistungsbeurteilung den weiteren Vorteil, dass relativ schwere Aufgaben gestellt werden können, die von den Schülern hohe Denk- und Syntheseleistungen fordern.
Indem die Schüler erklären, wie ihr Modell funktioniert, stellen sie ihr Verständnis unter Beweis. Das gilt besonders dann, wenn sie keine Standardlösung nachvollziehen müssen, sondern eine eigene – ebenfalls passende – Antwort auf die Ausgangsfrage finden können. Die Überlegungen, Versuche und Gruppenprozesse, die hierzu beitragen, stellen wichtige Lernfortschritte dar. Das Abfragen dieses Verständnisses ist allerdings nicht immer ganz leicht, denn auch die Lehrerin muss sich tief in ein Modell hineindenken, um die Qualität der Schülerantworten erfassen und beurteilen zu können.
Wissensfragen sind dagegen einfacher zu stellen, zeugen aber nicht immer von Einsicht. Ein schönes Beispiel dafür liefert die folgende Geschichte.

> John Dewey besuchte eine Schulklasse. Im Erdkundeunterricht wurde die geologische Beschaffenheit von Erdkruste und Erdinnerem durchgenommen. Dewey bat, auch eine Frage stellen zu dürfen, was der Lehrer ihm gerne gestattete.
> Dewey fragte: „Was würde passieren, wenn ich ein Loch quer durch die Erde bohren würde?"

Die Schüler blieben stumm. Eine peinliche Stille entstand.
Schließlich nahm der Lehrer Dewey beiseite und sagte leise, die Frage sei falsch gestellt. Daraufhin bat Dewey, den Lehrer, die richtige Frage zu stellen. Sie lautete: „Woraus besteht das Erdinnere?"
Alle Finger flogen hoch. Die Schüler konnten auf die bekannte Frage die mechanisch erlernte richtige Antwort geben – aber sie waren nicht in der Lage, aus ihren Kenntnissen Schlüsse zu ziehen.

Die Betonung des problemlösenden Denkens durch die Storyline-Methode bedeutet nicht, dass auf Wissen kein Wert gelegt wird. Auch wenn das Begreifen komplexer Zusammenhänge im Vordergrund steht, gibt es eine Vielzahl von Möglichkeiten, die Beherrschung der Kulturtechniken und das Erreichen kognitiver Lernziele zu beobachten:
- das sinnentnehmende Lesen von Dokumenten
- das Verfassen von Texten (Listen, Briefe, Beschreibungen, Anfragen, Erläuterungen)
- der mündliche Vortrag von Begründungen
- das Auftreten im Rollenspiel
- das Schätzen und Berechnen (Größe, Gewicht, Gewinn und Verlust)
- die Nutzung von Geräten und Programmen der modernen Informationstechnologie (Computer, Internet, Handy), aber auch von Lexika und Fachbüchern
- das Zeichnen von Gegenständen oder Lebewesen
- das Auswendiglernen von Gedichten sowie
- die wichtigste aller Kulturtechniken: das Lernen des Lernens.

Auch fachspezifische Beurteilungskriterien für den Mathematikunterricht können im Rahmen des Storyline-Unterrichts leicht integriert werden, z. B.
- die Sicherheit im Kopfrechnen
- die Problemangemessenheit des Vorgehens
- die Nutzung vorhandenen Wissens in ungewohnten Situationen
- die selbstständige Entwicklung von Verfahrensweisen,
- das Anwenden der Mathematik auf lebensweltliche Aufgabenstellungen
- Kooperation bei der Lösung von Aufgaben (vgl. Richtlinien Mathematik 2003, S. 19).

Ob die angestrebten Lernziele erreicht werden, ist bei der Storyline-Methode ebenso feststellbar wie beim Wochenplanunterricht oder anderen üblichen Lernmethoden. So können die Fortschritte in den Kulturtechniken leicht beobachtet und bewertet werden, weil es immer wieder für die Schüler bedeutsame Sprech- und Schreibanlässe gibt, weil Rechenaufgaben zu erledigen sind oder weil im Internet recherchiert werden muss. Da beim Storyline-Ansatz häufig auch Einzelarbeit stattfindet, kann die Lehrerin diese Phasen für die direkte Beurteilung der Schülerleistungen nutzen. Sie lässt sich die in der Mappe gesammelten

Arbeitsergebnisse zeigen und gibt dem Schüler direkt Rückmeldung zu den Aufgaben. So werden für die Schüler auch die Zeugnisbeurteilungen oder Zensuren nachvollziehbar.

Beurteilung transparent machen

Neben den kognitiven Lernzielen, die am einfachsten zu messen und zu bewerten sind, dient der Unterricht aber auch dem Erreichen von *sozialen Lernzielen* wie:
- Kooperieren mit anderen – auch ungeliebten – Schülern
- Rücksicht auf andere (z. B. Langsamere) nehmen
- Toleranz (die Mitschüler in ihrem Anderssein akzeptieren)
- Weitergabe von Informationen an alle, die sie benötigen
- Vertreten eines Gruppenergebnisses oder Kompromisses.

keine Eigenschaften beurteilen, sondern das Verhalten

Derartige soziale Lernziele sind zweifellos schwieriger zu bewerten – unabhängig von der im Unterricht verwendeten Methode. Rücksichtnahme, Toleranz oder Kooperationsfähigkeit sind der direkten Beobachtung nur schwer zugänglich. Die Lehrerin muss sie also mit bestimmten Verhaltensweisen verbinden. Sie muss identifizieren können, woran sie erkennt, dass ein Schüler auf andere Rücksicht nimmt. Ein Feedback an die Schüler zu diesen Lernzielen sollte daher auch in der Form erfolgen, dass nicht die Fähigkeiten, sondern die konkreten Verhaltensweisen thematisiert werden. Die Lehrerin könnte z. B. sagen: „Mir fällt auf, dass du in Gruppendiskussionen nicht mehr so oft auf deinem ersten Eindruck beharrst, dass du die anderen in der Gruppe um ihre Meinung fragst, dass du nicht wütend wirst, wenn ein anderer dir widerspricht." usw. Solche Rückmeldungen sollten möglichst gegeben werden, solange das positiv oder negativ bewertete Verhalten noch in Erinnerung ist. Wenn Schüler zeitnah, sachlich und wohlmeinend auf ihr Sozialverhalten angesprochen werden, besteht zumindest eine gewisse Chance, dass sie sich für das Feedback öffnen und Konsequenzen daraus ziehen. Überdies braucht die Lehrerin Geduld und einen langen Atem, denn Verhaltensänderungen entwickeln sich nur langsam.

Schwer zu beobachten und zu bewerten sind auch *personale Kompetenzen*, z. B.
- Spaß an der Leistung
- Interesse für die eigene Weiterentwicklung
- Fähigkeit zur Einteilung von Arbeit und Zeit
- Veränderungsbereitschaft
- Lernbereitschaft
- Risikobereitschaft und Ambiguitätstoleranz
- Fähigkeit zu Selbstreflexion und Rollendistanz.

Fortschritte beim Erwerb dieser Kompetenzen zu erkennen, ist schwierig, aber bei genauer Beobachtung der Schüler über längere Zeiträume durchaus möglich. Eine aufmerksame, an den Schülern interessierte Lehrerin wird bemerken, ob die Lust der Schüler am Unterricht steigt oder nicht, ob die Schüler sich die Arbeit gut einteilen können und ob sie ihre Aufgaben zuverlässig erledigen. Aber auch Schüler sind Stimmungen unterworfen, erleben Rückschläge, haben bessere und schlechtere Tage. Daher ist es für die Lehrerin nicht immer leicht, Tendenzen zu erkennen, vor allem, wenn es um eher selten zu beobachtendes Verhalten geht, z. B. um die Bereitschaft, Risiken einzugehen, oder die Fähigkeit, Distanz zur eigenen Rolle einzunehmen. Auch die Fähigkeit zur Selbstreflexion lässt sich nicht beobachten wie das Lösen einer Rechenaufgabe oder die Durchführung eines naturwissenschaftlichen Experiments. Aber im Gespräch mit einem Schüler, der solche Aufgaben bearbeitet, kann die Lehrerin Hinweise darauf bekommen, ob sich der Schüler an nicht weiter hinterfragte schematische Vorgaben hält, ob er rät oder systematisch vorgeht, ob er die Ergebnisse seines Nachdenkens selbst in Zweifel zieht, ob er Fragen nach dem Lösungsweg plausibel beantworten kann usw. Indirekt sind also auch personale Kompetenzen der Beobachtung durchaus zugänglich.

Wie immer, wenn es um die Beobachtung und Beurteilung menschlichen Verhaltens geht, zeigt sich auch in der Schule, dass die Lernerfolge, die leicht zu beobachten und eindeutig zu bewerten sind, nicht unbedingt die wichtigsten sind. Fähigkeiten und Einstellungen, die für den Erfolg im Erwachsenenleben von zentraler Bedeutung sind, lassen sich nur schwer messen und beurteilen. Das gilt z. B. für Verantwortungsbewusstsein, Beharrlichkeit oder die Fähigkeit zum Aufbau tragfähiger Beziehungen zu anderen Menschen. Auch wenn die Diagnose solcher wichtiger Fähigkeiten schwierig ist, darf nicht darauf verzichtet werden. Vielmehr zeigt sich gerade bei der Bewertung komplexer Leistungen die Professionalität der Lehrerin. Allerdings gilt auch: „Nicht alles, was Lehrkräfte beobachten und feststellen, kann auch bewertet werden. Das gebietet der Respekt vor der Persönlichkeit der Schülerinnen und Schüler, ihrer Biographie und Entwicklung" (Richtlinien Katholische Religionslehre 2003, S. 20). Was im Lehrplan für Nordrhein-Westfalen ausgeführt wird, gilt nicht nur für religiöse Überzeugungen, sondern auch für politische Einstellungen, persönliche Vorlieben, in der Familie erworbene Werthaltungen usw. Zum pädagogischen Taktgefühl der Lehrerin gehört es auch, die Grenzen zur Privatsphäre der Schüler nicht ungebeten zu überschreiten.

Selbstevaluation

In jüngster Vergangenheit ist der Gedanke wieder stärker in den Vordergrund gerückt, dass neben der Fremdevaluation durch die Lehrerinnen auch die Selbstevaluation der Schüler dazu beitragen kann, ein realistisches Bild vom Leistungsstand zu erhalten und die Ansatzpunkte für das weitere Lernen zu bestimmen. Auch in Lehrplänen wird „die Fähigkeit zur angemessenen Selbsteinschätzung" als wichtiger Bestandteil der Leistungsbewertung hervorgehoben (Richtlinien Mathematik 2003,

zur Einschätzung der eigenen Leistungen ermutigen

S. 18). Die Lehrerin sollte die Schüler immer wieder zur angemessenen Einschätzung der eigenen Leistungen ermutigen. Sie kann dafür Beurteilungsbögen entwickeln (vgl. nebenstehenden Auszug aus einer Tabelle zur Selbstbeurteilung im Sprachunterricht). Selbstevaluation ist übrigens nicht nur ein geeignetes Verfahren für den einzelnen Schüler, sondern auch für Schulen und Schulsysteme, wie bei Schratz/MacBeath u. a. 2002 eindrucksvoll nachzulesen ist.

Mündlicher Bericht zum Thema:		
Name:		
Beurteilt von:		
	Sprache	Inhalt
Übertrifft die Erwartungen	☐ Meine Grammatik ist richtig. ☐ Ich verwende die richtigen Begriffe und benutze eine abwechslungsreiche Sprache.	
Erwartete Leistung	☐ Meine Grammatik ist meistens richtig. ☐ Ich verwende üblicherweise richtige Begriffe und benutze gelegentlich neue Wörter.	
Noch zu verbessern	☐ Meine Grammatik ist oft falsch. ☐ Ich verwende oft Wiederholungen und benutze unpassende Wörter.	

Kriterien festlegen

Die Beurteilung der eigenen Leistungen durch die Schüler hat in der Storyline-Methode ihren festen Platz. Jedes Modell, jedes künstlerische Produkt, jeder längere Text muss sich den kritischen Beobachtungen und Fragen der Mitschüler und den Nachfragen der Lehrerin stellen. Kriterien sind u. a. Angemessenheit, Begründbarkeit, ästhetische Qualität, Brauchbarkeit für den zuvor definierten Zweck, sachliche Richtigkeit der ermittelten Fakten und Korrektheit von Berechnungen. Wird z. B. ein Grundriss oder Bauplan entworfen, wird in der Regel zunächst von jedem Schüler ein Entwurf gefertigt. Dann entscheidet die Kleingruppe darüber, welche Skizze zur Grundlage der weiteren Arbeit gemacht werden soll. Ausdrückliches Lernziel ist es also, dass die Schüler lernen, die eigenen und fremden Entwürfe zu beurteilen, ihre Bewertungen zu begründen und sich dem Urteil der anderen zu stellen. Das kognitive Lernziel, zu einer sachangemessenen Entscheidung zu kommen, wird mit dem affektiven Lernziel verbunden, sich kooperativ – und ohne sein Licht unter den Scheffel zu stellen – in eine Gruppenentscheidung zu fügen.

Die Kriterien der Beurteilung sollten mit den Schülern vorab gemeinsam erarbeitet werden. Wenn die Schüler beispielsweise Modelle von Marktständen bauen, kann die Klasse zu Beginn festlegen, woran die Qualität der Modelle gemessen werden soll. Die Kriterien werden aufgeschrieben. Nach Abschluss der Arbeit an den Modellen beurteilt jede Gruppe die Arbeitsergebnisse der anderen Gruppen, indem sie zwischen einem und fünf Punkten vergibt. Jede Gruppe erhält also vom Rest der Klasse eine differenzierte Rückmeldung zu der geleisteten Arbeit. Ein Beispiel für einen solchen Beurteilungsbogen stellte Rebecca Plaskitt auf der Internationalen Storyline-Konferenz 2003 vor:

Marktstände	Gruppe				
Was ist gut oder weniger gut gelungen?	1	2	3	4	5
Attraktive Gestaltung					
Viele verschiedene Waren					
Es sind Preistafeln aufgestellt					
Käufer sind gegen Regen geschützt					
Stabilität des Standes					
Abbau und Wiederaufbau sind leicht möglich					
Sauberkeit und Ordnung					

Gelegentlich wird gefragt, ob Schüler nicht die Ergebnisse anderer Gruppen absichtlich schlecht beurteilen, um selbst besser abzuschneiden. In der Praxis lässt sich ein solches Verhalten nur selten beobachten.

Meistens haben die Schüler eine durchaus realistische Vorstellung von der eigenen Leistung und sind eher reserviert gegenüber allzu euphorischen Aussagen. Es geht ihnen um eine ehrliche Bewertung.
Das gilt insbesondere, wenn es gelingt, einen echten Experten in die Klasse zu holen oder gemeinsam aufzusuchen. Sein Urteil wird von den Schülern für sehr wichtig genommen – auch wenn es kritisch ausfällt.

Was der Storyline-Ansatz leistet

Was die Verständigung über den Nutzen der vergleichenden Leistungsbeurteilung erschwert, sind oft unterschiedliche Menschenbilder und Unterrichtsverständnisse. Wer den Menschen als entwicklungsfähiges Subjekt seines Handelns betrachtet, versteht Lernen als eine selbstständige Tätigkeit, bei der sich jeder Schüler Kenntnisse, Methoden oder Einstellungen selbst aneignen muss. Unterricht kann diese Aneignung zwar unterstützen, aber nicht gewährleisten. Wer dagegen eher zu einem pessimistischen Menschenbild neigt, geht davon aus, dass der Mensch nicht selbstständig lernt, sondern der Belehrung durch Unterrichtende bedarf, die durch geeignetes methodisches Vorgehen die festgestellten Defizite beseitigen.

Rolf Arnold hat das Lernverständnis, das diesen gegensätzlichen Auffassungen zugrunde liegt, leicht überspitzt als „lebendiges" und „totes" Lernen bezeichnet. Die von ihm erarbeitete Gegenüberstellung bezog sich auf das Unterrichten an Hochschulen, trifft aber auf Schulen gleichermaßen zu. Die Tabelle wird im Folgenden leicht gekürzt wiedergegeben, wobei die Bezeichnung „Studenten" durch „Schüler" ersetzt wurde.

Totes Lernen		Lebendiges Lernen
Den Schülern kann keine Verantwortung für ihren eigenen Lernprozess anvertraut werden.	⟷	Schüler besitzen – wie alle Menschen – ein natürliches Potenzial zum Lernen, das durch eine bessere Ausbildungsorganisation gefördert und entfaltet werden kann.
Prüfungen sind ein geeignetes Mittel, um herauszufinden, welche Qualifikationen Schüler erworben haben.	⟷	Nachhaltiges und signifikantes Lernen findet statt, wenn der Lerninhalt vom Lernenden als für seine Zwecke relevant wahrgenommen wird.
Die Präsentation von Informationen führt automatisch zum Lernen.	⟷	Relevantes Lernen schließt stets die Veränderung der eigenen Person mit ein. Wirkliches Lernen ist oft exemplarisches Lernen.
Die zu lernenden Inhalte können nicht hinterfragt werden; die Wahrheit ist bekannt.	⟷	Die Ergebnisse des Lernens sind weit weniger wichtig als der Prozess, der zu weiteren Fragen führt.
Schüler betrachtet man am besten als manipulierbare Objekte und nicht als Personen.	⟷	Lernen, das auf Eigeninitiative beruht, mit Beteiligung der ganzen Person – Gefühl wie Intellekt –, ist das eindringlichste und hat den am längsten anhaltenden Lerneffekt zur Folge.
Nach Arnold 1993, S. 36 f.		

Es ist offensichtlich, dass die Storyline-Methode in viel stärkerem Maße Arnolds Beschreibung des lebendigen Lernens entspricht. Insofern dürfte es auch nicht überraschen, dass die vergleichenden Leistungstests bislang nicht im Vordergrund standen. Da der Storyline-Ansatz von Praktikern entwickelt wurde, war von vornherein klar, dass die Methode nur dann auf Akzeptanz stoßen würde, wenn die Lernergebnisse mindestens gleich gut sein würden wie bei anderen Methoden. Das Echo aus der Praxis fiel überwiegend so aus, dass mit Hilfe der Storyline-Methode dieselben formalen Lernziele zu erreichen sind wie mit anderen Vorgehensweisen, dass aber zusätzlich Lernfähigkeit, Selbstständigkeit, problemorientiertes Denken und Motivation der Schüler vergleichsweise stärker ausgeprägt sind.

Dieses Echo wird von der einzigen bislang vorliegenden empirischen Untersuchng zur Storyline-Methode bestätigt. Beck und Murphy führten an einer Grundschule in Los Angeles eine Fallstudie durch. Die Schule mit ca. 1100 Schülern liegt in einer Gegend, die überwiegend von armen Einwanderern aus Mittelamerika bewohnt wird. Die Schulleistungen in standardisierten Tests zu Anfang der 90er Jahre zeichneten „kein besonders positives Bild" (Beck/Murphy, 1998, S. 363).

Wenige Jahre später – nachdem die Schule nahezu flächendeckend die Storyline-Methode eingeführt hatte – erhielten die Forscher einen deutlich anderen Eindruck. „Wir hörten Schüler komplexe Gedankengänge erläutern. Wir beobachteten, wie sie Nachforschungen mit Hilfe von Computern, Büchern und anderen Informationsquellen anstellten und verfolgten, wie sie diese Informationen beim Lösen von Problemen verwendeten. Darüber hinaus sahen wir die Produkte, die sie hergestellt hatten – Lebensläufe, Broschüren, Briefe, Speisekarten. Wir nahmen

wahr, wie die Kinder im Verlauf einer Storyline persönliche Erwägungen anstellten und waren beeindruckt von der Kreativität, der Gedankentiefe und den Problemlösefähigkeiten, die darin zum Ausdruck kamen" (ebd., S. 365). Die durch – landesweit gleiche – Tests gemessenen Schulleistungen verbesserten sich und die Zahl der Fünftklässler, die in reinen Englischklassen (statt in zweisprachigen Lerngruppen) unterrichtet werden konnten, verdreifachte sich innerhalb von drei Jahren.
Auf Befragen der Forscher erklärten die Lehrerinnen „übereinstimmend, dass Storyline als Lehrstrategie effektiv sei, weil sie
- auf die Vorkenntnisse und Interessen der Schüler aufbaut
- den Schülern ermöglicht, aktiv ihr eigenes Lernen zu steuern
- die Schüler zu Problemlösern macht
- die Schüler veranlasst produktiv zu werden, und das bringt sie dazu, alle möglichen Dinge zu tun – Mathematik, Lesen, Reden halten, zusammen Arbeiten – all die guten ‚Dinge', von denen wir wollen, dass sie sie tun. Und sie tun sie mit Begeisterung" (ebd., S. 366 f.).

Ohne diese Befunde überbewerten zu wollen, bestätigen sie doch die Erfahrungen aus Schottland, den Niederlanden und Skandinavien, dass mit der Storyline-Methode gerade an Schulen mit einer größeren Zahl sozial benachteiligter Kinder gute Ergebnisse erzielt werden können. Das bedeutet allerdings nicht, dass sich der Ansatz nur für bestimmte Zielgruppen eignet. Ian Barr, Direktor des Evaluation Advisory Service der schottischen Schulaufsichtsbehörde, fasst die Vorzüge der Methode wie folgt zusammen: „Storyline ist ein wichtiger Ansatz für die Realisierung eines integrierten Curriculums, weil er den jungen Menschen die Gelegenheit gibt,
- grundlegende Fähigkeiten und Fertigkeiten zu entwickeln
- sich an selbstständiges Denken zu gewöhnen
- emotionale Intelligenz zu entwickeln (empathisches Verstehen, Widerstandskraft, Optimismus)
- Verständnis für Zusammenhänge zu entfalten
- ein breiteres Repertoire an Kommunikationsformen zu entwickeln
- die Entwicklung von Selbstachtung und Identität zu fördern.

Über diese Fertigkeiten und allgemeineren Fähigkeiten hinaus verwickelt die Storyline-Methode die Lernenden in authentische Aktivitäten und fordert den Einsatz aller Sinne. Bei gutem Unterricht fördert die Methode wichtige kognitive Lernziele wie
- die Wahrnehmung von Beziehungen
- die Beachtung von feinen Unterschieden
- die Einsicht, dass Probleme mehr als eine Lösung haben können und dass es auf Fragen oft viele Antworten gibt
- die Entwicklung der Fähigkeit, Ziele inmitten eines Vorgangs zu ändern
- die Fähigkeit, Entscheidungen in Situationen zu treffen, für die es keine Regeln gibt

- die Vorstellungskraft als eine Quelle von Ideen zu nutzen
- die Entwicklung der Fähigkeit, die Welt aus einer ästhetischen Perspektive wahrzunehmen" (Barr 2000, S. 25 ff.).

Sicher wird es nicht gelingen, all diese Lernziele in jeder Unterrichtseinheit zu erreichen. Aber gerade aus der Komplexität ergibt sich die Attraktivität des Lehrerberufs: Die Lehrerin hat es in der Hand, förderliche Lernbedingungen für die Schüler zu schaffen und Eigenaktivität zu ermöglichen. Die Schüler müssen möglichst oft die Erfahrung machen können, dass sich Lernen lohnt, weil es zu Einsichten und Erkenntnissen führt, die für das eigene Leben Bedeutung haben. Genau hier setzt die Storyline-Methode an, indem sie von der Lebenswelt der Schüler ausgeht. Das Ziel ist, die Schüler zum selbstständigen Lernen zu führen, damit sie sich später in einer Welt zurechtfinden, die sich von der heutigen deutlich unterscheiden wird.

7. Kapitel Ursprung und Entwicklung der Methode

Zur Geschichte

Im Jahr 1965 wurde in Schottland durch das Primary Memorandum ein neuer Lehrplan mit einem ganzheitlichen Ansatz eingeführt. Fächer und Themen sollten stärker integriert und mehr auf die Lebenswelt der Schüler abgestimmt werden. In der eher traditionalistisch orientierten schottischen Schulwelt war diese Sichtweise ungewohnt und wurde teilweise als bedrohlich empfunden. Insbesondere für den fächerübergreifenden Sachunterricht und die künstlerischen Fächer (Kunst, Musik, Werken, Darstellendes Spiel) fehlten Umsetzungsstrategien. Um den neuen Ansatz zu unterstützen wurden drei Lehrkräfte, die für ihre kreativen Unterrichtsansätze bekannt waren, damit beauftragt, Leben in die aufgeräumten, aber etwas verstaubten Klassenzimmer zu bringen. Es waren Steve Bell, Sallie Harkness und Fred Rendell. Sie erhielten Dozentenstellen in der Lehrerfortbildungsabteilung des damaligen Jordanhill College of Education (heute: Strathclyde University).

Steve Bell und Fred Rendell (1982)

Gemeinsam mit Lehrerinnen und Lehrern aus der Region Glasgow begannen sie, aktivierende Lernformen zu erproben und zu evaluieren. In den folgenden Jahren entwickelten sie eine Methodologie für das integrierte Curriculum. Viele Lehrerinnen, Schulleiter und Schulräte im Westen Schottlands haben an der Entwicklung und Verbesserung dieses methodischen Ansatzes über einen Zeitraum von 30 Jahren mitgewirkt.

aus der Praxis für die Praxis

Am Anfang stand das Prinzip der „Urheberschaft" (vgl. Kapitel 3). Es wurde entwickelt aus der Beobachtung des Umgangs von Grundschülern mit den Dingen ihrer Umwelt. Kinder nehmen einen großen Karton und spielen, dies sei ein Haus. Ein Stück Holz wird zum Auto, ein Stock fungiert als Schwert oder Ruder. Auch Schulanfänger verfügen noch über diese Fähigkeit, vieles in fast nichts hineinsehen zu können. Was lag also näher, als dieses Vorstellungsvermögen zu nutzen? Wenn ein einfaches Stück Holz als Auto verwendet wird, dann kann man die Schüler auch fragen, wie viele Räder es hat, wo der Motor liegt, wie schnell es fährt und wie viele Personen darin Platz haben. Erfahrung, Vorwissen, Vermutungen der Kinder – nicht der Lehrerinnen – wurden

damit zum Ausgangspunkt des fächerübergreifenden Unterrichts. Schnell kam die Arbeitsgruppe darauf, dass solche Repräsentationen der Realität am einfachsten mit den Methoden des Kunstunterrichts hergestellt werden können. Dieser Tatsache verdankte die Methode ihren ersten Namen: „Creative Art Method".
Dahinter stand noch eine weitere Beobachtung. Wenn es nicht um einfache Wissensfragen geht, sondern um das Lösen von komplexen Problemen, ist häufig der beste Weg das Konstruieren eines Modells. Nehmen wir noch einmal den neuen Spielplatz (Kapitel 4) als Beispiel. Die Schüler wollen ein Seil so am Ast eines hohen Baumes verankern, dass sie sich damit von einem kleinen Hügel zu einem anderen schwingen können.

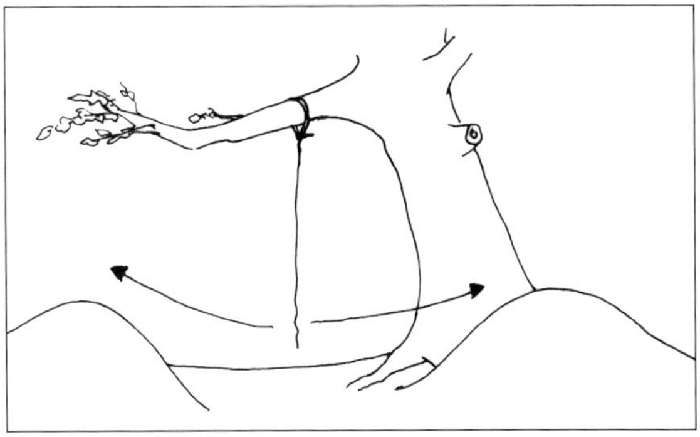

- Wie lang muss das Seil sein?
- Wie stark muss es sein?
- Wie muss es am Baum befestigt werden?
- Wie viel Schwung ist nötig, um nach drüben zu gelangen?
- Wie lässt sich ein Sitz an dem Seil befestigen, damit die Kinder nicht herunter fallen?

Derartige Fragen lassen sich mit hohem mathematischem Aufwand wissenschaftlich bearbeiten. Für Schüler der ersten 6 Klassen aber sind Antworten auf solche Fragen am einfachsten durch den Bau eines Modells zu erhalten. „Warum", fragt Erik Vos in *Steve Bell's Secret Notebook*, „verwenden wir so viel Zeit darauf, schriftliche Mitteilungen als das beste Medium hervorzuheben, wenn es doch oft viel wirksamer ist, eine Information durch Musik oder Bewegung, Darstellendes Spiel oder Kunst, durch eine Tonbandaufnahme oder ein Foto weiter zu geben?" (S. 46)

Aufnahme von reformpädgogischem Gedankengut

Wie fast alle neueren pädagogischen Ansätze nahm auch die Storyline-Methode Gedanken der verschiedenen reformpädagogischen Strömungen und der neueren lernpsychologischen Theorien auf. Vor allem das Gedankengut von John Dewey, der immer wieder die Bedeutung der unmittelbaren Lebenserfahrung der Schüler betonte, spielte zu Anfang eine große Rolle. Praktische Erfahrungen in der Lehrerfortbildung, die Sybil Marshal in den sechziger Jahren publizierte, gaben weitere Anregungen. Später wurden auch die Überlegungen von Bruner und Piaget einbezogen. Aber theoretisch blieben die Erfinder und Weiterentwickler der Storyline-Methode eklektisch: Sie erprobten zahllose Möglichkeiten, suchten sich die passenden Begründungen für das, was gut funktionierte, und verwarfen, was sich nicht bewährte. Prüfstein der Unterrichtspraxis war ausschließlich, ob die Lernziele erreicht wurden. Diese blieben nicht auf den kognitiven Bereich beschränkt. Vielmehr wurden, wie in der modernen Kognitionspsychologie üblich, ausdrücklich auch emotionale, soziale und psycho-motorische Lernziele mit einbezogen:

- Können die Schüler nicht nur angelerntes Wissen wiedergeben, sondern nachvollziehbar erklären und anwenden, was sie gelernt haben?
- Sind die Schüler engagiert bei der Arbeit?
- Verbessern sich Kooperation und Gruppenklima in der Klasse?
- Steigern die Schüler ihre Geschicklichkeit, ihre Ausdauer, ihre Körperbeherrschung?

Mit der Entwicklung einer wachsenden Zahl von längeren Unterrichtseinheiten wurde ein neuer Name gefunden: „Topic Work" – übersetzt etwa: Themenorientiertes Arbeiten. Die Methode setzte sich damit vom traditionellen fächerübergreifenden Unterricht ab, der zwar auch ein Thema in den Mittelpunkt stellte, sich aber dann in Richtung der beteiligten Fächer von dem gemeinsamen Thema eher weg bewegte. Für die einzelnen Schritte beim Topic Work wurde in dieser Phase der Begriff „Episoden" gefunden.

In den siebziger und achtziger Jahren des vorigen Jahrhunderts wurden sehr viele schottische Grundschullehrerinnen mit der neuen Methode bekannt gemacht. Die Workshops waren so aufgebaut, dass die Teilnehmerinnen und Teilnehmer für zwei bis drei Tage die Schülerrolle übernahmen und – sozusagen im Schnelldurchgang – die ganze Unterrichtseinheit aus deren Perspektive erlebten. Es stellte sich bald heraus, dass die Lehrerinnen keine Schwierigkeiten hatten, die im Workshop erprobten Unterrichtseinheiten in die eigene Praxis umzusetzen. Hierzu trugen auch die häufigen Unterrichtsbesuche der Fortbildner in den Schulen bei. Als schwierig dagegen erwies es sich, die Lehrerinnen zum selbstständigen Erfinden neuer Unterrichtseinheiten zu ermutigen. In dieser Phase entdeckten die Fortbildner den Nutzen von Kinderbüchern und anderen Stories. So wurde z. B. nach dem Buch „The light keepers" von Elizabeth Renier ein Unterrichtsentwurf über das Leben in Cornwall im 17. Jahrhundert entwickelt. (Zur Nutzung von Kinderbüchern im Unterricht vgl. auch Harkness 1980.)

der Begriff „Storyline"

Anfang der achtziger Jahre kam dann die Bezeichnung „Storyline" auf, die seither beibehalten wurde. Steve Bell begründet diese Wortwahl wie folgt: „Storyline wurde ausgewählt, weil dieser Begriff am genauesten den Unterschied zu anderen Methoden beschreibt. Der Unterrichtsentwurf hat die Form einer STORY (Menschen, Zeit, Umstände) und entwickelt sich entlang einer LINIE (Abfolge von Episoden). Darin sahen wir den Hauptunterschied zum Projektansatz, der eher wie ein Netz konstruiert ist, mit einem zentralen Thema in der Mitte, von dem aus die Lehrerin sich in verschiedene Richtungen bewegt, um dann, wenn ein Ziel erreicht ist, wieder zum Zentrum zurückzukehren und einen anderen Weg zu verfolgen." Übersetzt bedeutet Storyline also so etwas wie „roter Faden". Im Englischen gibt es eine Entsprechung in dem Begriff „Storyboard". Damit wird der visuelle Plan für einen Film bezeichnet (eine Abfolge von Zeichnungen mit Kommentaren dazu). Gelegentlich wird auch der Entwurf zu einem Drehbuch als Storyline bezeichnet. Im pädagogischen Bereich hat sich der Name Storyline für den hier beschriebenen methodischen Ansatz inzwischen durchgesetzt. In den nicht englischsprachigen Ländern wurden zeitweise andere Bezeichnungen verwendet. So war in Dänemark lange von „den skotske Metode" die Rede. In Deutschland wurde zeitweilig die kuriose Bezeichnung „Methode Glasgow" verwendet, und das kam so: Der Autor dieses Buches hatte einen kleinen Beitrag für eine Aufsatzsammlung geschrieben, wollte aber den seinerzeit üblichen Terminus „Creative Art Method" nicht übersetzen. Der Herausgeber der Publikation schlug vor, als Platzhalter einfach „Methode Glasgow" zu schreiben. Er werde dann bis zur Veröffentlichung noch eine passende Bezeichnung finden und einbauen lassen. Doch dazu kam es nie – und so fand die Methode Glasgow Eingang in die Druckfassung.

internationale Verbreitung der Methode

Mittlerweile wird die Methode in Skandinavien breit eingesetzt. In Dänemark ist sie zu einer Standard-Methode des Grundschulunterrichts avanciert. In Norwegen – wo 2000 ein neues Curriculum eingeführt wurde – wird die Storyline-Methode von Schulverwaltung und Lehrerfortbildung stark favorisiert. In Schweden und Finnland erfreut sich die Methode zunehmender Beliebtheit. In den Niederlanden wird die Methode seit den achtziger Jahren vom Staatlichen Lehrplan-Institut (SLO) in Enschede gefördert und weiterentwickelt. Eine ganze Reihe von Storylines ist dort entstanden.

EED

In Enschede war es auch, wo 1987 die erste Konferenz der „European Association for Educational Design" (EED) statt fand, deren Vorsitz Steve Bell innehat. Die EED hat sich zum Ziel gesetzt, die Diskussion über die Storyline-Methode voranzutreiben und den dahinter stehenden pädagogischen Ansatz zu fördern und weiterzuentwickeln. Die Mitglieder der EED treffen sich jährlich und veranstalten alle drei Jahre eine internationale Konferenz, zu der Lehrkräfte und die interessierte Fachöffentlichkeit eingeladen werden.

Methodische Einordnung

In der Didaktik werden meistens sechs *Makromethoden* unterschieden:

1. Instruktive Methoden (z. B. Vortrag, Unterrichtsgespräch, Arbeitsanweisung durch den Lehrenden)
2. Projekt (Erstellung eines Produktes, eines Textes, einer Dienstleistung mit Gebrauchswert, im Ausnahmefall unter den Bedingungen simulierter Realität)
3. Freie Arbeit, Selbstlernen (Die Schüler arbeiten allein, z. B. am PC, oder in Gruppen. Es findet Selbst- und Fremdkontrolle statt.)
4. Stationslernen (Die Schüler durchlaufen verschiedene Stationen und erledigen nacheinander unterschiedliche Aufgaben, z. B. Leittext-Methode.)

5. Lernen durch Lehren (Aneignung von Kenntnissen und Fertigkeiten durch Vorbereitung und Durchführung von Unterricht/Wissensvermittlung)
6. Simulation im weiteren Sinne (z.B. Planspiel, Rollenspiel, Expertenhearing)

Als Methoden werden mitunter auch die verschiedenen Formen der Zusammenarbeit bezeichnet: Einzelarbeit, Partnerarbeit, Kleingruppenarbeit und das Arbeiten im Klassenverband. Streng genommen handelt es sich hierbei aber nicht um Methoden, sondern um *Sozialformen* von Unterricht.

Die Storyline-Methode ist keine Methode im engeren Sinne, sondern eher ein umfassender pädagogischer Ansatz. Sie vereinigt Merkmale der meisten o.a. Methoden, bedient sich aber in erster Linie der *Simulationsmethode*, da sie häufig mit Modellen, Bildern, Plänen und anderen Repräsentationen von Realität arbeitet. Daneben hat auch das instruktive Vorgehen der Lehrerin seinen Platz: Es werden Anweisungen gegeben, Diskussionen geleitet, Informationen eingegeben. Projektarbeit findet im Zusammenhang mit dem Storyline-Ansatz nur selten statt. Die Storyline-Methode steht eher zwischen Selbstlernen und Projekt. Freie Arbeit ist daher beim Unterricht mit der Storyline-Methode häufig anzutreffen, ebenso das Lernen durch Lehren – insbesondere in der Gruppenarbeit, die davon lebt, dass die Schüler ihre Kenntnisse und Erfahrungen einbringen und weitergeben. Mit dem Stationslernen hat die Storyline-Methode nur den vorab geplanten Ablauf der Episoden gemein.
In Form einer Übersicht lässt sich dies so zusammenfassen:

Eigenschaften dieser Makromethoden treffen auf Storyline zu	kaum	selten	häufig	fast immer
Instruktion		X		
Projekt			X	
freie Arbeit			X	
Stationslernen	X			
Lernen durch Lehren			X	
Simulation				X

Lernen durch Handeln

Wie alle methodischen Ansätze, die die Eigenaktivität der Schüler in den Vordergrund stellen, geht auch die Storyline-Methode auf reformpädagogische Überlegungen zurück. Die Erfinder der Storyline-Methode nennen auf die Frage nach ihren Wurzeln als ersten Gewährsmann John Dewey (1859–1952). Sein pragmatischer Ansatz zieht sich in der Tat durch den gesamten Ansatz. Dewey betonte vor allem die Bedeutung der

Erfahrung für erfolgreiches Lernen. Als Schritte der „denkenden Erfahrung" nennt er:

1. „Befremdung, Verwirrung, Zweifel …
2. versuchsweise Vorausberechnung – eine probeweise Deutung der gegebenen Elemente …
3. eine sorgfältige Erkundung aller erreichbaren Umstände, die der … Klärung des vorliegenden Problems dient
4. eine versuchsweise Ausgestaltung der vorläufigen Annahme …
5. Entwicklung eines Planes für das eigene Handeln auf der Grundlage der so durchgearbeiteten Annahme …, Handeln in der Absicht, gewisse Ergebnisse zu erzielen und dadurch die Richtigkeit der Annahme nachzuprüfen (Dewey 1949, S. 201).

Lernen durch Handeln („learning by doing") ist Deweys Grundkonzept, das er ab 1896 in einer Laborschule in Chicago auch in die Tat umsetzte. „Erziehung ist in erster Linie eine Sache des Handelns …, nicht des Erkennens … Gewöhnlich betrachtet man die Schüler in der Schule so, als ob es für sie lediglich darauf ankäme, als unbeteiligte Zuschauer Kenntnisse zu erwerben, als ob sich ihr Geist Wissen aneigne durch unmittelbare geistige Bemühung. Das Wort ‚Schüler' bedeutet geradezu jemanden, der damit beschäftigt ist, Wissen aufzunehmen, nicht aber fruchtbar zu handeln … Körperliche Betätigung erscheint vielfach als Eindringling" (ebd., S. 188) – mit der Folge, dass Disziplinschwierigkeiten zunehmen, weil permanent der Drang zur körperlichen Aktivität unterdrückt werden muss. Lernen war für Dewey soziale Praxis. Dieser Grundsatz gilt auch für die Storyline-Methode.

Behaviorismus

Einen völlig anderen Lernansatz verfolgten die Behavioristen, die in der ersten Hälfte des 20. Jahrhunderts großen Einfluss auf die Lerntheorie gewannen. Der Behaviorismus betrachtet Lernen als eine Form der außengesteuerten Verhaltensänderung. Aufgabe der Lehrenden ist es demnach, durch geeignetes Lehrverhalten objektiv messbare Änderungen des beobachtbaren Verhaltens zu bewirken. Lernfortschritte sind nach dieser Theorie vor allem durch die positive Verstärkung von erwünschtem Verhalten zu erreichen – insbesondere durch Lob. In seiner ausgeprägtesten Form erfolgt das behavioristische Lehren in Form der Konditionierung. Im Mittelpunkt dieses lerntheoretischen Ansatzes steht das Lehren, nicht das eigenständige Lernen. Das Lehren wird als ein „Geben" verstanden. Aufgabe der Schüler ist es lediglich, den Stoff aufzunehmen und bei den Lernkontrollen zu wiederholen. Dieser Lehransatz steht der Storyline-Methode diametral entgegen, er findet sich – zumindest implizit – aber noch in den Köpfen vieler Eltern und Schulpolitiker und feiert gegenwärtig unter der Bezeichnung *Instruktionismus* eine Art Auferstehung.

Entdeckendes Lernen

> Es ist in der Tat nichts weniger als ein Wunder, dass die modernen Lernmethoden die heilige Neugier des Forschens nicht völlig stranguliert haben; denn diese zarte kleine Pflanze braucht – neben Ermutigung – vor allem Freiheit; ohne diese geht sie unfehlbar zu Grunde. Es ist ein gravierender Fehler zu meinen, die Freude des Entdeckens und Forschens ließe sich durch Zwang und Pflichtbewusstsein wecken.
> Albert Einstein, zit. nach Poplin, 1988.

„Alles Denken ist Forschung, alle Forschung ist eigene Leistung dessen, der sie durchführt, selbst wenn das, wonach er sucht, bereits der ganzen übrigen Welt restlos und zweifelsfrei bekannt ist.“
Dewey 1949, S. 198

Die meisten Menschen machen irgendwann in ihrem Leben die Erfahrung, dass sie sich etwas besonders gut merken können, wenn sie nicht von anderen Schritt für Schritt zu einer Einsicht geführt werden, sondern wenn sie die Erkenntnis selbst gewonnen haben, z. B. durch logisches Denken, genaues Beobachten oder Ausprobieren. Natürlich wird es sich in den seltensten Fällen um Neuentdeckungen handeln. So wurde von einem Schüler berichtet, dass er kurz vor dem Abitur seinen Musiklehrer mit der Entdeckung verblüffte, dass die kleinen schwarzen Punkte auf und zwischen den Notenlinien offenbar immer dann nach oben gingen, wenn auch die im Unterricht vorgespielten Melodien höhere Töne aufwiesen. Es kommt beim entdeckenden Lernen nicht auf Originalität an, sondern darauf, die Lösung zu einem Problem selbst gefunden zu haben, auch wenn diese Lösung in Expertenkreisen schon lange bekannt ist. Wer ein Rätsel, ein Schachproblem oder eine Denksportaufgabe eigenständig löst, findet mehr Spaß daran und behält die Lösung länger als jemand, der die Enträtselung bequem nachgeschlagen hat.

Anders als bei einer Schachaufgabe gibt es im Unterricht nach der Storyline-Methode aber häufig nicht nur eine einzige Lösung, sondern mehrere plausible Antworten, darunter oft verblüffend originelle Vorschläge. Auch wenn die Lehrerin im Prinzip weiß, welche Arbeitsergebnisse die Schüler liefern werden, so ermöglicht sie ihnen doch durch das Stellen von offenen Schlüsselfragen, die „heilige Neugier des Forschens“ zu erleben. „Ein Kind lernt dann am besten, wenn es Aufgaben selbstständig löst. Das Lustgefühl, das damit einhergeht, ist nachhaltiger als jede Belohnung von außen – anders als viele Erziehungswissenschaftler meinen“, sagt der Hirnforscher Henning Scheich (zit. nach Spiegel Spezial 3/2002, S. 91). Wie die Neurophysiologen herausfanden, gibt es offenbar eine Lust am Entdecken. Neue Reize regen die Aufmerksamkeit an und wir empfinden eine wohlige Spannung. Das erklärt, warum Unterrichtsstörungen oft als interessanter wahrgenommen werden als der Unterricht selbst.

Ein einleuchtendes Beispiel für die Kreativität, wie sie sich häufig auch bei Anwendung der Storyline-Methode entfaltet, liefert Bruner (1980, S. 34). In einer Unterrichtseinheit wurden die Schüler aufgefordert, anhand einer topografischen Karte ohne Ortsnamen Vermutungen über die wahrscheinliche Lage wichtiger Städte anzustellen. „Die … Klassendiskussion erbrachte sehr schnell eine Fülle verschiedener plausibler Theorien über die notwendigen Voraussetzungen einer Stadt: eine Wasserweg-Theorie, die Chicago an die Nahtstelle der drei Seen platzierte, eine Minerallagerstätten-Theorie, die Chicago in der Nähe der Mesabi-Höhen ansiedelte, eine Ernährungsbasis-Theorie, die eine große Stadt auf das fruchtbare Land von Iowa verlegte usw. Der Grad der Interessiertheit wie auch der Offenheit für neue Vorstellungen war viel höher als bei den Kontrollgruppen. Am meisten aber fiel die Einstellung der Kinder auf, für die sich die Lage einer Stadt zum ersten Mal als ein Problem darstellte, und zwar als eins, für welches durch Nachdenken eine Lösung gefunden werden konnte."

systemisches Denken und Verstehen

Eine der wichtigsten Schlüsselqualifikation, die im Berufsleben verlangt wird, ist das systemische Verstehen – das Denken in Zusammenhängen, vernetzten Strukturen und Kreisläufen. Während analytisches, lineares und kausales Denken auch durch darbietenden Unterricht gelernt und verbessert werden kann, setzt das systemische Denken die aktive Auseinandersetzung mit komplexen Problemen voraus. Ein solches entdeckendes Lernen motiviert darüber hinaus, sich mit weiteren, schwierigeren Aufgaben zu beschäftigen und bestätigt das Vertrauen in das eigene Lernvermögen. Daher ist es für Behaltensleistung und Engagement der Schüler förderlich, zwischendurch immer wieder einmal Lernarrangements zu schaffen, in denen entdeckendes Lernen möglich ist. Es war u. a. diese Einsicht, die bei der Entwicklung der Storyline-Methode Pate stand.

Das Konstruieren kognitiver Strukturen

Einer der bedeutendsten Lerntheoretiker des 20. Jahrhunderts ist zweifelsfrei Jean Piaget (1896–1980). Er war ursprünglich Biologe und wandte sich erst später der Lern- und Erkenntnistheorie zu. Er verwendete als erster den Begriff „Konstruktion" für den Aufbau von Kenntnissen und Fähigkeiten. Später wurde davon der heute geläufige Begriff „Konstruktivismus" abgeleitet. Piaget betrachtet das Lernen als einen aktiven Prozess der Auseinandersetzung einerseits mit der Umwelt (Adaption), andererseits mit den eigenen bisherigen Handlungs- und Denkmöglichkeiten (Organisation). Im Verlauf dieses Prozesses baut der Schüler kognitive Strukturen auf. Beim selbstständigen entdeckenden Lernen wird der Schüler zunächst die Denkmuster und Handlungsmöglichkeiten verwenden, die ihm bereits geläufig sind. Diesen Prozess bezeichnet Piaget als *Assimilation.* Lässt sich das Problem damit nicht lösen, müssen neue Denkstrukturen oder Herangehensweisen entwickelt werden *(Akkommodation)*, die – wenn sie sich bewähren – zu den bereits vorhandenen Strukturen hinzukommen. Falkenberg verwendet zur Erklärung dieser beiden Begriffe das Bild eines Regals für die Gedanken: Dort kann man zusätzliche Ideen und Kenntnisse ablegen (Assimilation), oder aber man baut das Regal an, um neue und andersartige Kenntnisse und Handlungsmuster unterzubringen zu können (Akkommodation).

Geschichten strukturieren unsere Erinnerung

Die Entwicklung kognitiver Strukturen zieht sich als ein Generalthema auch durch die zahlreichen Studien von Jerome Bruner. In einem seiner neueren Bücher beschreibt er, wie die Konstruktion bedeutungsvoller Realität häufig in narrativer Form geschieht, also wie in einer Story: „Das Schematisieren liefert die Mittel zum ‚Konstruieren' einer Welt, zum Charakterisieren ihrer Entwicklung, zum Einteilen der Ereignisse in dieser Welt usw. Wären wir dazu nicht in der Lage, wären wir verloren im Nebel chaotischer Erfahrungen und hätten vermutlich sowieso als Spezies nicht überlebt. Die typische Form der Schematisierung von Erfahrungen (und unserer Erinnerung daran) ist die narrative Form, und Jean Mandler hat uns gezeigt, dass alles, was nicht narrativ strukturiert ist, verloren geht. Die Schematisierung überführt Erfahrung in Erinnerung" (Bruner 1990, S. 56). Mit dieser Beobachtung, dass die in Form einer Story vorliegende Strukturierung von Erfahrungen einen wichtigen Zugang zur Realität – bzw. ihrer Konstruktion – eröffnet, liefert Bruner eine passende theoretische Begründung für den Storyline-Ansatz.

Instruktionismus und Konstruktivismus

Zwei grundlegend verschiedene erkenntnistheoretische und lernpsychologische Ansätze haben die didaktische Debatte der letzten Jahre stark bestimmt: *Instruktionismus* und *Konstruktivismus*. Der Instruktionismus geht auf die behavioristische Lerntheorie zurück. Er unterstellt, dass Lehrende und Lernende prinzipiell den gleichen Zugang zur Realität haben. Er geht, kurz gesagt, davon aus, dass durch eine sorgfältige Planung des Unterrichts, durch die logische Anordnung des Lehrstoffs und durch methodisches Geschick des Lehrenden bewirkt werden kann, dass bestimmte vorab beschriebene Lernziele mit großer Sicherheit erreicht werden. Ein Hauptvertreter des instruktionalen Ansatzes ist der Lernpsychologe Gagné. Im Mittelpunkt dieses Lehr-/Lernverständnisses steht die systematische Darlegung der sachstrukturellen Wissensbasis. Die einzelnen Lernschritte werden hierarchisch aufgeschlüsselt und sequenziert. Gelernt wird nach dieser Sichtweise das, was gelehrt wurde.

Die Kritik am instruktionistischen Ansatz bezieht sich vor allem auf den mangelnden Transfer von der Lernsituation auf die reale Lebenssituation, in der das abstrakt Gelernte angewendet werden soll. „Aus der Perspektive der Instruktion sind die Lernschritte zwar explizit auf die Targetanforderungen bezogen, aber nicht unbedingt aus der Perspektive des Lerners. Die Dominanz sachstruktureller Gesichtspunkte verstärkt die Gefahr der Entwicklung einer eigenen, nur lernfeldbezogenen kognitiven Struktur beim Lerner. Der Lerner wird im Lernfeld so nicht in die Lage versetzt, sich die kognitiven Prozesse und Strukturen zu konstruieren, die für die Tätigkeiten im Funktionsfeld erforderlich sind" (Mandl u.a. 1992, S. 132). Steve Bell beschreibt die Wirkungen eines instruktionistischen Lehransatzes aus autobiografischer Sicht: „Meine Lehrerin früher sah mich als leeren Kartoffelsack, der darauf wartet, mit den ‚Kartoffeln des Wissens' gefüllt zu werden. Unglücklicherweise hatte mein Sack viele Löcher, und es verschwanden Kartoffeln mit alarmierender Regelmäßigkeit … Um herauszufinden, wie viele Kartoffeln zurückgeblieben waren, gab es wöchentlich einen Test. Diese Lehrerin hielt nicht Ausschau nach phantasievollen oder originellen Kartoffeln. Im Grunde genommen wollte sie die Kartoffeln wieder zurückbekommen, die sie mir vorher gegeben hatte. Pommes oder Kartoffelbrei waren allerdings nicht vorgesehen oder willkommen" (Letschert 1994, S. 19).

individuell unterschiedliche Lernwege

Damit ist nicht gesagt, dass es falsch ist, sich Gedanken darüber zu machen, wie der Unterrichtsstoff geordnet werden kann, damit die Schüler ihn sich leichter aneignen können. Nichts anderes geschieht z. B., wenn eine Lehrerin die Episoden einer Storyline in eine plausible Reihenfolge bringt. Skepsis ist jedoch gegenüber der instruktionistischen Vorstellung angebracht, es gäbe tatsächlich einen idealen Lernweg, der für alle Schüler gleichermaßen geeignet sei. „Der Lehrer, der sich auf einzelne Elemente einer komplexen Unterrichtssituation konzentriert – hier: auf die methodische Vorwegplanung –, verstellt und verhindert lebendiges Lernen. An die Stelle der … Selbstorganisation der Schüler setzt er seine methodische Fremdorganisation. Das fremdorganisierte Lern-Arrangement – die ‚methodische Treppe' – lässt kaum Raum für die subjektive Kreativität, für Suchbewegungen, Spiel, Verweilen und Abwege sowie Umwege. Diesem ‚Beherrschungsdenken' liegt eine negative Anthropologie, ein pessimistisches Menschenbild zugrunde" (Arnold 1993, S. 34 f.). In Frage zu stellen ist auch die instruktionistische Annahme, es gehe im Unterricht vor allem um die Vermittlung „objektiver Gegebenheiten" (vgl. Merrill 1991). Diese Auffassung ist typisch für das u. a. von Holzkamp kritisierte „Lehrlernen", dem er ein Lernen vom „Subjektstandpunkt" her gegenüberstellt. Damit ist gemeint, „dass das Lernen der Kinder im Unterricht nicht vom Lehren und dem zu Lehrenden her aufzubauen ist, sondern vom Lernen bzw. dem zu Lernenden in sachlich-sozialen Bedeutungszusammenhängen" (Kruse 1996, S. 54). Diese kritische Sichtweise wird von den Vertretern der Storyline-Methode geteilt.

„Kinder sind keine Fässer, die gefüllt werden, sondern Feuer, die entfacht werden wollen."
Michel de Montaigne

Im Gegensatz zum Instruktionismus unterstellt der *Konstruktivismus*, dass Menschen keinen direkten Zugang zur Realität haben, sondern sich ihre Realität auf der Grundlage ihrer Sinneswahrnehmungen selbst „konstruieren". Die konstruktivistische Didaktik geht davon aus, dass Lernen immer das Aneignen, also ein aktives Handeln des Lernenden erfordert und nicht allein das Ergebnis einer gut geplanten Instruktion sein kann (vgl. u. a. Arnold/Siebert 1997; eine ausführliche englische Zusammenfassung liefert Poplin 1988).
Der Grundgedanke des Konstruktivismus kann mit einem einfachen Experiment untermauert werden:

Schließen Sie das linke Auge und betrachten Sie mit dem rechten das Kreuz in der Abbildung. Bewegen Sie das Buch langsam auf das rechte Auge zu und wieder weg. Sie werden feststellen, dass der Kreis bei einem bestimmten Abstand (ca. 30 cm) aus ihrem Gesichtsfeld verschwindet. Die Erklärung: An der Stelle der Netzhaut, wo die Nervenfasern zum Sehnerv zusammenlaufen, sind keine Lichtsinneszellen vorhanden. Wir können dort nichts sehen. Gleichwohl haben wir den Eindruck, etwas zu sehen, nämlich das weiße Papier der Buchseite. Das Fehlen der Wahrnehmung nehmen wir nicht wahr (vgl. von Foerster 1985). Wenn Sie das Kreuz und den Punkt auf verschiedenfarbige Papiere zeichnen, dann werden Sie feststellen, dass Sie bei Wiederholung des Experiments die jeweilige Farbe des Papiers sehen – genauer: zu sehen glauben. Obwohl Sie doch nichts sehen können, liefert Ihnen Ihr Gehirn das Bild eines durchgängig einfarbigen Papiers. Das Gehirn konstruiert etwas, was objektiv nicht vorhanden ist. Eine viel kompliziertere Leistung unseres Gehirns besteht übrigens darin, dass es alles, was wir sehen, vom Kopf auf die Füße stellt. Denn von den optischen Gesetzmäßigkeiten unserer Augen her müssten wir alles verkehrt herum wahrnehmen. Zahlreiche weitere Beispiele für die konstruktive Leistung unseres Gehirns liefert Hoffmann 2003.

Das sagt die Gehirnforschung

Die moderne Neurobiologie hat in den vergangenen Jahren viele neue Befunde geliefert, die die konstruktivistische Sichtweise unterstützen. Die traditionell in unserer Kultur verankerte cartesianische Vorstellung eines vom Körper getrennten Geistes erklärt unser Verhalten ebenso wenig wie die gern gewählte Parallele zwischen einem Computer und dem menschlichen Gehirn. Der Gehirnforscher Damasio erklärt das Entstehen von „Einsichten" und Emotionen so: „Die einzelnen Regionen in Ihrem Gehirn sind ziemlich dumm. Keine weiß

alles. Aber jede Komponente weiß, wie sie auf einen bestimmten Stimulus reagieren muss. Das ist wie ein Stromkreis. Wird z. B. eine bestimmte Neuronengruppe in der Amygdala aktiviert, einer Region, die für Furcht und Aggression zuständig ist, so wird dieser Stimulus an den Hypothalamus weitergegeben, dann an den Hirnstamm, und schließlich reagiert der Körper in einer bestimmten Weise. Man wird etwa bleich, fühlt sein Herz rasen, die ganze Landkarte Ihres Körpers ändert sich. Und weil Ihr Gehirn sehr genau beobachtet, was der Körper tut, ändert sich auch die Wahrnehmung Ihres Gehirns – Sie haben ein *Gefühl*. Und nun stellen Sie sich vor, Sie haben Tausende von solchen Kreisläufen. Alle zusammen konstruieren am Ende das, was wir Realität nennen" (Schnabel/Sentker, 1997, S. 109).
Ein eindrucksvolles Beispiel für die Konstruktion von „Realität" durch unser Gehirn liefert der Neurophysiologe Ramachandran: Manche handamputierte Patienten leiden darunter, dass sich ihre amputierte Hand weiter bewegt. Sie meinen zu spüren, wie sich die Fingernägel ins Fleisch ihres Handballens bohren. Das kann bis hin zu einem sehr schmerzhaften Zustand spastischer Verkrampfung führen. Die Rückkopplung zwischen Fingern und Hirn ist gestört, und so wird die imaginäre Hand immer weiter gekrümmt. Da das Gehirn sich aber erinnert, dass eine bestimmte Krümmung der Finger Schmerzen im Handballen erzeugt, spüren die Patienten den Schmerz in der nicht mehr vorhandenen Hand. „Es ist ihnen aber nicht möglich, die imaginäre Hand zu bewegen, um so die schmerzhafte Verkrampfung zu lösen. Der Knoten sitzt im Kopf – und Ramachandran zeigt, wie man ihn mit einer einfachen Vorrichtung lösen kann. Er bittet die Patienten, ihre beiden Arme in eine kleine Holzkiste zu stecken, in deren Mitte ein vertikaler Spiegel eingelassen ist. Ist zum Beispiel die linke Hand amputiert, werden sie gebeten, von rechts in den Spiegel zu schauen. Plötzlich sehen sie zwei Hände nebeneinander liegen – und haben den frappierenden Eindruck, ihr amputiertes Glied sei wieder da. Dann bittet Ramachandran sie, die gesunde Hand in die verkrampfte Position zu bringen, die die amputierte scheinbar einnimmt. Plötzlich stimmen Spiegelbild und Gefühl für die Patienten überein. Werden sie nun gebeten, die gesunde Hand langsam zu öffnen, sehen sie im Spiegel, wie sich auch die imaginäre Hand entkrampft. ‚Der Schmerz verschwindet augenblicklich', berichtet Ramachandran" (ebd., S. 137).

Die konstruktivistische Erkenntnistheorie geht in Teilen auf Kants Theorie des apriorischen Wissens zurück, wonach „der Verstand nur das sehen kann, was er selbst gemäß seinem Entwurf hervorgebracht hat" (1787, B XI). Doch finden sich auch schon bei früheren Philosophen Einsichten, die die konstruktivistische Sichtweise untermauern. Epiktet z. B. notierte, dass nicht die Dinge selbst die Menschen beunruhigen, sondern ihre Meinungen über die Dinge.

„Man sieht nur, was man weiß."
Johann Wolfgang von Goethe

Auch Karl Popper, der Begründer des Kritischen Rationalismus, stimmt im Grundsatz mit der konstruktivistischen Erkenntnistheorie überein. „Unsere Wahrheitssuche geht immer folgendermaßen vor sich: Wir *erfinden* – a priori – unsere Theorien, unsere Verallgemeinerungen. Zu denen gehören auch unsere Gestaltwahrnehmungen. Eine Gestaltwahrnehmung ist eine Hypothese: Es ist unsere Interpretation dessen, was wir sehen; und als Interpretation ist die Gestaltwahrnehmung eine Hypothese. Wir haben es überhaupt nur mit Vermutungen oder Hypothesen zu tun. Wir haben dauernd Vermutungen, die von uns geschaffen werden. Diese Vermutungen versuchen wir dauernd mit der Wirklichkeit irgendwie zu konfrontieren und sodann unsere Vermutungen zu verbessern und sie der Wirklichkeit näher zu bringen" (Popper 1996, S. 143 f.). Die Aussage über den Vergleich von Vermutung und Wirklichkeit könnte so missverstanden werden, dass Popper einen direkten sinnlichen Zugang zur Realität für möglich hält. Doch er macht deutlich, dass er eher der konstruktivistischen Sichtweise nahe steht: „Die ältere Wissenschaftstheorie lehrte, ... dass der Ausgangspunkt der Wissenschaft unsere Sinneswahrnehmung oder die sinnliche Beobachtung ist. Das klingt zunächst durchaus vernünftig und überzeugend, ist aber grundfalsch ... Wir dürfen nicht die Schlussfolgerung ziehen, dass unsere Erkenntnis mit der Sinneswahrnehmung beginnt. Im Gegenteil, unsere Sinne sind, entwicklungstheoretisch gesehen, Werkzeuge, die sich ausgebildet haben, um bestimmte biologische *Probleme* zu lösen" (ebd., S. 19 ff.)

Die gleiche Überlegung steht hinter der Storyline-Methode: Unterricht ist nicht dazu da, den Schülern scheinbar sicheres Wissen zu vermitteln. Er soll die Schüler vor allem befähigen, selbstständig Probleme zu lösen; damit geht die Fähigkeit einher, sich Wissen anzueignen. Nur wenn die Schule dabei erfolgreich ist, werden die Schüler später in der Lage sein, angesichts neuer Wissenszuwächse und neuer Problemlagen angemessen zu handeln.

Wenn es also zutrifft, dass wir keinen unmittelbaren Zugang zur Realität haben, sondern diese vielmehr konstruieren, dann ergeben sich für den Unterricht einige wichtige Konsequenzen:

- Wir müssen die Wahrnehmungen der Schüler zunächst einmal als genauso möglich ansehen und respektieren wie unsere eigenen.
- Wir müssen unterstellen, dass wir uns irren können – die Lehrerin ebenso wie die Schüler.
- Wenn wir nicht sicher sein können, dasselbe in gleicher Art wahrzunehmen, dann müssen wir uns über unsere „Wahr"nehmungen – unsere Konstruktionen – verständigen, auch im Unterricht. Dies gilt nicht nur für die Kommunikation zwischen Lehrerin und Schülern; auch die Schüler müssen lernen, sich untereinander über ihre unterschiedlichen Realitätssichten auszutauschen.
- Wir müssen akzeptieren, dass sich eine „Realität", auf die wir uns geeinigt haben, zu einem späteren Zeitpunkt im Lichte neuerer Befun-

de verändern kann, was im Übrigen jeder Naturwissenschaftler als eine Binsenweisheit bezeichnen wird.

- Wir müssen anerkennen, dass nicht die Lehrerin den Unterrichtsstoff in die Köpfe der Schüler transportiert, sondern dass der Stoff nur dann aufgenommen wird, wenn die Schüler dies wollen und sich die Inhalte aktiv aneignen und verarbeiten.
- Schließlich müssen wir uns damit abfinden, dass bei dem Prozess des aktiven Erwerbs von Kenntnissen und Fähigkeiten die Inhalte oft unabsichtlich verändert werden.

Falkenberg/Håkonsson (2001, S. 67) stellen instruktionistisches und konstruktivistisches Denken in Form der folgenden Tabelle einander gegenüber:

Instruktionistisches Denken	→	**Konstruktivistisches Denken**
Lehrer	Gibt vor und formuliert, womit gearbeitet wird.	Schüler
nein	Unterrichtsinhalte sind für die Schüler relevant.	ja
Lehrer	Stellt Fragen/formuliert Probleme.	Schüler
Lehrer	Benennt schriftliche Quellen oder Ansprechpersonen.	Schüler
Lehrer	Erschließt sich schriftliche Quellen.	Schüler
Lehrer	Setzt sich mit Auskunftspersonen in Verbindung.	Schüler
Lehrer	Plant Untersuchungen oder Aktivitäten.	Schüler
nein	Verwendet vielfältige Evaluierungsformen.	ja
nein	Schüler beurteilen ihre Leistungsfortschritte selbst.	ja
nein	Begriffe und Fertigkeiten werden in neuen Situationen angewendet.	ja
nein	Schüler führen Aktivitäten aus, ergreifen die Initiative.	ja
nein	Führt – wo nötig – in Begriffe und Prinzipien des Forschens ein.	ja
nein	Ggf. muss man sich zum Lernen aus der Schule hinausbegeben.	ja

Instruktionisten wenden gegen den konstruktivistischen Ansatz gern ein, es könne doch nicht zwei Meinungen darüber geben, wie das korrekte Ergebnis einer Multiplikationsaufgabe laute, wie viele Wasserstoffatome ein Wassermolekül habe oder wie die „objektive Standardsichtweise" (Merrill 1991, S. 49) des menschlichen Herzens für einen Chirurgen zu sein habe. In der Tat würde es wenig Sinn machen, über das richtige Ergebnis einfacher Rechenaufgaben zu streiten. 9 + 1 ist überall auf der Welt 10. Aber ob 10,– € viel Geld sind oder wenig, das hängt vom Wohnort auf diesem Globus und dem dort üblichen durchschnittlichen Jahreseinkommen ab. Also muss man sich darüber verständigen.

Ob man die instruktionistische oder die konstruktivistische Sichtweise bevorzugt, hängt letztlich davon ab, ob man eher zu den Menschen gehört, die gern Gewissheit haben, oder zu jenen, die Ungewissheit ertragen können und abweichende Meinungen anderer akzeptieren.

Wenn es um die Vermittlung einfacher Kenntnisse geht, z. B. um Additionsverfahren, um die Bedienung eines Staubsaugers oder die Bedeutung des roten Lichts einer Ampel, dann wäre eine Einigung über möglicherweise voneinander abweichende individuelle Wahrnehmungen eher hinderlich für den Lernprozess. Wenn es aber um komplexere geistige Leistungen geht, um die Anwendung gelernter Prinzipien, die Analyse eines Textes, die Beurteilung einer Reihe von Experimenten, dann wird es deutlichere Unterschiede in der Wahrnehmung geben. Das gilt insbesondere für emotionale und soziale Lernziele, für die es im Regelfall keine objektive Standardsichtweise gibt.

Auch der scheinbar so gut nachvollziehbare Hinweis auf das „objektive" Funktionieren von Maschinen, z. B. Staubsaugern, greift bei genauerer Betrachtung zu kurz. Es ist z. B. eine gut belegte Tatsache, dass gelernte Zerspanungsmechaniker mit langer Berufserfahrung es beim Arbeiten an CNC-Maschinen seltener zu einem Werkzeug-Crash kommen lassen als angelernte Kräfte, obwohl diese Maschinen fast automatisch arbeiten. Dies wird damit erklärt, dass ein ausgewiesener Experte über weit mehr implizites Wissen, also eine selbst entwickelte Sichtweise über das Funktionieren einer Maschine besitzt und z. B. aufgrund kaum wahrnehmbarer Geräusche ahnt, dass ein Werkzeug vorzeitig stumpf geworden ist.
Wer der instruktionistischen Sichtweise zuneigt, wird vermutlich weniger Gefallen an der Storyline-Methode finden. Denn deren Lernergebnisse lassen sich nicht immer mit höchster Genauigkeit vorhersagen. Wer sich dagegen gern auf lebendige und dynamische Prozesse einlässt, für den ist die Storyline-Methode eine empfehlenswerte Alternative.

Lernen und Wissen

Die Neurobiologie hat im letzten Jahrzehnt große Fortschritte gemacht – nicht zuletzt, weil die neuen bildgebenden Verfahren eine direktere Beobachtung der Hirnaktivitäten erlauben. Unser Wissen über die Abläufe von Lernprozessen ist dadurch erheblich erweitert worden. Unter anderem wurde die alte Erfahrung bestätigt, dass nur ein Bruchteil dessen, was wir an Informationen in unser Kurzzeitgedächtnis aufnehmen, auch im Langzeitgedächtnis gesichert wird. Damit stellt sich die Frage, wie Unterricht dazu beitragen kann, dass die wichtigen Inhalte nicht nur kurzfristig aufgenommen, sondern auch behalten werden.

Kurz- und Langzeitgedächtnis

„Die Langzeitverankerung einer Information kann in bestimmten Phasen dieses Prozesses durch weitere Informationen verstärkt oder gestört werden. Verstärkend wirkt die Beschäftigung mit denselben oder ähnlichen Informationen nach einer längeren Pause. Dies ist wahrscheinlich der Mechanismus, der anspruchsvollen Hausaufgaben oder einer entsprechend organisierten Ganztagsschule einen tieferen Sinn gibt. Konkurrieren umgekehrt zu viele unterschiedliche Informationen, die wahllos im Laufe des Tages aufgenommen wurden, um die Abspeicherung, so verwässern sie sich gegenseitig. Eine solche Auswirkung hat wahrscheinlich ungebremster Fernsehkonsum ... Auch für Lerninhalte, die in stärkerem Maße Verständnis und Konzeptbildung erfordern, ist Vertiefung und Training möglichst noch am selben Tag optimal, zumindest aber an aufeinander folgenden Tagen, um Verknüpfungen mit anderen Inhalten zu erreichen, die bereits im Langzeitgedächtnis abgespeichert sind" (Scheich, 2002, S. 13).

Das „Füttern" der Schüler mit isolierten Bröckchen aus fünf oder sechs unterschiedlichen Fächern im Laufe eines Vormittags verträgt sich nicht mit diesen Erkenntnissen. Ein problemorientierter, fächerübergreifender Unterricht bietet deutlich mehr Chancen, ein Thema unter verschiedenen Gesichtspunkten zu beleuchten, zu vertiefen und mit anderen Lerninhalten zu verknüpfen. Auch der Befund, dass „die Übertragung ins Langzeitgedächtnis bei neuen Erfahrungen besser funktioniert, wenn diese Anwendung finden" (ebd.), bestätigt den methodischen Ansatz der Storyline-Methode, die ja Vorwissen, entdeckendes Lernen und neue Informationen mit der Anwendung auf Problemstellungen verbindet.

Unterricht zielt auf die Vermittlung von Kenntnissen, Fähigkeiten und Einstellungen. Am einfachsten scheint es noch, Wissen weiterzugeben. Aber was ist relevantes Wissen? Neuweg unterscheidet in Anlehnung an Polanyi zwischen *explizitem* und *implizitem* Wissen. Explizites Wissen besteht aus Kenntnissen, die leicht zugänglich sind und einfach weitergegeben werden können. So besteht z. B. die Information, dass ein Fahrrad zwei Räder, Pedalen, einen Lenker und einen Sitz für den Fahrer braucht, aus explizitem Wissen. Darüber, wie man auf einem Fahrrad fährt, ohne herunterzufallen, gibt es auch Wissen. Diese komplexen physikalischen Kenntnisse sind aber schwer zu erklären. Die bloße Weitergabe der Information, dass man nur den Lenker soweit in die Richtung der Fallneigung einschlagen muss, dass – eine gewisse Grundgeschwindigkeit vorausgesetzt – die Wirkung der Schwerkraft ausgeglichen wird, bewirkt jedenfalls noch nicht, dass der Empfänger dieser Information sofort Rad fahren kann. Das implizite Wissen über die Kunst des Radfahrens lässt sich nur mit Mühe weitergeben. Den entscheidenden Anteil muss sich der Lernende durch Übung und Erfahrung selbst erarbeiten.

implizietes Wissen muss aktiv erarbeitet werden

Expertenwissen ist vornehmlich implizites Wissen. Das macht es auch so kompliziert, das Wissen über Storyline in Form eines Buches weiterzugeben. Der Beobachter einer Lehrerfortbildung zu diesem Thema schrieb: „Wie viele Professionals kann Steve Bell nur schwer genau beschreiben, wie er den Erfolg von Lehrerfortbildungen sicherstellt. Über viele Jahre hinweg hat er Theorie und Praxis so verinnerlicht, dass ihm die Erklärung nicht leicht fällt. Wenn Menschen Fertigkeiten besitzen – auch intellektuelle Fertigkeiten wie das Geschick für die Schauspielerei oder die Fähigkeit des Unterrichtens –, sind sie sich nicht immer der von ihnen angewandten Verfahren bewusst. Sie verwenden angemessene Mittel zur Erreichung ihrer Ziele, aber diese Angemessenheit ist von ihnen vielleicht nie explizit gemacht worden, nicht einmal sich selbst gegenüber" (Barr 1987, S. 9).

Problem-Based Learning

Zum Schluss soll ein didaktischer Ansatz erwähnt werden, der eine gewisse Ähnlichkeit zur Storyline-Methode aufweist: das Problem-Based Learning (Lernen, das auf dem Lösen von Problemen beruht). Problem-Based Learning wird in den Vereinigten Staaten – zunehmend auch in Europa – vorzugsweise auf Universitätsniveau eingesetzt, vor allem bei der Ausbildung zukünftiger Mediziner. Ähnlich wie bei der Storyline-Methode steht auch hier das induktive Vorgehen im Vordergrund. So wird z. B. im Rahmen einer Vorlesung eine bestimmte Symptomatik geschildert. Die Studenten erfahren, woran sich die Erkrankung äußert – beispielsweise Temperatur, Hautausschlag, Schmerzen, Blutdruck usw., erhalten aber keinen Diagnosevorschlag. Anschließend versuchen die Studenten in kleinen Gruppen zu ermitteln, um welche Erkrankung es sich handeln könnte und welche Behandlungsart Erfolg verspricht. Sie ziehen Nachschlagewerke und Fachliteratur zu Rate, diskutieren die unterschiedlichen Möglichkeiten und erstellen schließlich gemeinsam einen Behandlungsplan. In der nächsten Seminarsitzung präsentieren sie dann ihren Vorschlag, der von den anderen Studenten und dem Dozenten kommentiert wird. Dieses Vorgehen simuliert die Situation des Arztes, der ja häufig anhand von Untersuchungsbefunden und von Aussagen des Patienten eine Diagnose stellen muss.

Hinter dem methodischen Vorgehen des Problem-Based Learning steht die Überlegung, dass Studenten möglichst früh das selbstständige Lösen von Problemen ihres späteren Berufsfeldes üben sollen. Eigenaktivität und Zusammenarbeit der Lernenden werden als ebenso wichtig angesehen wie die Selbststeuerung des Lernprozesses (vgl. Renold, 2001). Anders als in den traditionellen Ausbildungskonzepten bleibt es nicht dem Studenten überlassen, wie er die Erkenntnisse der einzelnen Subdisziplinen zu einem brauchbaren Wissenskonvolut zusammenfasst, sondern die Ausbildung ist von Anfang an interdisziplinär angelegt.
In einem der wenigen deutschsprachigen Beiträge fasst Klauser (1998, S. 273) zusammen: „Problem-Based Learning ist ein international verbreiteter, elaborierter und empirisch umfangreich überprüfter Ansatz zur innovativen Gestaltung von Lehr-Lern-Prozessen in Schulen und Hochschulen sowie in der betrieblichen Aus- und Weiterbildung. Gestützt auf konstruktivistisch geprägte Annahmen zum Lernen und Lehren sowie zur Gestaltung von Lernumgebungen, geht es darum, anhand komplexer und realistischer Problemstellungen systematisch in die Denk- und Arbeitsweise von Experten einzuführen mit dem Ziel, den Erwerb transferfähigen Wissens mit der Herausbildung allgemeiner und fachspezifischer Problemlösestrategien und Lerntechniken zu verknüpfen."

Diese Charakterisierung gilt in nahezu gleicher Weise für die Storyline-Methode. Sie

- ist ein verbreiteter und vielfach bewährter Ansatz für den schulischen Unterricht,
- basiert auf konstruktivistischen Annahmen zum Lernen und zur Gestaltung von Lernarrangements,
- geht von komplexen und realistischen Problemstellungen aus,
- fördert die Herausbildung allgemeiner und fachlicher Problemlösestrategien und
- zielt auf den Erwerb transferfähigen Wissens.

Zusammenfassung

Die Storyline-Methode leitet sich ursprünglich nicht vom Konstruktivismus her, gleichwohl bieten die konstruktivistischen Annahmen über das Lernen die passendste Erklärung dafür, warum und wie die Methode funktioniert. Begründet ist dies vor allem in den gemeinsamen Werten und Überzeugungen von Konstruktivismus und Storyline-Methode:

- gegenseitiger Respekt
- Überzeugung von der Möglichkeit des eigenen Irrtums
- Einsicht in die Notwendigkeit, sich über Wahrnehmungen in der sozialen Umwelt austauschen zu müssen
- Skepsis gegenüber der „einzig möglichen richtigen Lösung"
- Verständnis von Lernen als aktivem Handeln
- Akzeptanz von Lebenserfahrung sowie Weltsicht der Schüler als Ausgangspunkt

ein pragmatischer Ansatz

Auch wenn die Methode dem konstruktivistischen Ansatz zugerechnet werden kann, ist sie de facto *aus* der Praxis *für* die Praxis entstanden. Was sich als erfolgreich erwies, wurde beibehalten und verbessert, was sich nicht bewährte, wurde fallen gelassen. Als Pragmatiker sind die Vertreter der Storyline-Methode weniger an einer stringenten theoretischen Begründung ihres Handelns interessiert als vielmehr an guten Lernergebnissen der Schüler. Theorien ziehen sie vor allem dann heran, wenn es gilt, das eigene Handeln kritisch zu reflektieren oder Skeptiker zu überzeugen.
Es handelt sich bei der Storyline-Methode also um ein *eklektisches* Konstrukt, das auf unterschiedlichen Fundamenten basiert. Seit der Ansatz in so unterschiedlichen Ländern wie Bahrein, Dänemark, Finnland, Litauen, den Niederlanden, Thailand und den USA weiterentwickelt wird, ist ohnehin eine größere Vielfalt nicht zu vermeiden. Diese Vielgestaltigkeit des Storyline-Ansatzes ist sogar ausdrücklich erwünscht, denn ungleiche Lehrpläne, Lernkulturen, politische und soziokulturelle Bedingungen fordern unterschiedliche Herangehensweisen der Schule. Eine enge methodische Festlegung wäre eher hinderlich und würde der Weiterentwicklung der Storyline-Methode insgesamt schaden.

Methoden-Purismus ist der Storyline-Methode fremd. Es soll nicht *die* eine Methode propagiert werden, sondern es geht darum, dass die Schüler sich mit Unterstützung der Lehrerin in einer anregenden Lernumwelt selbstständig diejenigen Qualifikationen aneignen, die für ihr weiteres Leben relevant sind. Da die Schüler unterschiedlich sind und verschieden sozialisiert werden, wäre es ein Wunder, wenn alle mit derselben Methode gleich gut und erfolgreich lernen würden. Die Storyline-Methode nimmt daher nicht nur die Lebenswelt der Schüler ernst: Sie ermöglicht ihnen auch, die ihnen am ehesten angemessene Art erfolgreichen Lernens zu entdecken und zu perfektionieren. Die Schüler sind Gestalter ihres eigenen Lernprozesses. Durch die anregende Lernumgebung werden die Schüler ermutigt, selbstständig Entdeckungen zu machen, Probleme zu lösen und auf ihre Vorstellungskraft zu bauen. Insofern macht die Storyline-Methode Ernst mit Immanuel Kants Forderung, wir sollten uns trauen, den eigenen Verstand zu benutzen („sapere aude"). Kant hatte bei dieser berühmten Formulierung alle Menschen im Auge – wohl kaum speziell die Schulkinder. Pathetisch oder boshaft – wie immer man es verstehen möchte – könnte man sagen, dass die Storyline-Methode unser Augenmerk darauf lenkt, dass Schüler auch Menschen sind.

8. Kapitel Weitere Informationen

Informationsquellen

Die zentrale Homepage zur Storyline-Methode wird von Steve Bell gepflegt. Hier sind zahlreiche Hinweise sowohl zur Methode allgemein, zu Publikationen und zu aktuellen Terminen zu finden:
www.storyline-scotland.com

Durch Eingabe von „slo storyline" in eine der gängigen Suchmaschinen sind zahlreiche weitere Veröffentlichungen abrufbar, überwiegend in englischer und niederländischer Sprache.

Das Eingeben der Stichwörter storyline – method – school liefert mehr als 70 000 Einträge im Internet.

Der niederländische Verlag „De Akelei" vertreibt einzelne Storylines, darunter in englischer Sprache „Local Radio Station", entworfen von Steve Bell.
Anschrift: De Akelei, Veenpolderdijk 6, N – 1556 PJ Assendelft, Niederlande, Fon/Fax: 0031 (0)75-6 87 33 22.

Das Nationale Curriculuminstitut SLO (stichting leerplanontwikkeling) in Enschede, das die Storyline-Methode seit langem fördert, hat die Adresse:
SLO Institute for Curriculum Development (SLO)
P.O. Box 2041
N – 7500 CA Enschede, Fon: 0031 (0)53-84 08 40, Fax: 0031 (0)53-30 76 92
www.slo.nl

Hinweise zur Anwendung der Storyline-Methode im Englischunterricht liefern folgende Internetseiten:
www. ph-freiburg.de/englisch/de/pages/links.htm
www.fachenglisch.gmxhome.de

Dänemark: Über den Gebrauch der Storyline-Methode in Dänemark gibt die Homepage des Amtscentret for Undervisning Viborg Amt, Skive, Auskunft, die von Finn W. Mosegaard betreut wird:
www.acskive.dk/storyline

Deutschland ist noch ein Entwicklungsland, immerhin gibt es einige Quellen:
www.storyline-methode.de
www.sowi-online.de/methoden/dokumente/schroeder.htm

Niederlande: Hier wird die Methode oft mit dem Begriff Verhalend Ontwerpen (wörtlich: erzählendes Entwerfen) umschrieben. Die von Erik Vos und seinem „Bureau voor educatief ontwerpen" betreute Homepage finden Sie unter:
www.verhalendontwerpen.nl/

Norwegen: Liv Torunn Eik, Janne Fauskanger und Knut Rune Olsen liefern Informationen unter:
www.lu.hive.no/storyline

USA: Die Homepage von Jeff Creswell, der den Storyline-Ansatz in den USA durch mehrere Publikationen bekannt gemacht hat, lautet:
www.storyline.org

Die EED

1986 fand in Island ein Treffen von Lehrern und Hochschulpädagogen statt, die sich mit der Storyline-Methode intensiv auseinander gesetzt hatten. Auf dieser Konferenz entstand die Idee, eine internationale Gesellschaft zur Förderung des Storyline-Ansatzes zu gründen. Sie erhielt die Bezeichnung „European association for Educational Design" (EED). Im folgenden Jahr wurde im National Institute for Curriculum Development (SLO) in Enschede die erste Konferenz der EED durchgeführt. Weitere folgten in Dänemark, Deutschland, Schottland und Island. Mitglieder der EED sind Praktiker und Erziehungswissenschaftler, die die Storyline-Methode kennen und fördern wollen. Sie kommen vor allem aus den skandinavischen Ländern, aus Schottland, den Niederlanden und den USA. Zunehmend werden aber auch Gäste aus anderen Ländern eingeladen, die Erfahrungen mit der Methode gesammelt haben oder sie kennen lernen möchten.
Das 10. Treffen der EED wurde als internationale Konferenz mit mehr als 300 Teilnehmern aus 22 Ländern vom 6. bis 8. November 2000 im dänischen Aalborg abgehalten. Eine Teilnehmerin berichtete unter

Design:
Li Vilstrup

Bezugnahme auf die PISA-Studie: „Auf der ‚International Storyline Conference' in Dänemark habe ich bereits die Antwort auf Ihre Frage: ‚Was machen die skandinavischen Länder anders?' gefunden. Storyline bietet den Lehrenden an der Schule eine alternative Unterrichtsmethode. Die 350 Teilnehmer haben sich längst über die Stufe des sich Beschwerens über die unmotivierten und disziplinlosen Schüler hinweggesetzt und diskutieren auf einem ganz anderen Niveau. In Dänemark ging es darum, bei den Schülerinnen und Schülern wieder Freude am Lernen zu wecken und das mit höchster Effektivität. Die Unlust wird ernst genommen, die Schülerin und der Schüler wird in ihrer/seiner Individualität ernst genommen. Gegenseitiger Respekt, Toleranz, Kreativität und Individualität vereinen sich in der neuen Unterrichtsmethode Storyline ... Wenn wir PISA ernst nehmen, müssen wir auch unsere Schülerinnen und Schüler ernst nehmen." Claudia Holitzki in einem per Internet veröffentlichten Kommentar zu einem Artikel zur PISA-Studie in der „Zeit".
Die zweite internationale Storyline-Konferenz fand vom 3. bis 5. November 2003 in Helsingør statt. Das Programm und der Konferenzbericht sind abrufbar unter:
www.storylineapproach.dk

9. Kapitel Storylines zum Ausprobieren

„Auf dem Wochenmarkt" (geeignet für Klasse 2 bis 4)

Storyline (Ablauf)	Schlüsselfrage	Aktivitäten	Sozialform	Material	Lernziele/Ergebnisse
1. Wie alles anfängt		Die Lehrerin liest den 1. Teil des Begleittextes zu Episode 1 vor (S. 147).	ganze Klasse		Einstimmung auf das Thema
	Welche Wörter kennt ihr nicht?	Die Schüler erklären unbekannte Begriffe, evtl. mit Hilfe des Lexikons.	einzeln	Lexikon	definieren, Lexikon benutzen
	Was packt die Familie alles auf den Anhänger?	Schüler erstellen eine Liste von Waren, Lehrerin schreibt mit, ggf. auch alle Schüler.	ganze Klasse	Tafel, Schreibmaterial	Rechtschreibung üben
		Lehrerin liest den Text zu Ende.			
2. Ankommen auf dem Markt	Wie heißen die Besitzer der anderen Marktstände?	Die Schüler erfinden Namen.	ganze Klasse	Tafel	eigene Erfahrungen einbringen
	Was für einen Marktstand wollt ihr aufmachen?	Die Schüler entscheiden sich für eine Handelsbranche (Gemüse, Fisch, Käse, Brot, Gewürze ...).	Gruppe		
3. Die Personen	Wie sehen die Händler aus?	Jeder Schüler fertigt eine kleine zweidimensionale Figur und gibt ihr einen Namen.	einzeln	Papier, Stifte, Karteikarten, Stoffreste, Wollreste, Kleister	Identifikation herstellen
	Wie ist das Leben der Person bisher verlaufen?	Schüler schreiben Lebensläufe ihrer Figuren und erläutern sie auf Nachfrage.			logisches Denken
	Was glaubt ihr, wie sieht Bauer Wegemann aus? Und seine Frau?	Die Schüler erstellen 2 lebensgroße Figuren (Lehrerin legt sich auf den Boden, damit die Schüler die Umrisse abzeichnen können). Die Figuren bleiben während der ganzen Unterrichtseinheit an der Wand hängen.	Gruppe einzeln	Tapete, Collagematerial, Deckfarbe, Papier, Stifte, Kleister	
4. Marktgeräusche	Was könnt ihr wohl hören, wenn der Markt morgens aufgebaut wird und der Verkaufsbetrieb dann beginnt?	Die Schüler sammeln Bezeichnungen für Geräusche. Sie unterscheiden lautmalerische Begriffe von anderen.	ganze Klasse	Tafel	sprachliche Differenzierung, sprachlicher Ausdruck
		Sie schreiben aus den gesammelten Begriffen ein Gedicht.	einzeln	Schreibmaterial	Geräusche als Musik empfinden können
		Mit Hilfe von Musikinstrumenten und anderen Klangkörpern wird eine „Marktmusik" aufgeführt.	Klasse	Musikinstrumente etc.	

Storyline (Ablauf)	**Schlüsselfrage**	**Aktivitäten**	**Sozial-form**	**Material**	**Lernziele/Ergebnisse**
5. Die Waren	Was kann man auf dem Wochenmarkt mit Gewinn verkaufen?	Die Schüler schreiben einzelne Waren auf, die zu ihrem Marktstand passen (z. B. eine Vielzahl von Gemüsesorten, Brot- und Kuchensorten usw.).	Gruppe	Schreibmaterial	Erweiterung des Wortschatzes, Bildung von Oberbegriffen, Zuordnungen
	Wo kommen die Waren her?	Schüler stellen Vermutungen an: selbst angebaut, Großmarkt ...	Austausch in der Klasse	Fachliteratur, Internet, Lexikon	Suchstrategien
6. Die Marktstände	Wie soll der Marktstand aussehen, wenn man von vorn draufsieht?	Die Schüler zeichnen den Aufriss eines Marktstandes (Vorderansicht). Sie entscheiden sich für eine Ansicht und begründen diese Wahl gegenüber der Lehrerin.	einzeln	Zeichenmaterial	abstrahieren können argumentieren
	Und wie sieht er aus, wenn man hineingehen kann?	Die Schüler bauen das dreidimensionale Modell eines Marktstandes. Die Lehrerin geht von Gruppe zu Gruppe und lässt sich die verschiedenen Lösungen für Probleme erklären (vgl. Kapitel 3, S. 58).	Gruppe	Karton, Restmaterial, Collagematerial, Deckfarbe, Papier, Stifte, Kleister	räumliches Vorstellungsvermögen, schätzen, messen, Handgeschick, künstlerisches Gestalten
7. Die Kunden	Wer sind unsere Kunden?	Die Schüler beschreiben die Kunden. Sie fertigen kleine zweidimensionale Figuren und geben ihnen einen Namen und Lebenslauf.	einzeln	Papier, Stifte, Karteikarten, Stoffreste, Wollreste, Kleister	Identifikation herstellen, Typisierungen hinterfragen
	Warum gehen sie auf den Markt und nicht in den Supermarkt? Wofür sind sie bereit zu bezahlen?	Die Schüler benennen vermutete Interessen und Bedarfe und stellen ein passendes Angebot zusammen.	Gruppe	Schreibmaterial	Bedarf und Bedürfnis unterscheiden können
8. Veränderung des Angebots	Wenn plötzlich niemand mehr Rindfleisch, Salat, Eier usw. kaufen will, weil in einigen Waren Gift nachgewiesen wurde, was bietet ihr an?	Die Schüler ermitteln, welche Waren von Vergiftungen/Verunreinigungen betroffen waren. Sie entwerfen einen Fragebogen für Kunden. Sie stellen ihr Warenangebot neu zusammen. Sie entwerfen ein Informationspapier für verunsicherte Kunden.	Gruppe	Tagespresse, Fachliteratur, Internet	Recherchefähigkeit systematisches Erfragen von Zusammenhängen treffend formulieren

Storyline (Ablauf)	Schlüsselfrage	Aktivitäten	Sozialform	Material	Lernziele/Ergebnisse
9. Finanzierung	Was geben wir wofür aus? Woher kommt das Geld? Was tun bei 40 000 € Gewinn pro Jahr? Und bei 40 000 € Verlust? Sind die Vorschläge wirklich realistisch?	Teilnehmer schreiben eine Liste der Ausgaben. Liste der Einnahmen, Lehrerin schreibt mit. Teilnehmer benennen Maßnahmen bei Gewinn. Maßnahmen bei Verlust? Wenn Sparvorschläge benannt werden: mit der Ausgabenliste vergleichen.	Gruppe Plenum Gruppe Plenum	Schreibmaterial, Taschenrechner	realistisch schätzen rechnen wirtschaftliches Verhalten
10. Marketing, Werbung	Wie informiert ihr die Kunden über die Angebote? Wie gewinnt Ihr neue Kunden?	Schreiben/Illustrieren einer Anzeige für die Lokalzeitung/Wochenblatt. Werbespot für Radio/TV erfinden und vorführen oder ein Event mit Schlagerstar auf dem Markt planen.	Gruppe Plenum	Schreibmaterial Moderationsmaterial	marktgerechtes Verhalten Kreativität, vor einer Gruppe auftreten können
11. Besondere Ereignisse	Was tun bei Gewitter, Diebstahl? Beißerei unter Hunden etc.	Schüler sammeln und diskutieren unterschiedliche Handlungsmöglichkeiten, entscheiden sich für eine davon. Schüler erfinden einen Notfallplan für Feuer, Gewitter, Hagelschlag, Verkehrsstau.	Plenum Gruppe		Auseinandersetzung mit den eigenen Werten (Diebstahl immer anzeigen?) schnelles Reagieren in Notfällen
12. Die Krise	Der Platz, auf dem der Markt bisher stattfand, soll mit einem Einkaufszentrum bebaut werden. Nach 2 Jahren Bauzeit sollen einige der Händler Verkaufsflächen in dem neuen Zentrum anmieten dürfen.	Die Lehrerin liest den Text zu Episode 12 (S. 148) vor. Die Schüler benennen ihre Gefühle. Sie sammeln und visualisieren verschiedene Möglichkeiten (z. B. anderen, am Stadtrand gelegenen Platz mieten, den Beruf wechseln, die Öffentlichkeit mobilisieren, gegen das Bauvorhaben vor Gericht gehen …). Vielleicht planen sie einen als Fest gestalteten letzten Markttag mit mittelalterlicher Verkleidung, mit Elternbesuch usw.	Plenum	Tafel	Enttäuschungen verkraften können kreativer und realistischer Umgang mit schwierigen Situationen
13. Der Besuch	Wie sieht es auf dem Wochenmarkt wirklich aus?	Die ganze Klasse besucht einen Wochenmarkt und erkundet auf der Basis der zuvor selbst entwickelten Ideen, wie ein Wochenmarkt funktioniert. Jetzt wissen sie, welche Fragen sie stellen müssen.			Interviews vorbereiten und durchführen, sich selbst in Frage stellen, begründete Bewertungen abgeben

Begleittexte zur Storyline „Auf dem Wochenmarkt“

Einführung zu Episode 1

Drrrrrrrrr!
Bauer Wegemann wälzt sich auf die andere Seite. Seine Hand gibt dem Wecker einen leichten Klaps.
„He, du Faultier, willst du nicht aufstehen?“ Maria Wegemann sitzt schon aufrecht im Bett und stupst ihren Mann in die Rippen. „Heute ist Markt!“
„Geh du mal alleine“, brummt der Bauer, aber er riskiert schon ein Auge. „Mitten in der Nacht – so eine Gemeinheit, und dabei habe ich gerade von einem neuen Mähdrescher geträumt.“
Als Maria das Licht anmacht, blinzelt Olaf Wegemann zu seinem Wecker hinüber. Zwanzig vor fünf, tatsächlich – nun wird's aber Zeit.
Eine halbe Stunde später am Frühstückstisch überlegen die Wegemanns noch einmal kurz, ob sie an alles gedacht haben. Die Kartoffeln hat Olaf schon gestern Abend auf seinen Transporter geladen, aber die Eier und natürlich der Bauchspeck liegen noch im Kühlraum. Außerdem dürfen sie nicht vergessen, folgende Sachen aufzupacken:

–
–
–
–
–

Um kurz vor sechs fährt der voll beladene Transporter vom Hof. Auf den Straßen ist es noch ziemlich leer. Nur ab und zu werden sie von einem eiligen Autofahrer überholt. Von der Kirchturmuhr schlägt es gerade halb sieben, als Maria und Olaf Wegemann am Marktplatz halten.
Dort herrscht schon reges Treiben. Viele Frauen und Männer sind damit beschäftigt, ihre Marktstände aufzubauen. Die meisten von ihnen kennen die Wegemanns schon seit langem. Da sind

–
–
–

Begleittexte zur Storyline „Auf dem Wochenmarkt“

Zur Einführung von Episode 12 kann der folgende Brief verwendet werden.

Center GmbH & Co., KG
Bau – Immobilien – Dienstleistungen

Hohe Kante 114
51125 Köln
Tel: 02 21/1 14-0
Fax: 02 21/1 14-1 14

Center GmbH – 51125 Köln

Herrn
Olaf Wegemann
Dorfstraße 8

54321 Bienendorf

Sehr geehrter Herr Wegemann,

die Gemeinde Bienenfleiß, in der Sie an jedem Donnerstag als Gewerbetreibender einen Marktstand aufstellen, hat uns Ihre Anschrift zugänglich gemacht. Sicher haben Sie bereits von den in Bienenfleiß geplanten Baumaßnahmen gehört. Unser Unternehmen wickelt für die als Investor auftretende Gruppe „Hoch und Bau“ das Bauvorhaben ab. Im Namen des Investors teilen wir Ihnen mit, dass der Markt ab … wegen der notwendigen Baumaßnahmen zeitweilig geschlossen wird.

Voraussichtlich im übernächsten Jahr wird dann das neue Einkaufszentrum „Wunsch-Center“ eröffnet. Schon heute können wir Ihnen in diesem modernen Gebäude ein Ladenlokal zur Miete anbieten, in dem Sie Ihren Verkauf weiterführen können. Mieten Sie schon jetzt, dann werden Ihre Wünsche betreffend Größe und Lage der Räumlichkeiten nach Möglichkeit berücksichtigt.

Bei rechtzeitigem Abschluss des Mietvertrages garantieren wir Ihnen für die ersten zwei Jahre den außerordentlich günstigen Preis von 19,– € je Quadratmeter zuzüglich Nebenkosten und Mehrwertsteuer. Wir sind überzeugt, dass Sie sich diesem einmaligen Angebot nicht verschließen werden. Bitte nehmen Sie bald Kontakt zu uns auf, da wir die obigen Konditionen nur bis zum … aufrechterhalten können.

Mit freundlichen Grüßen

Dr. Alfons von Nimm
Handlungsbevollmächtigter

„Der neue Spielplatz" (geeignet für Klasse 1 bis 3)

Storyline (Ablauf)	**Schlüsselfrage**	**Aktivitäten**	**Sozialform**	**Material**	**Lernziele/Ergebnisse**
1. Der Spielplatz	Was gehört eurer Meinung nach zu einem guten Spielplatz?	Die Schüler diskutieren in Tischgruppen und erstellen eine Liste mit Gegenständen und Eigenschaften eines guten Spielplatzes.	Tischgruppe	Schreibmaterial	selbstständiges Benennen wesentlicher Elemente eines Spielplatzes
		Jede Gruppe berichtet ihr Ergebnis der ganzen Klasse.	Klasse	Tafel	Zuhören, vor der Gruppe sprechen
2. Spielgeräte	Welche Spielgeräte findet ihr am besten?	Die Schüler benennen ihre Lieblingsspielgeräte und schreiben eine Liste, z. B. Schaukel, Wippe, Rutsche, Klettergerüst usw.	Gruppe	Schreibmaterial	Einbringen und Benennen der eigenen Erfahrungen, Schreiben einer Liste
	Welche Geräte könnte man bauen, die das Spielen aufregender machen würden?	Sie überlegen, welche weiteren Geräte sie gerne auf einem Spielplatz hätten.			
		Jede Gruppe berichtet über ihre Ergebnisse. Die Lehrerin schreibt mit.	Klasse		
	Welche Spielgeräte würdet Ihr gerne als Modell bauen?	Jeweils 3 bis 4 Schüler suchen sich ein Gerät aus, das sie als dreidimensionales Modell konstruieren wollen.	Kleingruppe	Tafel	mit anderen Schülern kooperieren
	Wichtig ist, jetzt zunächst einen Maßstab festzulegen, damit die Geräte miteinander vergleichbar sind. Man kann dabei davon ausgehen, wie viel Platz für das Modell des Spielplatzes in der Klasse ist. Die einzelnen Modelle sollten nicht zu klein sein. Die Lehrerin kann z. B. eine Modellpuppe von ca. 12 cm Höhe mitbringen.				
	Wenn dies ein Kind ist, wie groß ist dann etwa ein Erwachsener?	Die Schüler vergleichen ihre Größe mit der der Lehrerin und ermitteln die ungefähre Größe von Erwachsenen für ihr Modell.			Größenverhältnisse schätzen
	Wie sieht euer Spielgerät aus und wie funktioniert es?	Die Schüler bauen je Gruppe ein dreidimensionales Modell. Die Lehrerin geht von Gruppe zu Gruppe und stellt Fragen z. B. zu Funktion, Stabilität, Material, Verletzungsgefahr, Eignung für Kleinkinder usw.		(Modell-) Puppe	Handgeschick, stabile Verbindungen herstellen, ein ästhetisch überzeugendes Ergebnis liefern, sich in der Gruppe einigen, arbeitsteilig arbeiten
	Worauf habt ihr bei der Konstruktion besonders geachtet? Was habt ihr getan, damit euer Spielgerät aufregend und doch sicher ist?	Am Ende werden die einzelnen Geräte zu einem Spielplatzmodell zusammengestellt (z. B. auf zwei zusammengeschobenen Tischen). Jede Gruppe erklärt ihr Spielgerät. Die anderen Schüler fragen nach. Schüler erläutern z. B., warum die Rutsche eine bestimmte Neigung braucht, dass die Oberfläche glatt sein muss, wie die Kinder die Fahrt bremsen können usw.	Klasse	Restmaterialien, Kartons, Pappe, Stöcke, Strohhalme, Draht, Leim usw.	nachvollziehbare Begründungen und Erklärungen liefern

Storyline (Ablauf)	Schlüsselfrage	Aktivitäten	Sozialform	Material	Lernziele/Ergebnisse
	Auch die Lehrerin sollte gezielt nachfragen: Wie hält man sich am Karussell fest, wenn es sich schnell dreht? Ist das Klettergerüst ausreichend stabil, wenn mehrere darauf herumturnen? Wie wird der Aufschlag der Wippe gebremst usw. Physikalische Gesetzmäßigkeiten wie Reibung, Zentrifugalkraft, Schwerkraft können hier eingeführt werden. So kann die Lehrerin fragen, wie die Geschwindigkeiten nahe zum Mittelpunkt eines Karussells und am äußeren Rand sich unterscheiden.				
3. Beschaffenheit	Was gehört noch zu einem guten Spielplatz? Wie sollte er beschaffen sein, damit diese Modelle gut verwendet werden können?	Die Schüler überlegen und machen begründete Vorschläge, z. B. – Rasen anlegen, damit man sich beim Hinfallen nicht wehtut – Sitzgelegenheiten – Schutzhäuschen – Teich für Modellschiffe – Hinweisschilder – Wege usw. Die Lehrerin schreibt mit.	Klasse	Tafel	die eigenen Ideen in einen größeren Zusammenhang setzen, logische Schlussfolgerungen ziehen, plausible Ideen zur Problemlösung entwickeln
	Was davon möchtet ihr zu dem Modell hinzufügen?	Die Schüler bauen in kleinen Gruppen den Untergrund für die Spielgeräte, Schutzhütte, Sportgeräte usw. Anschließend werden die zuvor gebauten Spielgeräte installiert.	Gruppe	Stoffreste, Buntpapier, Steine, Holz, Leim usw.	
4. Die Menschen	Wer spielt auf dem Spielplatz? Wer kümmert sich darum, dass alles heil bleibt?	Es wird eine Liste der Personen geschrieben: Kinder, Erzieherinnen, Gärtner, Handwerker, Eltern ...	Klasse		
	Wie sehen die Menschen aus?	Die Lehrerin zeigt, wie man mit einfachen Mitteln eine kleine Figur herstellt (vgl. Kapitel 3, S. 88: Figuren in Collagetechnik). Jeder Schüler sucht sich eine Person aus und fertigt eine entsprechende Figur.	einzeln	Papier, Stoff- und Wollreste, Scheren, Leim, Buntstifte	sich in eine Person hineinversetzen Handgeschick, zeichnen, Größenverhältnisse schätzen
	Wie ist ihr bisheriges Leben verlaufen?	Jeder Schüler schreibt für seine Figur einen Lebenslauf mit Angabe von Name, Alter, Adresse, Hobbys, Persönlichkeit, besonderen Merkmalen, Familienmitgliedern, Beruf usw. Die Figuren werden in der Klasse vorgestellt.	Klasse	Schreibzeug	richtig und verständlich schreiben, plausible Zusammenhänge darstellen, vor der Klasse auftreten

Storyline (Ablauf)	Schlüsselfrage	Aktivitäten	Sozialform	Material	Lernziele/Ergebnisse
5. Benutzung des Spielplatzes	Welche Öffnungszeiten schlagt ihr vor? Sollen sie das ganze Jahr über gelten?	In Tischgruppen werden Vorschläge für Öffnungszeiten entwickelt, begründet und in die Klasse eingebracht.	Gruppe Klasse	Schreibzeug	Entwicklung kreativer und nachvollziehbarer Lösungen für unterschiedliche Probleme
	Wer soll dort spielen dürfen?	Die Schüler suchen Kriterien und Gründe für Zugangsbeschränkungen (z. B. Alter, ansteckende Krankheit, Vandalismus). Sie entwickeln Ideen, wie die Beschränkungen umgesetzt werden können.	Gruppe Klasse		
	Wie wirkt sich das Wetter auf die Benutzung des Spielplatzes aus?	Die Schüler überlegen, ob es Einschränkungen für die Nutzung bei Sonne, Regen, Schnee, Sturm geben sollte.	Gruppe Klasse		
6. Vorkommnisse	Welche Vorkommnisse kann es geben – erfreuliche oder traurige?	In Kleingruppen betrachten die Schüler noch einmal sehr genau eines der Spielgeräte, das sie selbst nicht gebaut haben und benennen mögliche Ereignisse wie Unfall eines Kindes, Gerät muss repariert werden, Wolkenbruch mit Hagel, weinendes Kleinkind ohne Mutter, Vandalismus durch ältere Jugendliche usw.	Kleingruppe		Je nach Thema und angewandter Methode ist das Erreichen unterschiedlicher Lernziele möglich. Besonders gut lassen sich hier Lernziele des affektiven Bereichs einplanen.
	Bei der Bearbeitung dieser Themen kann die Lehrerin eine Vielzahl von Aktivitäten anregen: das Schreiben eines Aufsatzes, Durchführung von Interviews, Verfassen eines Beitrags für die Lokalzeitung, Rollenspiele, Erste-Hilfe-Training, Aufschreiben einer Reparaturanleitung usw.				
7. Abschluss	Wie würde ein gutes Programm für die Eröffnung des Spielplatzes aussehen?	Die Schüler entwickeln in Tischgruppen Vorschläge für die Präsentation ihrer Ideen und ihres Modells, z. B. auf einem Elternabend oder wenn ein Experte für Spielplatzbau zu Besuch kommt.	Gruppe	Schreibmaterial	ein soziales Ereignis gedanklich vorweg nehmen und planen
	Was haben wir in dieser Unterrichtseinheit gelernt?	Die Schüler benennen ihre Lernerfolge und ihre neuen Kenntnisse, die Lehrerin gibt ihrerseits Feedback.	Klasse		
	Wo wussten wir manchmal nicht weiter? Was möchten wir unbedingt noch wissen?	Wenn es gelingt, einen Experten (Architekt, Mitarbeiter der Baubehörde, Garten- und Landschaftsplaner) zu gewinnen, gibt dieser Rückmeldung zu den Modellen und wird seinerseits von den Schülern befragt.			Fragen für ein Interview entwerfen, die eigenen Modellvorstellungen vor dem Hintergrund üblicher Vorgehensweisen in Frage stellen

Begleittexte zur Storyline „Der neue Spielplatz“

„Zeitungsannonce“ als Alternative zu Episode 1

Neustadt,
Der Bürgermeister

Ausschreibung

Die Stadt Neustadt beabsichtigt, in der Fluss-Aue einen neuen Spielplatz zu bauen, der vor allem den Schülerinnen und Schülern der Städtischen Grundschule zugute kommen soll.

Die in unserer Stadt vorhandenen Spielplätze werden leider nicht in dem gehofften Maße genutzt. Daher sind uns alle neuartigen Ideen willkommen. Wir bitten alle Bürgerinnen und Bürger, uns bei der Planung zu unterstützen. Die besten drei Vorschläge werden prämiert.

Wenn Sie neue und interessante Vorschläge haben, wenden Sie sich bitte an

Frau Dr. Ing. Sonja Weingart
Stadtbauamt Neustadt
Am Alten Weinberg 17, 65432 Neustadt

„Die Olympischen Spiele" (geeignet für Klasse 5 bis 7)

Storyline (Ablauf)	**Schlüsselfrage**	**Aktivitäten**	**Sozialform**	**Material**	**Lernziele/Ergebnisse**
1. Der Brief		Die Klasse erhält mit der Post einen Brief. Ein Schüler liest den Brief vor.	Klasse	„Brief aus dem Rathaus"	
	Was bedeutet „Ausrichtung"? Was sind Athleten usw.?	Die Schüler erklären den Inhalt bzw. stellen Vermutungen an und bitten die Lehrerin ggf. um Erläuterung.			mündlicher Ausdruck, schwierige Texte verstehen, sinnentnehmend lesen
	Warum wendet sich der Bürgermeister wohl an euch?	Schüler stellen Vermutungen an.			plausible Zusammenhänge herstellen
	Wollen wir auf die Aufforderung des Bürgermeisters eingehen?	Die Schüler entscheiden. (*kritische Frage!*, kann dazu führen, dass wir abbrechen müssen, bevor es anfängt; *Alternative:* Diese Frage auslassen.)			sich für eine Gruppenaktivität entscheiden, sich auf ein größeres Vorhaben einlassen
	Was glaubt ihr, können wir dazu beitragen?	Diskussion der eigenen Kenntnisse und Fähigkeiten.			sich die eigenen Fähigkeiten und Interessen bewusst machen
2. Planungsgruppe	Was muss bei der Planung alles bedacht werden?	Die Schüler stellen Vermutungen an, welche Aufgaben zu erledigen sind, Lehrerin schreibt an der Tafel mit.	Klasse		konkrete Vorstellungen entwickeln und der Klasse erläutern
	Was für Leute sollten wohl in der Planungsgruppe mitarbeiten?	Die Schüler bilden Teams – z. B. Verkehrsplaner, Architekten, Werbefachleute, Hotelfachleute, Finanz- und Zeitplaner – und erstellen eine Liste der Beschäftigten.	Gruppe		sich auf Kooperation mit anderen (evtl. auch ungeliebten) Mitschülern einlassen
	Was sind das für Leute?	Jeder Schüler fertigt eine zweidimensionale Figur und vergibt einen Namen. Schüler schreiben Lebensläufe ihrer Figuren und erläutern sie auf Nachfrage.	einzeln	Papier, Stoff- und Wollreste, Scheren, Leim, Buntstifte	sich mit anderen identifizieren können, plausible Vermutungen anstellen, logische Begründungen liefern
		Ggf. Stellenanzeige formulieren und Bewerbungsgespräche für einzelne Teams vorbereiten und durchführen.	Gruppe	Schreibmaterial	Sachtext formulieren, Gespräche planen, in der Gruppe eine Entscheidung treffen
Aufgaben	Was glaubt ihr, was sind die Hauptaufgaben der Planungsgruppe?	Die Schüler schreiben auf, welche Planungen von ihrem Team (Architekten, Hoteliers usw.) zu erledigen sind. Sie tragen das Ergebnis in der Klasse vor. Lehrerin und Mitschüler fragen nach und ergänzen.	Klasse		Ideen auf Plausibilität prüfen und gegenüber anderen vertreten

Möglicherweise fällt den Schülern zu den o. a. Schlüsselfragen wenig ein. Dann ist es gut, wenn die Lehrerin inhaltlich vorbereitet ist und von Gruppe zu Gruppe unterschiedliche weitere Schlüsselfragen einbringt, z. B.

- *Gruppe Verkehrsplaner:* Wie viel mehr Verkehrsteilnehmer wird es schätzungsweise während der Olympischen Spiele geben? Mit welchen Verkehrsmitteln reisen diese vermutlich an? Wo werden die Besucher untergebracht, und wie kommen sie zu den Wettkampfstätten? Was müsst ihr vorab bedenken, damit es nicht zu Verkehrschaos und Staus kommt? Ist es günstiger, neue Verkehrswege zu bauen oder vorhandene auszubauen? Habt ihr auch an Alternativen wie Schwebebahn, Rollbänder, Tragflächenboote gedacht? Wie lange dauern wohl die Baumaßnahmen? Was geschieht mit den Verkehrswegen *nach* den Olympischen Spielen?
- *Gruppe Architekten:* Welche Wettkampfstätten haltet ihr für notwendig? Wie lange wird der Bau schätzungsweise dauern? Wie bekommt man heraus, wo es dafür geeignete Flächen gibt?
- *Gruppe Werbefachleute:* Wer soll durch Werbung angesprochen werden? Ab wann? Mit welchen Medien?
- *Gruppe Hoteliers:* Wo werden Athleten, Besucher, Funktionäre, Ehrengäste untergebracht? Wie könntet ihr herausfinden, ob die vorhandenen Hotelkapazitäten ausreichen? Welche Qualität der Unterbringung haltet ihr für nötig?
- *Gruppe Finanzplaner:* Wie könnte man den Finanzbedarf abschätzen? Wer könnte Interesse haben, die Olympischen Spiele finanziell zu unterstützen? Warum? Wie könnte man diese Personen ansprechen? Welche weiteren Finanzquellen könnte man erschließen (offizielle Lieferanten, Andenkenindustrie, Sonderbriefmarken, Sponsoring, Lotterie)?
- *Gruppe Zeit- und Projektplaner:* Wer muss wie mit wem zusammenarbeiten? Wo sollte die Zeitplanung ansetzen (von der Eröffnung rückwärts oder von heute an vorwärts)? Wie würdet ihr Streitigkeiten lösen?

Die folgende Episode 3 ist optional, kann also auch entfallen.

Storyline (Ablauf)	Schlüsselfrage	Aktivitäten	Sozialform	Material	Lernziele/Ergebnisse
3. Die Unterstützer	Wer kann uns helfen, die Olympischen Spiele in unsere Stadt zu holen?	Die Schüler sammeln jeweils aus ihrer Gruppenperspektive Ideen und begründen ihre Überlegungen, z. B.: Einzelhandel, Handelskammer, Hotels wegen Umsatzsteigerung; Politiker und Verkehrsbetriebe wegen Verbesserung der Infrastruktur; Prominente wegen Imagegewinn. Gemeinsame Auswertung.	Gruppe	Schreibmaterial	Ideen auf Plausibilität prüfen und gegenüber anderen vertreten
	Wie können wir die Unterstützer für unser Vorhaben gewinnen?	Die Schüler schreiben Briefe an Politiker, Verbandsvorsitzende, Kammerpräsidenten, Prominente usw.	Klasse		schriftlicher Ausdruck, Verfassen eines überzeugenden Sachtextes
		Korrektur, ggf. auch Antwort durch die Lehrerinnen.	Gruppe		
4. Öffentlichkeitsarbeit	Wen wollen wir von unserer Idee überzeugen?	Die Schüler erstellen eine Liste der Zielgruppen, z. B. Internationales Olympisches Komitee (IOK), Politiker, Wirtschaftsführer, Fernsehmacher, die Öffentlichkeit.	Klasse		konkrete Vorstellungen entwickeln und gegenüber anderen vertreten
	Mit welchen Medien können wir am besten überzeugen?	Die Schüler sammeln Ideen wie Fernsehspot, Radiowerbung, Anzeigen, Plakatwerbung, Präsentationsmappe (aus pragmatischen Gründen sollte eine Präsentationsmappe gewählt werden).			Kompromissbereitschaft
	Was sollte in einer Präsentationsmappe für das IOK enthalten sein?	Die Schüler liefern Beiträge zur Planungsmappe: Stadtplan mit den Wettkampforten und Straßenführung, Art und Verteilung der Hotels, Finanzierungsplan, Grafiken, Übersichten, Statistiken. Zusammenfassende Darlegung der Gründe, die für das Projekt sprechen (und welchen Nutzen das IOK davon hat).	Gruppe	Schreibmaterial, Buntstifte, ggf. PC-Programme, Folien, Bilder, Fotos, Dias	überzeugende Texte verfassen, Aussagen durch Bilder, Grafiken etc. untermauern, sich in die Rolle des Adressaten versetzen und die Vorteile aus dessen Sicht beschreiben
5. Präsentation	Wie soll die Präsentation ablaufen?	Die Schüler planen ihre Beiträge und legen Zeitlimits fest.	Gruppe	Schreibmaterial	Planungstechniken anwenden
		Einige Lehrerinnen/Eltern fungieren als Olympisches Komitee. Die Schüler tragen unter Verwendung der Präsentationsmaterialien vor, warum die Spiele in ihrer Stadt durchgeführt werden sollten.	Klasse	Präsentationsmappe, Folien, Bilder, Fotos, Dias	vor einer Gruppe überzeugend auftreten Einwände und Gegenargumente aufgreifen und entkräften
		Das „IOK" erteilt den Zuschlag für die Durchführung.			

Bei der nun folgenden eigentlichen Planung wird viel in Kleingruppen gearbeitet. Dabei ist vorgesehen, dass die Gruppen, die sich im 2. Schritt schon intensiver mit ihren Aufgaben befasst haben, sich auf die anderen Gruppen – quasi als Spezialisten – aufteilen. Das hat den Vorteil, dass es einerseits relativ stabile Gruppen gibt, andererseits immer auch einmal in einer anderen Konstellation gearbeitet werden muss. Das wichtige Ziel, die Schüler zur Kooperation mit anderen zu befähigen, kann dadurch besser erreicht werden.

Wenn der organisatorische Aufwand für die häufig wechselnde Gruppenbesetzung als zu hoch eingeschätzt wird, kann auch in gleich bleibenden stabilen Gruppen gearbeitet werden.

Storyline (Ablauf)	Schlüsselfrage	Aktivitäten	Sozialform	Material	Lernziele/Ergebnisse
6. Zeitplan	Wie sollte die zeitliche Abfolge der Planungsschritte aussehen?	Die Gruppe legt fest, wie Vorwärts- und Rückwärtsplanung integriert werden können. Es werden „Meilensteine" festgelegt. Ggf. wird ein einfacher Netzplan erarbeitet.	Gruppe (Zeitplaner verteilen sich auf die anderen Gruppen)	Schreibmaterial, ggf. PC-Programme, Folien,	Planungstechniken üben logisches Denken Nutzung von Tabellenkalkulation
7. Verkehrsplan	Wie kommen Besucher, Athleten usw. zu den Wettkampfstätten und ihren Unterkünften?	Ausgehend vom Stadtplan planen die Schüler Verkehrswege.	Gruppe (Verkehrsplaner verteilen sich auf die Gruppen)	Schreib- und Zeichenmaterial, Stadtplan	logisches Denken plausible Erklärungen liefern eigene Ideen auf Umsetzbarkeit prüfen
		Die alternativen Entwürfe werden vorgestellt und diskutiert.	Klasse		
8. Wettkampfstätten	Welche Wettkampfstätten seht ihr vor? Welche davon wollt ihr als Modell realisieren?	Die Schüler sammeln verschiedene Vorschläge und entscheiden sich für einige. Diese werden auf die Gruppen verteilt.	Klasse		Entscheidungen in größerer Gruppe herbeiführen
	Wie werden die Wettkampfstätten von oben aussehen? Welchen Zwecken müssen sie dienen?	Jeder Schüler fertigt einen Grundriss. Dann wird in der Gruppe entschieden, welcher Grundriss dem Modell zugrunde gelegt wird.	einzeln Gruppe (Architekten auf die Gruppen verteilt)	Zeichenmaterial	von einer dreidimensionalen Vorstellung auf eine zweidimensionale abstrahieren
		Die Schüler erstellen ein dreidimensionales Modell. Die Lehrerin beobachtet die Arbeit und stellt ergänzende Schlüsselfragen.		Restmaterialien, Kartons, Pappe, Strohhalme, Draht, Scheren, Leim usw.	Ideen in ein Modell umsetzen, aus Fehlern lernen, plausible Begründungen liefern
		Präsentation der Ergebnisse. Nachfragen der Mitschüler.	Klasse		

Storyline (Ablauf)	**Schlüsselfrage**	**Aktivitäten**	**Sozial-form**	**Material**	**Lernziele/Ergebnisse**
9. Unter-bringung	Wo sollen die Athleten wohnen?	Die Schüler planen das Olympische Dorf. *Diese Aktivität ist optional, kann also ausgelassen werden.*	Gruppe	wie bei Punkt 8	wie bei Punkt 8
	Wo sollen die Besucher untergebracht werden?	Die Schüler diskutieren unterschiedliche Möglichkeiten, z. B. Hotels, Unterbringung in Privathaushalten, Zeltlager, Massenunterkünfte usw.	Klasse		
	Wie sollen die Hotels für die Besucher ausgestattet sein?	Die Schüler bauen das dreidimensionale Modell eines Hotelzimmers.	Gruppe (Hoteliers auf die Gruppen verteilt)		
10. Werbung	Was könnte man tun, damit möglichst viele Besucher kommen?	Die Schüler planen Plakataktionen und entwickeln Poster. Die Schüler bereiten einen TV-Spot vor und führen ihn in der Klasse vor.	Gruppe (Werbeleute auf die Gruppen verteilt)	Papier, Farben, Pinsel, Schriftschablone Collagematerial	ästhetisch ansprechende Produkte entwickeln
11. Kosten	Was kostet das gesamte Vorhaben ungefähr?	Jede Gruppe plant die voraussichtlichen Kosten aus ihrer Sicht.	Gruppe	Schreibmaterial, ggf. PC-Programme,	schätzen, rechnen
	Wo kommt das Geld her?	Austausch in der Klasse, Addieren zur Gesamtsumme.	Klasse		
	Wie viele Besucher braucht man, um die Kosten hereinzubekommen?	Die Schüler erarbeiten Vorschläge und tragen sie in der Klasse vor. Die Vorschläge werden von der gesamten Klasse bewertet.	Gruppe (Finanziers auf die Gruppen verteilt)		
	Was passiert, wenn ein Überschuss von 1 Mio. € erzielt wird?	Die Schüler schätzen ab, wie viel Geld ein durchschnittlicher Besucher ausgibt. Sie bearbeiten Modellrechnungen.	Klasse		wirtschaftliches Denken Sachrechnen
	Was geschieht, wenn ein Defizit von 10 Mio. € übrig bleibt?	Die Schüler machen Vorschläge für die Verwendung. Die Schüler überlegen, wo man im Vorwege sparen kann, wer unvorhergesehen Kosten übernehmen könnte, ob ggf. auch nach Ende der Olympischen Spiele noch Einnahmen zu erzielen sind.			problemlösendes Denken

Storyline (Ablauf)	Schlüsselfrage	Aktivitäten	Sozialform	Material	Lernziele/Ergebnisse
12. besondere Ereignisse/ Notfälle	Auf welche besonderen Ereignisse müssen wir vorbereitet sein?	Die Schüler benennen Vorkommnisse wie Feuer, Stau, Panik, Diebstahl, Überfall von Terroristen, ein alter Mensch wird ohnmächtig usw.	Klasse		Denken in Alternativen vorausschauendes Handeln
	Was könnt ihr im Voraus tun, um die Folgen solcher Ereignisse zu mildern?	Die Schüler durchdenken jeweils ein Problem und schreiben mehrere (!) praktische Lösungen dafür auf (bei Feuer z. B. vorab Sprinkleranlagen einbauen, Rauchmelder installieren, Feuerwehrwagen an vielen Punkten stationieren, freiwillige Feuerwehren aus dem Umland einbeziehen, Besucher vor leichtfertigem Umgang mit offenem Feuer warnen ...)	Gruppe	Schreibmaterial	erkennen, dass es fast für jedes Problem nicht nur eine, sondern viele Lösungen gibt, die je nach Ausprägung des Problems mehr oder weniger geeignet sind
13. Realbegegnung	Was würdet ihr gerne von einem Fachmann wissen?	Die Schüler überlegen, welche Informationen sie erfragen wollen. Es wird ein Experte für die Planung von Großereignissen eingeladen. Die Schüler präsentieren ihre Ideen, Modelle, Zeichnungen, Werbekampagne usw. Der Experte sollte vorab darüber informiert sein, dass es ausdrückliches Ziel war, auch Lösungen entwerfen zu lassen, die in der Realität so nicht vorfindbar sind. Der Experte sollte also nicht gleich werten, sondern zunächst nachfragen, welche Überlegungen für die Lösungen der Schüler sprechen. Anschließend weist er auf mögliche Schwachpunkte hin, sollte aber auch die kreativen Ansätze loben.	Klasse	alle von den Schülern erstellten Materialien	Bewertung der eigenen Arbeit Vergleich der selbst gefundenen Lösungen mit üblichen Problembewältigungsstrategien Stolz auf die erfolgreiche Arbeit selbstkritische Reflexion der Ergebnisse

Begleittexte zur Storyline „Die Olympischen Spiele“

Vorschlag für die Einführung zu Episode 1

Stadt XYZ,
Der Bürgermeister

Rathaus
Ratsgasse 1
Tel.:
Fax:

An die Klasse 6 a der
Goetheschule
Schillerstr. 13

55555 XYZ

Olympia-Bewerbung

Liebe Schülerinnen und Schüler,

Ihr habt sicher schon gehört, dass sich die Stadt XYZ um die Ausrichtung der Olympischen Spiele im Jahr 2012 bewerben will. Da es keineswegs sicher ist, dass XYZ den Zuschlag erhalten wird, haben wir aus finanziellen Gründen zunächst nur eine kleine Planungsgruppe zusammengestellt.

Wir brauchen bei diesem anspruchsvollen Vorhaben die Unterstützung aller Bürgerinnen und Bürger. Ich vermute, dass Ihr an Sport interessiert seid und schon einige Sportveranstaltungen besucht habt. Ihr wisst also, was die Zuschauer geboten bekommen möchten. Sicher könnt Ihr euch auch vorstellen, welche Erwartungen die Athleten haben, die zu den Olympischen Spielen kommen.

Daher meine Bitte: Unterstützt die Stadt XYZ bei der Planungsarbeit. Euer Rat, eure Ideen, aber auch eure kritischen Fragen sind uns willkommen und helfen mit, die Olympischen Spiele nach XYZ zu bekommen.

Mit freundlichen Grüßen

Müller-Krause
Bürgermeister

„Gründung eines Weiterbildungsträgers"

(eine Storyline für Erwachsene, z. B. Studenten, Trainer in der Weiterbildung)

Zielgruppe für diesen Unterrichtsentwurf sind Studenten der Erziehungswissenschaft mit dem Schwerpunkt Erwachsenenbildung. Ziel ist es, sie mit den Bedingungen der Weiterbildungsszene vertraut zu machen und ihnen dabei zu helfen, sich selbst Kenntnisse über diesen Bereich anzueignen.

Die Storyline beginnt mit einer fiktiven Ausschreibung des Arbeitsamtes, das einen innovativen Weiterbildungsträger sucht, der die Möglichkeiten der so genannten „Hartz-Gesetze", nutzen möchte. Die Studenten (in der Storyline als „Teilnehmer" bezeichnet) haben die Chance, ein neues Unternehmen aus der Taufe zu heben. Sie beginnen mit einer SWOT-Analyse – benannt nach den englischen Begriffen für Stärken, Schwächen, Chancen, Risiken. Sie müssen sich damit auseinander setzen, ob sie sich mit ihren Qualifikationen und Erfahrungen auf das Abenteuer einer Firmengründung einlassen wollen. Entscheiden sie sich dagegen, ist das Seminar schnell zu Ende. Da die Studenten aber etwas lernen wollen, lassen sie sich auf den ungewohnten Zugang ein. Sobald es dann um die zu wählende Gesellschaftsform geht oder um die Formulierung des Alleinstellungsmerkmals (USP = unique selling proposition), das diese Firma von allen anderen unterscheidet, sind alle hochmotiviert bei der Sache. Der weitere Ablauf ist dem nachfolgenden Schema zu entnehmen.

Der Unterrichtsentwurf unterscheidet sich formal nicht von denen, die für die Grundschule entwickelt worden sind. Durch die Wahl der Inhalte und durch die anspruchsvollen Schlüsselfragen wird gleichwohl sichergestellt, dass Lernziele auf dem Niveau der Hochschulausbildung erreicht werden können. Insbesondere die Aufträge zur selbstständigen Recherche und zum Ausarbeiten von Lösungsvorschlägen entsprechen dem Ansatz des Problem-based Learning, der in den Vereinigten Staaten für die Medizinerausbildung entwickelt worden ist (vgl. Renold 2001).

Storyline (Ablauf)	**Schlüsselfrage**	**Aktivitäten**	**Sozialform**	**Material**	**Lernziele/Ergebnisse**
1. Die Ausschreibung	Wollen wir uns bewerben?	Diskussion der eigenen Stärken und Schwächen, der Chancen und Risiken, Dozent schreibt mit.	Plenum	Tafel	rational argumentieren, verschiedene Seiten betrachten

Storyline (Ablauf)	**Schlüsselfrage**	**Aktivitäten**	**Sozialform**	**Material**	**Lernziele/Ergebnisse**
2. Die Gründung der Gesellschaft	Wie sollte Ihrer Meinung nach der Weiterbildungsträger organisiert sein? Welche Organisationsstruktur schlagen Sie vor?	Teilnehmer diskutieren und entscheiden über die Gesellschaftsform. Teilnehmer entscheiden über Aufbauorganisation, erstellen ein Organigramm. Sie bilden mehrere Abteilungen (z. B. Leitung/Verwaltung, Teilnehmerauswahl, Trainingsmaßnahmen, Schulabschlüsse, Betriebskontakte/Vermittlung ...).	Plenum Gruppe	A3-Papier für Organigramm	Grundlagen des Gesellschaftsrechts und der Organisationslehre kennen lernen
3. Die Bewerbung	Warum sollten wir vom Arbeitsamt den Zuschlag für unser Weiterbildungsangebot erhalten? Wie lautet unser Alleinstellungsmerkmal (unsere USP)?	Diskussion des Alleinstellungsmerkmals: Was können wir besser als andere? Teilnehmer formulieren ein Angebot, in dem sie die Vorzüge des von ihnen gegründeten Weiterbildungsträgers hervorheben.	Gruppe	Papier	Bedeutung eines Alleinstellungsmerkmals für das Marketing erkennen, schlüssiges und attraktives Konzept formulieren können
4. Das Personal	Was für Personal brauchen Sie für die Firma? Nach welchen Kriterien suchen Sie es aus? Wie sieht das Personal aus? Wie ist das Leben der Person bisher verlaufen?	Teilnehmer diskutieren die Anforderungen an Qualifikation und Persönlichkeit. Stellenanzeigen formulieren Jeder bewirbt sich auf mindestens eine der Stellen. Bewerbungsgespräche in den einzelnen Abteilungen vorbereiten und durchführen. Jeder fertigt eine zweidimensionale Figur. Namen vergeben, Lebenslauf aufschreiben.	Plenum Gruppe einzeln Gruppe einzeln	Papier, Stifte, Materialreste, Kleister	Grundlagen der Personalauswahl kennen lernen Identifikation herstellen, geschickt formulieren, Fragetechnik verbessern, sich selbst gut darstellen können, Kreativität ausleben, logisches Denken
5. Die Dienstleistung	Welche Dienste sollen den Kostenträgern angeboten werden?	Teilnehmer formulieren ihr abteilungsspezifisches Weiterbildungsangebot: - Lernziele - Erwartete Ergebnisse - Ggf. Vermittlungsaussichten Bezug zu Betrieben/zur Arbeitswelt	Gruppe Austausch im Plenum	Papier Folien für Präsentation	Markt- und auftraggeberorientiertes Handeln einüben

Storyline (Ablauf)	Schlüsselfrage	Aktivitäten	Sozial-form	Material	Lernziele/Ergebnisse
6. Die Kunden	Wer sind unsere Kunden? Wer bildet die Zielgruppe der geplanten Weiterbildungsmaßnahmen? Was sind Ihrer Meinung nach die Hauptinteressen von Kostenträgern und Zielgruppe?	Teilnehmer unterscheiden Auftraggeber und unmittelbaren Kunden. Sie vergleichen vermutete Aufträge, Interessen und Bedarfe (für die der Auftraggeber bereit ist zu zahlen) mit den Kundenbedürfnissen.	Plenum Gruppe	Schreibmaterial	primäre und sekundäre Kunden unterscheiden können Bedarf und Bedürfnis unterscheiden können, ein passendes Angebot erstellen
7. Das Konzept	Wie sieht das didaktisch-methodische Konzept für die geplante Weiterbildung aus?	Teilnehmer formulieren ein zielgruppenspezifisches didaktisch-methodisches Konzept, das die unter Punkt 5 dargestellten Ziele präzisiert.	Gruppe	Papier	konzeptionelles Denken üben, didaktisch-methodische Kompetenz zeigen
8. Slogan/ Logo	Wie wollen wir nach außen in Erscheinung treten?	Teilnehmer zeichnen ein Logo und einigen sich darauf. Sie erfinden einen Slogan. Einigung auf eine gemeinsame Lösung.	einzeln Gruppe Plenum	Buntpapier Stifte, Restmaterial	kreativ für die eigene Sache werben, Kompromissfähigkeit beweisen
9. Die Räume	Welche Räume werden benötigt? Wie sollen die Räume aussehen?	Teilnehmer erstellen eine Liste der notwendigen Räume, legen die Größe fest. Teilnehmer zeichnen Grundrisse. Teilnehmer entscheiden sich für einen Grundriss und erstellen ein dreidimensionales Modell.	Gruppe einzeln Gruppe	Papier, Farben, Karton, Restmaterial, Knetmasse …	analytisches Denken, kreatives Gestalten Modell, das weitere Schlüsselfragen ermöglicht
10. Finanzierung	Was geben wir wofür aus? Woher kommt das Geld? Was tun bei 80 000 € Gewinn? Und bei 80 000 € Verlust? Sind die Vorschläge wirklich realistisch?	Teilnehmer schreiben Liste der Ausgaben/Liste der Einnahmen, Dozent schreibt mit. Teilnehmer benennen Maßnahmen bei Gewinn/ Maßnahmen bei Verlust. Wenn Sparvorschläge benannt werden: mit der Ausgabenliste vergleichen.	Gruppe Plenum Gruppe Plenum	Schreibmaterial Taschenrechner	realistisch schätzen wirtschaftliches Verhalten Auseinandersetzung mit hohen Personalkosten, Einsicht, dass bei Sachkosten wenig zu sparen ist
11. Marketing, Werbung	Wie informieren Sie die Kunden über die Angebote? Wie gewinnen Sie neue Kunden?	Schreiben/Illustrieren einer Anzeige für die Lokalzeitung, Plakataktion, Werbespot für Radio/TV erfinden und vorführen.	Gruppe Plenum	Schreibmaterial Moderationsmaterial	marktgerechtes Verhalten Kreativität, vor einer Gruppe auftreten können

Storyline (Ablauf)	**Schlüsselfrage**	**Aktivitäten**	**Sozialform**	**Material**	**Lernziele/Ergebnisse**
12. Besondere Ereignisse	Wie gehen Sie mit einem angetrunkenen Trainingsteilnehmer um? Was tun bei Feuer, Diebstahl, Rohrbruch ...?	Teilnehmer sammeln und diskutieren unterschiedliche Handlungsoptionen, entscheiden sich für eine davon.	Plenum		Auseinandersetzung mit den eigenen Werten und den für das Funktionieren einer Firma notwendigen Werten, schnelles Reagieren in Notfällen
13. Die Krise	Welche Möglichkeiten gibt es, mit einer schlechten Finanzlage umzugehen? Wollen Sie unter anderer Leitung/in anderer Gesellschaftsform weitermachen?	Teilnehmer sammeln und visualisieren verschiedene Möglichkeiten (z. B. Insolvenz anmelden, gesund schrumpfen, Fusion, Diversifizierung). Sie formulieren Maßnahmen (auch arbeitsrechtliche), um eine Insolvenz zu vermeiden oder abzuwenden. Teilnehmer diskutieren Vor- und Nachteile einer Fusion und formulieren Bedingungen, unter denen sie das Übernahmeangebot eines großen halbstaatlichen Weiterbildungsträgers akzeptieren würden.	Plenum	Tafel, Flipchart	kreativer und realistischer Umgang mit schwierigen Situationen
14. Der Besuch	Wie arbeitet ein echter Weiterbildungsträger?	Teilnehmer besuchen gemeinsam einen Weiterbildungsträger. Sie stellen Gemeinsamkeiten/Unterschiede fest, befragen die Angestellten und die Geschäftsführung. Sie vergleichen mit ihren eigenen Ideen und Lösungen und bewerten diese vor dem Hintergrund der Praxiserfahrung neu.	Plenum		Interviews vorbereiten und durchführen, sich selbst in Frage stellen, begründete Bewertungen abgeben

Veröffentlichte Storyline-Unterrichtsentwürfe

- Acht verschiedene Storylines wurden in Heft 80 der Grundschulzeitschrift veröffentlicht:
  - **Neue Nachbarn**, nach Steve Bell und Björk Eiriksdottir. In: Die Grundschulzeitschrift (1994), H. 80, S. 10 f.
  - **Wochenmarkt.** Ebd., S. 46 f.
  - **Örtliche Radiostation.** Ebd., S. 48 f.
  - **Der Lastwagen-Fuhrpark.** Ebd., S. 50 f.
  - **Der Flughafen.** Ebd., S. 52 f.

- **Die Außerirdischen.** Ebd., S. 54 f.
- **Der kleine Pirat.** In: Ebd., S. 56 f.
- **Mr. Benn als roter Ritter.**
  In: Die Grundschulzeitschrift (1994), H. 80, S. 58 f.

- Zwei weitere wurden im Folgejahr veröffentlicht:
  - **Jahrmarkt.** In: Die Grundschulzeitschrift (1995), H. 83, S. 50 f.
  - **Städte-Reisen in Europa.** Ebd., S. 52 f.

- **Welternährung**, entwickelt von Heike Klupp und Gudrun Schröder, IQSH Kiel. Im Internet nachlesbar unter **www.sowi-online.de/methoden/dokumente/schroeder.htm**

- **Die kleine Hebrideninsel.** In: Rendell, F./Bell, S.: Warum „epochaler Gesamtunterricht"? In: Tymister, H. J. u. a. (Hrsg.): Deutschunterricht 5–10. München 1980, S. 156–172.

- **My favourite place.** Eine Storyline für den Englischunterricht in der 5. Klasse für Schüler, die bereits in der Grundschule mit Englisch begonnen haben. In: Börner, O./Brune, M./Senff, H.: Hopscotch. Braunschweig 2003.

- „Discovering a world that has existed for centuries". Diese Storyline für den Geschichtsunterricht informiert über die **holländische Ostindien-Gesellschaft**, die im 17. und 18. Jahrhundert den weltweiten Gewürzhandel dominierte. Die Unterrichtseinheit enthält nicht nur die Storyline, sondern eine Vielzahl von Hintergrundinformationen. Erhältlich in englischer Sprache beim SLO (s. Kapitel 8).

- Ontvoering in de ruimte (**Entführung ins Weltall**, nach der englischen Storyline „Space Abduction". In: Vos, E./Dekkers, P.: Verhalend Ontwerpen. Groningen 1994, S. 20–23.

- **Tom Tippelaar.** Nach dem gleichnamigen Buch von Jan Marinus Verburg, Text von Annie M. G. Schmidt. Amsterdam, Querido Verlag 1987. Die Geschichte eines Jungen mit viel zu großen Ohren. Auf Niederländisch in: Vos, E./Dekkers, P.: Verhalend Ontwerpen. Groningen 1994, S. 26–37, auf Englisch in: Vos, E.: Steve Bell´s secret notebook. Enschede, SLO 1991.

- **Das Sportzentrum** (The Sports Centre), entwickelt von Ingelise Jørgensen und Anelise Birkvad Rasmussen. Auf Englisch in: The International Storyline Conference 2000, S. 93–95.

- Mehrere Storylines in dänischer Sprache (**Gestrandet auf einer einsamen Insel** – Stranding på en øde ø von Steffen Elmose und **Rettung eines Regenwaldes** – En regenskov skal reddes von Søren Breiting) sind zu finden in Falkenberg, C./Håkonsson, E. (Hrsg.): Storylinebogen. En håndbog for undervisere. Vejle (Kroghs Forlag)[3] 2002.

Planungsraster als Kopiervorlage

Storyline (Ablauf)	**Schlüsselfrage**	**Aktivitäten**	**Sozial-form**	**Material**	**Lernziele/Ergebnisse**
1.					
2.					

10. Kapitel Nachwort

Mein besonderer Dank gilt

- **Steve Bell**, dem Erfinder und unermüdlichen Förderer der Storyline-Methode
- **Dr. Beate Grabbe-Letschert** für zahllose Verbesserungen zur 1. Fassung des Manuskripts
- **Gaby Wegener** für viele inhaltliche und sprachliche Anregungen.

Außerdem danke ich

- **Marita Brune** und den Schülerinnen und Schülern der Klasse 4a der Schule Furtweg in Hamburg für die Erlaubnis zum Fotografieren
- **Yvonne Corssen** für die Überlassung von Materialien zu der von ihr erdachten Storyline vom kleinen Riesen
- **Sally Harkness**, die die Anregung zur Niederschrift dieses Buches gab
- **Dr. Eckhard Kohls** für die Herstellung von Kontakten zu Schulen in Schleswig-Holstein
- **Prof. Dr. Wolfgang Legler** für kritische Anmerkungen zu Kapitel 7
- **Gudrun Schröder** für die Überlassung von Fotos und Materialien
- **Christina Uhde** für unterrichtspraktische Hinweise
- **Erik Vos** für kreative Ideen und anregende Gespräche.

11. Kapitel Quellennachweis

Literatur

Achtenhagen, F./Gogolin, I. (Hrsg.): Bildung und Erziehung in Übergangsgesellschaften. Beiträge zum 17. Kongress der Deutschen Gesellschaft für Erziehungswissenschaft. Opladen 2002.

Arnold, R.: Natur als Vorbild. Selbstorganisation als Modell der Pädagogik. Frankfurt/M. 1993.

Arnold, R./Siebert, H.: Konstruktivistische Erwachsenenbildung. Von der Deutung zur Konstruktion von Wirklichkeit. Hohengehren 1997.

Kultusministerium Baden-Württemberg: Bildungsplan für die Grundschule. 1994.

Barr, I.: Die Methode Glasgow. Courses in Schleswig-Holstein: An Evaluation Report. Dundee, Scottish consultative council on the curriculum. 1987.

Barr, I.: Learning for the 21st Century and Storyline. In: The International Storyline Conference. Aalborg (Danmarks Lærerhøjskole) 2000, S. 13–31.

Beck, L. G./Murphy, J.: Site-Based Management and School Success: Untangling the Variables. In: Journal of effectiveness and school improvement 9 (1998), H. 4, S. 358–385.

Bell, S.: Freiheit braucht Struktur. Oder: Die Storyline als Planungsinstrument im Topic. Die Grundschulzeitschrift, 8 (1994), H. 80, S. 9–13.

Bell, S.: Storyline as an Approach to Language Teaching. In: Die neueren Sprachen 94 (1995), H. 1, S. 5–25.

Bell, S.: Storyline, feelings, and respect. In: The International Storyline Conference. Aalborg (Danmarks Lærerhøjskole) 2000, S. 5–12.

Binnig, G.: Aus dem Nichts. Über die Kreativität von Natur und Mensch. München 1992.

Bodanis, D.: Das geheimnisvolle Haus. Die Mikrowelt, in der wir leben. Frankfurt/M. 1990. (Fischer Logo, Band 8716).

Börner, O./Brune, M./Senff, H.: Hopscotch. Braunschweig[2] 2004.

Bruner, J. S.: Der Prozess der Erziehung. Berlin[5] 1980.

Bruner, J. S.: Acts of Meaning. Cambrigde, Mass. 1990.

Copei, F.: Der fruchtbare Moment im Bildungsprozess. Heidelberg 8. Aufl. 1966. (1. Aufl. 1930).

Corssen, Y.: „Es muss auch kleine Riesen geben" von Irina Korschunow. Bearbeitung einer Ganzschrift in Anlehnung an die Methode Glasgow in einer Klasse 2. Hausarbeit zur zweiten Staatsprüfung für das Lehramt an Volks- und Realschulen. Hamburg 2003.

Darnstädt, T.: Wer fragt, gewinnt. In: Lernen zum Erfolg. Spiegel Special 3/2002, S. 88 f.

Dewey, J.: Demokratie und Erziehung. Braunschweig 1949.

Egan, K.: Teaching as story telling. An alternative approach to teaching and curriculum in the elementary school. Chicago (The University of Chicago Press) 1989.

Egan, K.: The educated mind. How cognitive tools shape our understanding. Chicago (The University of Chicago Press) 1998.

Egan, K.: The arts as „the basis" of education. http://www.educ.sfu.ca/kegan/ArtsBasics.html 2003.

Elstgeest, J.: Die richtige Frage zur richtigen Zeit. In: Die Grundschulzeitschrift (1996), H. 98, S. 22–26.

Epiktet: Handbüchlein der Moral. Stuttgart 1992.
Falkenberg, C./Håkonsson, E. (Hrsg.): Storylinebogen. En håndbog for undervisere. Vejle (Kroghs Forlag)[3] 2002.
Fehse, K.-D.: Storyline – ein Modell für inhalts- und handlungsorientiertes Lernen im Fremdsprachenunterricht. In: Die neueren Sprachen 94 (1995), H. 1, S. 26–54.
Fifield, K./Creswell, J.: Storyline I: An Introduction. Portland, Oregon (Educational Resources Northwest) 1991.
Fischer, E. P.: Die andere Bildung. Was man von den Naturwissenschaften wissen sollte. München 2001.
Fischer, T./Harke, O.: Didaktische Konzepte der Lernförderung bei Lernproblemen in der Berufsbildung Erwachsener. BIBB Sonderveröffentlichung 1987.
Foerster, H. von: Das Konstruieren einer Wirklichkeit. In: Watzlawick, P. (Hrsg.): Die erfundene Wirklichkeit. Wie wissen wir, was wir zu wissen glauben? München 1985, S. 39–60.
Frame, B. (Hrsg.): Fourth Golden Circle seminar. The In-depth Discussion. European association for Educational Design. Flensburg 1992.
Frame, B.: Wie kommt Lippo ins „Handlungsfeld"? Oder: Vom Geschichtenerfinden zum fächerübergreifenden Unterricht. In: Die Grundschulzeitschrift (1994), H. 80, S. 20–26.
Freese, H.-L.: Abenteuer im Kopf. Philosophische Gedankenexperimente. Weinheim 1995.
Gardner, H.: Intelligenzen. Die Vielfalt des menschlichen Geistes. Stuttgart 2002.
Grabbe, B.: Using Storyline Philosophy for Counseling Children. In: The International Storyline Conference. Aalborg (Danmarks Lærerhøjskole) 2000, S. 111–124.
Grabbe, B.: Lob und Ermutigung – zwei grundsätzlich verschiedene Erziehungshaltungen. In: Pädagogik (2001), H. 10, S. 40–43.
Grabbe, B.: Dennis: „Ich bin hier der Schulschreck!" Wie die pädagogische Arbeit die Unterrichtsqualität verbessert. Donauwörth 2003.
Harkness-Moodie, S. C.: Wir lesen ein Kinder-Taschenbuch. Basteln und Werken im Literaturunterricht der Grundschule. In: Balhorn, H. et al. (Hrsg.): Sprachunterricht 2–4. München 1981, S. 85–100.
Hoffmann, D.: Visuelle Intelligenz. Wie die Welt im Kopf entsteht. München 2003.
Kahl, R.: Lernen, Lust und Leistung. In: Die Tageszeitung vom 4. Juni 2002.
Klafki, W.: Die bildungstheoretische Didaktik im Rahmen kritisch-konstruktiver Erziehungswissenschaft. In: Gudjons, H./Winkel, R. (Hrsg.): Didaktische Theorien. Hamburg[9] 1999, S. 13–34.
Klauser, F.: Problem-Based Learning. In: Zeitschrift für Erziehungswissenschaft 1 (1998) H. 2, S. 273–293.
Kocher, D.: Das Klassenzimmer als Lernwerkstatt. Medien und Kommunikation im Englischunterricht nach der Storyline-Methode. Hamburg 1999.
Kohls, E.: Die „Glasgow Methode". Wie aus einem Lehrkonzept ein Lernkonzept werden kann. In: Grundschule (1996), H. 12, S. 29–31.
Kohls, I.-M./Kohls, E.: Auf den Spuren des Kinderlernens ... In: Die Grundschulzeitschrift (1994), H. 80, S. 28 f.
Kohls, I.-M./Kohls, E.: Topics: Jahrmarkt und Städte-Reisen in Europa. In: Die Grundschulzeitschrift (1995), H. 83, S. 49–53.
Kohls, I.-M./Kohls, E./Kessler, A.: „Methode Glasgow" – ein Weg, Unterricht zu öffnen. In: Die Grundschulzeitschrift (1994), H. 80, S. 7 f.
Krenz, A.: Schläft der Wind, wenn er nicht weht? Was sich hinter Kinderfragen verbirgt. München 2001.

Kruse, N.: Lernen im Anfangsunterricht. Ansätze zu einer subjektwissenschaftlichen Grundlegung. Hamburg 1996.
Leonhard, G. B.: Erziehung durch Faszination. München 1971.
Letschert, J. u. a.: Topic Work. A Storyline Approach. Enschede (SLO Institut for Curriculum Development) 1992.
Letschert, J.: Kinder lieben Geschichten. In: Die Grundschulzeitschrift (1994), H. 80, S. 14–19.
Letschert, J.: The line untwined. A critical reflection on the storyline approach to learning and teaching. SLO Netherlands institute for curriculum development. 2003.
McKee, R.: Storytelling that moves people. Ein Gespräch mit dem Drehbuchautor Robert McKee. In: Harvard Business Review (Juni 2003), S. 51–55.
Mandl, H., Prenzel, M., Gräsel, C.: Das Problem des Lerntransfers in der betrieblichen Weiterbildung. In: Unterrichtswissenschaft (1992) 20, S. 126–145.
Marshal, S.: Adventure in Creative Education. London 1968.
Mayer, W. G.: Projektunterricht in der Primarstufe. Lüneburg 1978.
Meldgaard, K.: Den skotske metode. In: Folkeskolen 1988, H. 30, 31, 32.
Merrill, M. D.: Constructivism and Instructional Design. In: Educational Technology, Mai 1991, S. 45–53.
Mosegaard, F.: En Arbejdsplads, beskrivelse af et arbeijdsforløb. Den skotske metode for de œldste elever. Skive 1990.
Neuweg, G. H.: Lehrerhandeln und Lehrerbildung im Lichte des Konzepts des impliziten Wissens. In: Z. f. Päd. 48 (2002), H. 1, S. 10–29.
Poplin, M. S.: Holistic/Constructivist Principles of the Teaching/Learning Process: Implications for the Field of Learning Disabilities. In: Journal of Learning Disabilities 21 (1988), H. 7, S. 401–416.
Popper, K. R.: Alles Leben ist Problemlösen. München, Zürich 1996.
Rendell, F.: Topic Study, How and Why? Glasgow, Jordanhill College of Education. o. J.
Rendell, F./Bell, S.: Warum „epochaler Gesamtunterricht"? In: Tymister, H. J. u. a. (Hrsg.): Deutschunterricht 5–10. München 1980, S. 156–172.
Renold, U.: Die Problem-based Learning Methode. Lernumgebungsbedingungen für den erfolgreichen Umgang mit schwierigen Gruppensituationen. In GdWZ (2001), H. 4, S. 160–161.
Restelli, B.: Giocare con tatto. Per una educazione plurisensoriale secondo il metodo Bruno Munari®. Mailand (Franco Angeli) 2002.
Richtlinien 2003. Ministerium für Schule, Jugend und Kinder des Landes Nordrhein-Westfalen (Hrsg.): Grundschule in NRW. Richtlinien und Lehrpläne zur Erprobung. Richtlinien. Veröffentlicht im Bildungsportal NRW 2003.
Richtlinien Deutsch, Englisch, Evangelische Religionslehre, Katholische Religionslehre, Kunst, Mathematik, Musik, Sachunterricht. Ministerium für Schule, Jugend und Kinder des Landes Nordrhein-Westfalen (Hrsg.): Grundschule in NRW. Richtlinien und Lehrpläne zur Erprobung. Veröffentlicht im Bildungsportal NRW 2003.
Scheich, H.: Motor für Lernprozesse. In: E & W (2002), H. 6, S. 12–14.
Schnabel, U./Sentker, A.: Wie kommt die Welt in den Kopf? Reise durch die Werkstätten der Bewusstseinsforscher. Reinbek 1997.
Schratz, M./MacBeath, J. u. a.: Serena, oder: Wie Menschen ihre Schule verändern. Schulentwicklung und Selbstevaluation in Europa. Innsbruck 2002.
Schröder, G.: Die „Methode Glasgow". Eine Möglichkeit, Unterricht lebendiger zu gestalten – dargestellt am Thema „Welternährung". In: Informationen zu Arbeit, Wirtschaft, Technik 15 (1996), H. 2, S. 20–27.
Schulz, W.: Unterrichtsplanung. München 1980.

Schwänke, U.: Die exemplarische Anwendung schulischer Lehr-Lern-Verfahren in der Lehrerausbildung. In: Tymister, H.-J. et al. (Hrsg.): Deutschunterricht 5–10. München (Verlag Urban und Schwarzenberg) 1980, S. 192–207.

Schwänke, U.: Personale und soziale Kompetenzen von Umschülern. In: „Facetten", hrsg. von der Pädagogischen Arbeitsstelle des Deutschen Volkshochschulverbandes, Jg. 1990, Nr. 1, S. 8–12. (Weitere Beiträge zur Aktivierung von Teilnehmern in der Erwachsenenbildung in „Facetten" Nr. 2, S. 3–7 und Nr. 6, S. 28–33.)

Singer, W.: Neurobiologische Anmerkungen zum Konstruktivismus-Diskurs. Visionen, Universität Kaiserslautern 2002, S. 41–60.

Spitzer, M.: Lernen. Gehirnforschung und die Schule des Lebens. Heidelberg 2003.

Vester, F.: Denken, Lernen, Vergessen. München 1978.

Von der Lieth, C.: Erprobung der Storyline-Methode im fachtheoretischen Berufsschulunterricht für Auszubildende im Friseurhandwerk. Hausarbeit für die 2. Staatsprüfung. Hildesheim 1998.

Vos, E.: Der Schlüssel ist die Frage. In: Die Grundschulzeitschrift (1994), H. 80, S. 27.

Vos, E.: Steve Bell's secret notebook to create learning, expertise, to design collaborative story making in the primary schools. Enschede, SLO Typoskript 1991.

Vos, E./Dekkers, P.: Verhalend Ontwerpen, een draaiboek. Groningen 1994.

Watzlawick, P. (Hrsg.): Die erfundene Wirklichkeit. Wie wissen wir, was wir zu wissen glauben? München 1985.

Abbildungen

Die Abbildungen, deren Quellen im Text nicht genannt sind, wurden zur Verfügung gestellt von Steve Bell (S. 7, 122), Marita Brune (S. 15, 54, 89, 100), Yvonne Corssen (S. 14, 19, 99, 102, 107, 108), David Gronostay (S. 57, 96 u.), Dr. Eckhard Kohls (S. 90), Gudrun Schröder (S. 21, 91, 94, 95, 96 o.) und Li Vilstrup (S. 142).

Abildungen ohne Quellennachweis stammen vom Verfasser.